그림책이
내게로
왔다

그림책이 내게로 왔다

1판 1쇄 인쇄 2011년 12월 23일
1판 3쇄 발행 2017년 05월 01일

엮은이 김상욱 외 춘천교대 아동문학교육연구소
펴낸이 김두레
펴낸곳 상상의힘
편집 이현정 paetica0012@hanmail.net
교열 책임 김찬곤
디자인 디자인아이
등록 제2010-000312호(2010년 10월 19일)
주소 135-880 서울시 강남구 삼성동 157-3 LG트윈텔 2차 1707호
영업 전화 070-4129-4505 **팩시밀리** 02-2051-1618
홈페이지 www.sang-sang.net

ⓒ 김상욱·상상의힘, 2011

이 책의 판권은 저작권자와 상상의힘에 있습니다.
무단 전재 및 복제를 금합니다.

창이 환한 교실 1

그림책이 내게로 왔다

우리 그림책 깊이 읽기

김상욱 외 춘천교대 아동문학교육연구소

| 차 례 |

여는 글 | 그림책이 내게로 왔다 - 김상욱

첫째 마당 | 그림책, 아름다움을 담다

가족, 내 삶의 밑그림 - 김상욱 · 13
이혜란 글 · 그림, 『우리 가족입니다』, 보림, 2005

내면 성장을 들여다보게 하는, '검은 새' - 조미화 · 27
이수지 글 · 그림, 『검은 새』, 길벗어린이, 2007

나를 찾아 떠나는 여행 - 정윤주 · 39
정유정 글 · 그림, 『오리가 한 마리 있었어요』, 보림, 2001

존재에서 관계로 내딛는 첫걸음 - 남지현 · 49
권윤덕 글 · 그림, 『고양이는 나만 따라 해』, 창비, 2005

천하무적, 상상의 세계 - 함성희 · 59
김동수와 박혜준 지음, 『천하무적 고무동력기』, 보림, 2005

삐비를 기억하는 모든 이들을 위해 - 이수현 · 69
송진헌 글 · 그림, 『삐비 이야기』, 창비, 2003

곱을락, 온몸으로 더불어 노는 놀이 - 안진영 · 79
제주그림책연구회, 『곱을락』, 제주그림책연구회, 2008

마음으로 듣고 삶으로 말하기 - 임은혜 · 93
박연철 글 · 그림, 『망태 할아버지가 온다』, 시공주니어, 2007

둘째 마당 | 시가 그림을 만나다

시의 맛, 또 다른 그림의 맛 - 강은정 · 107
윤석중 시 · 이영경 그림, 『넉 점 반』, 창비, 2004

시와 그림이 만나 삶을 말하다 - 박정아 · 119
윤동재 시 · 김재홍 그림, 『영이의 비닐우산』, 창비, 2005

죽음, 그 낯선 세계와의 마주침 - 최은경 · 131
천정철 시 · 이광익 그림, 『쨍아』, 창비, 2008

셋째 마당 | 글이 그림을 만나다

사라지는 것을 연민하다 – 김권호 · 143
김장성 글 · 정지혜 그림, 『골목에서 소리가 난다』, 사계절, 2007

라이카에게 보내는 송가 – 박억규 · 155
이민희 글 · 그림, 『라이카는 말했다』, 느림보, 2007

불우한 이웃과 더불어 사는 삶 – 김영주 · 169
권정생 글 · 정승각 그림, 『황소 아저씨』, 길벗어린이, 2001

삶을 끌어주는 힘 – 탁동철 · 181
권정생 글 · 김세현 그림, 『엄마 까투리』, 낮은산, 2008

너의 눈을 바라보는 동안 – 정영숙 · 191
박기범 글 · 김종숙 그림, 『미친개』, 낮은산, 2008

넷째 마당 | 옛이야기 그림을 얻다

백두산 신화의 장엄한 파노라마 – 강삼영 · 203
류재수 글 · 그림, 『백두산 이야기』, 보림, 2009

억압당한 내면의 통쾌한 분출, 그 힘의 위력 – 최은희 · 213
신세정 글 · 그림, 『방귀쟁이 며느리』, 사계절, 2008

똥, 고 말강말강한 사람다움 – 손창수 · 229
김윤정 글 · 그림, 『똥자루 굴러간다』, 국민서관, 2010

억압된 욕망의 변형과 귀환 – 권영품 · 241
김효숙 글 · 권사우 그림, 『밥 안 먹는 색시』, 길벗어린이, 2006

열려야 할 주머니, 퍼져 나가야 할 이야기 – 이유진 · 255
이억배 글 · 그림, 『이야기 주머니 이야기』, 보림, 2008

필자소개

| 여는글 |

그림책이 내게로 왔다

　어린이 책 주변을 훔쳐보고, 또 서성거린 지도 10년 남짓 되어 간다. 그리 길지 않은 시간이기는 하다. 하지만 요즘같이 휙 하니 지나가는 세월 속에서 보낸 10년이라면 짧은 시간만도 아닐 것이다. 강산이 두 번은 변하지 않았을까 싶다.
　그 10년 전, 어린이문학을 공부해야겠다고 결심하고서는 설렁설렁 이곳저곳을 기웃거렸고, 이러저런 책을 들춰볼 때였다. 아직 깊은 애정을 느낄 때가 아니었던지라, 처삼촌 벌초하듯 어린이 책을 섭렵하고 있었다. 그러다 나는 깜짝 놀랐다. 그림책을 딱 마주쳤기 때문이다. 외진 숲길에서 도깨비를 만났다고 해도 이처럼 놀라지는 않았을 것이다. 문학과 미술이 입술을 맞댄 연인들처럼 서로를 꼭 끌어안고 있었다. 아름다운 언어와 아름다운 그림이 함께, 네 주제에 아름다움이 뭔지 알기나 하냐고 윽박지르듯이 펼쳐져 있었다. 나는 그만 홀딱 반하고 말았다.
　나는 운명적인 사랑 따위를 믿을 만큼 낭만적인 사람은 아니다. 그러나 그림책을 만나는 순간 알았다. 비록 일방적일지라도 운명적인 사랑이 있음을. 나는 허겁지겁 그림책을 읽었다. 레오 리오니의 프레드릭을 만났고, 에즈라 잭 키츠의 피터를 만났다. 존 버닝햄의 검피 아저씨와 모리스 센닥의 맥스, 윌리엄 스타이그의 당나귀 실베스터를 만났다. 이억배의 아주 힘센 수탉도, 정승각의 강아지똥도 만났다. 나는 너무 행복했다. 사랑의 결실과 무관하게 사랑하는 일 그 자체는 행복한 일이지 않은가.

이 그림책들은 한결같이 어린이의 형상이 뚜렷하게 새겨진 인물들이 있었으며, 이 인물들이 꾸려나가는 소박하고 단순한, 그러나 깊이 인간의 본질에 맞닿아 있는 생각들이 펼쳐져 있었다. 이야기뿐만이 아니었다. 이 이야기를 받쳐들고 있는, 오히려 이 이야기를 이끌고 있는 그림들은 저마다 장면에서 장면을 이어가며, 예감에 가득찬 풍푸함을 안겨주고 있었다. 때로는 아무렇게나 쓱쓱 그린 듯한 색연필 그림이나 종이를 이어붙인 꼴라쥬나 날카로운 펜으로 사선을 쭉쭉 내리그은 펜화이거나 재료나 기법에 관계없이 하나같이 글을 감싸안으며, 선으로 이루어진 이야기의 세계를 풍부하게 면으로, 입체로 돋을새김해 내고 있었다. 그림책은 이렇게 내게로 왔다.

더러 그림책을 미심쩍은 눈으로 쳐다보는 사람들이 있다. 글을 그림으로 표현해줌으로써 오히려 상상력을 제한한다는 것이다. 물론 글과 그림이 나란히 있을 경우, 그림은 글을 통해 환기되는 상상력을 방해한다. 애초 글이야말로 상상력의 보고인데, 굳이 그림이 있을 까닭이 없다는 것이다. 그런데 이는 그림책을 모르고도 한참 몰라서 하는 말이다.

아마도 상상력을 가장 제한하는 매체는 영상매체일 것이다. 텔레비전이나 영화야말로 상상력을 자극하기는커녕 상상력을 차단한다. 영상매체는 소리와 화면, 그리고 말들이 동시에 울려퍼지며 말 그대로 동시다발적으로 전달된다. 더욱이 이 영상매체는 보는 이와 관계없이 제멋대로 돌아간다. 멈추어 생각을 하고 싶어도 끝날 때까지 눈을 부릅뜨고 지켜보아야 한다. 미국에서의 어떤 실험은 어린아이들이 텔레비전을 보고 있을 때가 멍하니 그냥 앉아 있을 때보다 칼로리 소모량이 더 적다는 것을 밝혀낸 적이 있다. 멍하니 앉아 있을 때는 그래도 '왜 이렇게 인생이 심심한 것이냐?'는 생각이라도 하기 때문이란다. 그런데 영상은 애초 생각을 차단하고, 무조건 받아들일 것만을 강요한다. 하물며 비판적인 날카로움이 아직은 무딘 어린아이들이라면, 그 해악은 결코 만만치가 않을 것이다.

그러나 그림책은 다르다. 애초 제대로 된 그림책이라면, 글과 그림은 영상매체처럼 나란히 한 가지 의미를 전달하지 않는다. 아무리 어설픈 그림책이라도 그림책의 글과 그림은 서로 보완적인 관계에 놓이거나 대립적인 관계에 놓여 있지, 서로 합체를 이루고 있지는 않다. 그림책의 글과 그림은 때로는 같이, 때로는 따로 의미를 형성하며, 풍부한 화음을 빚어내기 때문이다. 예컨대 모리스 센닥의 『괴물들이 사는 나라』에서 글은 "그날 밤에 맥스는 늑대옷을 입고 이런 장난을 했지 / 이런 장난도 했고."로 시작된다. 어떤 장난인지를 섬세하게 글이 묘사해 주지 않는다. 장면을 묘사하는 역할은 전적으로 그림에 떠넘겨 버린다. 더욱이 이 작품의 절정 부분 맥스와 괴물들이 한데 어우러져 노는 장면에서 글은 자취를 감추고 오직 그림만이 화면의 전면을 차지하고 있다. 그림책의 그림은 상상력을 제한한다기보다 글과 서로 상승작용을 함으로써 상상의 폭과 깊이를 더 한층 넓고 깊게 만드는 것이다.

이는 이미 존재하는 글에 그림을 덧붙인 작품들에서도 다르지 않다. 동시를 바탕으로 그림책을 만든 시 그림책의 경우, 글과 그림의 관계는 서로 다른 두 악기가 협주를 하는 것처럼 따로 또 같이 한 편의 작품을 형성해 간다. 윤석중의 『넉 점 반』을 재창작한 이영경의 작품은 배경을 구체화함으로써 성큼 시간의 바퀴를 50년대로 되돌려 놓고 있다. 또한 시 속에서는 자취를 감추고 있었던, 자줏빛 치마와 색동저고리를 걸쳐 입은 여자아이를 그림으로 생생하게 포착함으로써, 동시가 창작된 즈음의 아우라 속으로 독자들을 밀어간다. 그럴진대 어찌 그림책이 상상력을 제한한다고 할 것인가. 그림책은 오히려 상상력이 깃들 시간과 공간, 인물과 사건들을 구체화함으로써 상상력이 몸을 부릴 처소를 넉넉하게 마련하고 있는 것이다.

　그림책을 향한 또 다른 미심쩍은 눈길은 그림책이 아직 책을 스스로 읽지 못하는 말 그대로 어린아이들을 위한 책이라는 것이다. 예술작품이라기보다 어린아이들의 놀잇감에 가깝다는 것이다. 이 또한 그릇된 생각임은 물론이다. 다른 어린이문학의 장르들이 그러하듯, 그림책 역시 얼핏 보아 아주 단순한 듯이 보인다. 그러나 그 단순함은 소박한 예술이 지니게 마련인, 있는 그대로의 고귀한 단순함이지 유치함과는 사뭇 다르다. 그리고 애초 삶의 진실은 언제나 소박하고 단순한 얼굴을 지니고 있다. 삶이 복잡해질수록 그만큼 진정성에서 멀어지기 마련이다. 기교가 절망을 낳고, 절망이 다시 기교를 낳는다는 소설가 이상의 말은 모든 예술가가 지향하는 이상을 표현하고 있다. 모든 뛰어난 예술은 언제나 기교를 지운 채, 담백하게 삶을 담아내고 있는 것이다.

　그림책 또한 다르지 않다. 존 버닝햄의 『우리 할아버지』는 죽음을 다루고 있다. 인간이 겪을 수밖에 없는 고통이다. 이를 버닝햄은 의자 위에 오두커니 올라앉은 여자아이와 그 옆 화면의 진초록 소파, 그리고 다탁을 그려넣음으로써 그 상실감을 말없이 묘사하고 있다. 배경의 세부들은 지워진 채, 어린 여자아이는 펜으로, 소파와 다탁은 연필과 색연필을 사용하고 있으며, 진초록 소파는 할아버지의 존재와 부재를 압도적으로 입증하기 위해 화면을 가득 채우는 크기로 묘사되어 있다. 죽음과 이별, 그리움과 외로움을 흰 여백 위에 부려놓은, 단순한 몇몇 소묘들로 너끈히 감당하고 있는 것이다.

　그림책은 결코 유치한 장난감이 아니다. 그림책은 기교를 지우고 소박한 진실에 한층 가깝게 다가선 엄연한 예술작품이다. 더욱이 이 작품들은 세월의 흔적을 넘어,

모든 사람들이 가장 먼저 만나는 책이자, 또 가장 나중까지 만나야 할 책인 것이다. 이제 나는 10년의 사랑을 넘어 앞으로도 변함없이 이어질, 그림책을 향한 나의 연정을 새롭게 입증해 보이려고 한다. 그런데 아무래도 그림책이란 장르는 내게 쉽게 곁을 주지는 않을 듯싶다. 나는 오랫동안 너무도 그이를 모르고 살아왔기 때문이다. 더욱이 수많은 아이들에게 이미 그이의 마음이 가 있는 다음이기에.

2011. 11
봄내에서 김상욱

첫째 마당

그림책, 아름다움을 담다

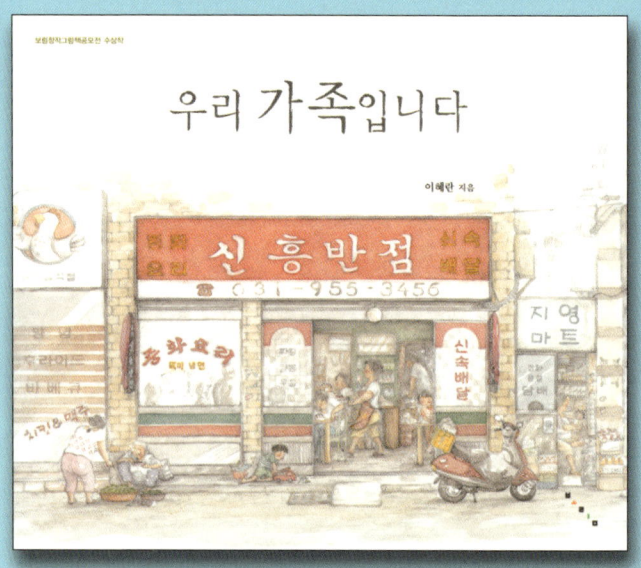

『우리 가족입니다』ⓒ 글·그림 이혜란, 보림, 2005

가족, 내 삶의 밑그림

■ 김상욱

1.

　가족이란 무엇일까? 어머니와 아버지, 나와 누나와 형제들, 그리고 이제 아내와 두 아이로 이루어진 집합? 때로는 피를 나누고 때로는 혼인의 서약을 통해 맺어진 가장 작은, 가장 기초적인 사회의 단위? 그러나 건축물이 재료가 이루어낸 구조물이 아니라 그 구조물로 빚어지는 공간을 위해 존재하듯, 가족 역시 가시적인 구성원들과 그 집합이 중요한 것만은 아닐 것이다. 한 사람, 한 사람의 존재 방식은 물론이거니와 그 테두리 안에서 얽히고 설켜 있는 서로의 관계 방식과 밀도, 그리고 이 관계를 감싸고 관계 속에 삼투하고 있는 아우라가 무리[族]를 지어 한 일가[家]를 이루고 있는 것이리라. 그 속에서 빚어진 존재와 관계의 무수히 어지럽게 연결된 잎맥들이 가족의 실체일 것이다.

　그렇다면 도대체 내게 가족이란 무엇일까? 그래도 이른 나이에 덜컥 세상을 등진 아버지, 아직은 우리 곁에서 다행스럽게 웃고 울고 계신 어머니, 다감

하였으나 시절들이 안겨준 상처로 떠돌다 그만 헤어지고 만 큰 누이, 이제 어머니와 나란히 남은 섬세하고 또 강건한 두 형들. 그리고 그 속에서 무엇이든 따라 하기에 바빠 어떤 것이 진짜 나인지 자꾸만 아리송하기만 했던 나. 그 정점에는 당연 아버지가 계셨다. 가부장제라는 말 그대로 아버지는 안개처럼, 점령군처럼 온 집안 구석구석을 압도하고 계셨다. 낙척한 지식인. 생각이 많아 무력하기만 했던, 좌절이 뼛속까지 들어차 있던, 억제된 노여움과 사랑을 진자처럼 보여주셨던 당신. 그러나 이제는 더 이상 우리 곁에 없는. 추억과 생채기로만 남은. 부재 이후에야 비로소 벗어날 수 있었던 안타까운 그늘.

그래도 나에게 아직은 어머니가 계시다. 집안을 채우던 음습한 기운조차 아랑곳없이 그저 억척스럽기만 했던. 결코 섬세하지 않고, 결코 나약하지 않았던 당신. 모든 현실을 현실 그 자체로 고스란히 당연하게 받아안았던 내 어머니. 이제 일흔아홉의 그 어머니가 조금씩 병이 깊어가고 있다. 척척 앞장 서 길을 열었던 이가 이제 길을 잃기도 하고, '씨앗이 짓이겨져서는 안 된다'는 케테 콜비츠의 어머니처럼 씨앗을 온몸으로 품어 지켜내었던 이가 이제 그 씨앗들의 이름과 순서조차 덜컥 놓치기도 한다. 그래도 나에게는 바로 이 어머니가 있다.

나에게뿐만 아니라, 사실 누구에게나 '바로 이 어머니'가 있다. 그것은 실체이기 이전에 정서이며 바다 깊은 곳에 웅크린 힘이다. 가만 푸른 저녁 하늘을 올려다보며 어둠 속 빛을 찾게 하고, 지쳐 나무에 기대어 앉았다 다리에 힘을 주어 일어서게 하며, 울음 뒤끝에 스스로 눈물을 씻게 하고, 망연자실 서 있다가 다시금 길을 떠나게 하는 힘. 존재 자체가 희망이었고 위로였던 그 힘의 심부에 '바로 이 어머니'가 있다. 이 어머니는 동화 작가 권정생에게도, 그림책 작가 이혜란에게도 있다. 동화를 읽고 그림책을 넘기는 얼룩진 작은 손의 어린 독자들에게도 있다.

> 저희 아버지는 엄마의 사랑이라는 걸 모르고 자라셨어요. 어린 시절을 엄마 없이 힘겹게 보내셨지요. 아버지가 할머니를 다시 만난 건 어머니와 가정을 꾸리고 난 뒤였답니다. 그래도 아버지는 자신을 버린 할머니를 묵묵히 받아들이셨습니다. 억울해하지도 불평하지도 않으셨어요. 그저 한마디. "부모데 우짤 끼고." 그뿐이었지요. 그리고 어머니는 아버지를, 아버지의 상처를 이해하셨습니다.
> ― 그림책 작가의 말, (『우리 가족입니다』, 보림, 2005)

이혜란은 자신의 이름이 내걸린 첫 그림책에서 가족을 그려보이고 있다. 그것은 '삼십 년 넘는 세월 동안' '마음 한 가닥을 잡고 놓아주지 않던 이야기'이기도 하다. 따라서 이 작품은 작가 스스로의 고백이며, 어머니와 아버지를 향한 이해와 감사이며, 할머니를 위한 진혼이다. 그것만으로도 이 작품은 주목에 값한다. 경험과 밀착된 진실에 터를 잡고 시작하기 때문이다. 그러나 경험은 언제나 상상력을 통해, 예술적 의장을 통해 완성된다. 어린이를 위한 그림책이라고 해서 다르지 않다. 경험은 다만 출발점일 뿐, 그 모든 것을 가능케 하는 마법의 주문은 아닌 것이다. 그렇다면 이혜란의 이 진솔한, 날것 그대로의 경험이 어떻게 상상력을 투과하여 글로 모습을 드러내고, 재료, 선과 색, 형태를 비롯한 조형 언어에 힘입어 어떻게 우리 앞의 작품으로 안착하고 있는가? 이 조촐한 글은 이 과정을 거꾸로 추체험하고 나아가 작품을 평가함으로써, 우리 어린이 그림책에 『우리 가족입니다』가 무엇을 더하며, 무엇을 여전히 남겨두고 있는지 살펴보고자 한다.

2.

『우리 가족입니다』는 가로가 긴 판형이다. 인물의 심리나 정서가 아닌 배경 속에서 일어나는 특정한 사건과 인물의 행동을 주로 포착할 때 선택하는 판형이다. 아니나 다를까 펼침면의 표지에는 여느 도회지 길가와 다를 바 없이 '신흥반점'을 비롯한 고만고만한 가게들이 나란히 서 있다. 배경을 앞서 제시하고, 그 배경 속에 인물들이 아빠를 꼭지점으로 비스듬한 삼각형을 이루며 멀리 또 가까이 배치되어 있다. 물론 『우리 가족입니다』는 제목은 '우리'라고 지칭하고 있는 서술자가 전면에 등장하는 제목이며, 그 서술자가 아빠 앞에서 수줍은 듯 몸을 반쯤 감춘 여자아이임은 앞질러 짐작할 수 있다. 그리고 연극 무대에 둘러쳐진 막과 같은 역할을 하는, 이어지는 면지는 어떠한 상징적 이미지 없이 채도가 아주 낮은 정갈한 흐린 겨자색의 색지로 대체하고 있다. 전체적으로 어두우나, 무겁지 않은 담백함이 작품 전반의 정서임을 엿보게 해 준다.

다시 책을 한 장 펼치면 응당 있어야 할 판권과 속표지 대신 본문이 성큼 제시된다. '우리 가족입니다'라는 표제를 반복하며, 가족사진이란 전형적인 형식 속에서 담아낸 그림과 나란히 가족이 소개된다. 글은 아주 객관적인 밋밋함 속에서 사실적인 정보를 전달하고, 그림은 이 기초적인 정보를 한결 풍부하게 구체화함으로써 인물의 특성에 온기를 불어넣고 있다. 그림 속 인물은 사진틀 속에 갇힌 채, 붓질이 빚어내는 동작선, 인물의 외곽선을 강조하는 잉여의 덧칠을 통해 크고 작은 원을 빚어내고, 이 원환 속에서 조화롭고 단란한 한 가정과 그 구성원인 가족들 사이의 따스한 연대가 견고하게 유감없이 표현되어 있다. 그림에도 정작 글은 그림이 표현하듯 기존의 가족사진에서 존재하지 않은 할머니를 전면에 등장시킴으로써, 그림이 마련한 초점의 방향을 확장

● ● ● 『우리 가족입니다』 ⓒ 글·그림 이혜란, 보림, 2005

시킨다. 이 할머니로 말미암아 '우리 가족입니다'란 단정적인 서술은 동요하게 되며, 이 그림책 서사를 가능케 한 갈등의 원인이 할머니이며, 서사의 진행 역시 할머니를 가족의 일원으로 받아들이고자 하는 이야기임을 짐작케 한다. 이는 속표지에 밥상을 통해 상징적으로 표현되는 가족의 또 다른 견고한 고리를 그려보임으로써 표제와 조응한다. 그러나 이 밥상에는 다섯 벌의 수저와 다섯 개의 밥그릇이 함께 존재함으로써 이미 할머니는 가족 서사 속에 몸을 담고 있는 것이다. '네 명입니다'에서 '다섯 벌의 수저와 밥그릇'으로 표상되는 가족 구성원의 변화는 이 짧은 설명적 제시와 그림으로만 말하는 속표지를 통해 드러나며, 본문을 펼치기도 전에 그 모든 상황들이 요약적으로 제시되고 있는 셈이다.

이처럼 서사적 갈등을 초래하는 근원적 계기인 할머니를 작품 내부에 두기보다 속표지에 앞서 배치함으로써 작품은 이중의 효과를 얻는다. 서술자의 직접적인 말과 대화로 진행되는 본문의 문체적 통일성과 작품의 내적 완결성을 유지하는 한편, 사건의 배경과 직접적인 그림책 속 사건을 단절시킴으로써 시간적 간격을 생략하고 군더더기 없이 사건을 묘사하게 만드는 역할을 한다. 의당 그 효과의 중심에는 글과 그림의 관계라는 그림책의 본질적인 장르적 특성이 개입하고 있다. 작가는 당연하게도 그림책의 글이 설명을 최대한 배제해야 하며, 그림 또한 글과 조응하는 가운데 그림이 할 수 있는 것만을 효율적으로 표현해야 함을 알고 있다. 그림은 글이 표현할 수 없는 장면과 상황, 인물의 정서와 심리를 넓은 화폭에 표현해야 하며, 글은 그림이 표현할 수 없는 소리(말과 대화)와 이들 단속적인 소리를 이어주는 서사의 연결고리를 마련해야 한다는 자각을 전면적으로 드러내고 있는 셈이다.

그에 힘입어 본문의 도입부터 글은 '할머니'를 전면에 등장시킴으로써 시작될 수 있는 것이다. 글과 그림으로 나뉜 이 두 펼침면에 표현된 '할머니의 등장'은 글과 그림의 관계뿐만 아니라, 글과 그림이 관계 맺는 중심에 그림책 서사의 리듬이 존재함을 알 수 있다. 그림은 글에 앞선 장면을, 그리고 다시 '아빠, 할머니 오셨어요.'로 함께 제시되는 글은 그 다음의 상황을, 다음 펼침면은 글과 그림이 엄밀히 조응하는 동일한 시점을, 그리고 다시 오른쪽 그림은 그 글 다음의 시점으로 시시각각 이야기를 진전시킴으로써, 그림책 서사의 리듬감을 여실히 전달한다. 그림으로 표현된 것과 표현되지 않은 것, 글로 표현된 것과 표현되지 않은 것이 서로 조응하고, 서로 건너뛰며 미묘한 관계의 연쇄를 형성하고 있는 것이다.

그러나 이와 같은 리듬감 있는 서사의 진행은 다음 화면 진행에서 전환된다. 할머니의 출현으로 촉발된 서사는 이제 파노라마적인 양상으로 전환되어 할머니의 다양한 면모들이 포착된다. 그리고 그에 짝을 이루며 반응하는 엄마와 아빠가 화면의 오른쪽에 배치된 채, 반복되고 있다. 규칙적인 리듬이 서사를 축조하기보다 파노라마적으로 펼쳐보이고 있다. 그럼에도 축조되는 서사가 아주 없지는 않다. 할머니의 병세가 점점 심각해지고 있기 때문이다. '세탁기로 빨지 말'라고 잔소리를 해대던 할머니가, 동생에게 밥을 떠 먹여주고 내게 생선을 발라주던 할머니가, 오줌을 흘리고, 옷장에 젓갈을 감추어 두고, 옷에 실수를 하고, 옷을 벗어젖히고, 마침내 학교 담밑에서 누워 잘 지경에 이른다.

이러한 서사의 진행 속에 아이는 끊임없이 투덜거리고, 잔소리하고, 불평을 늘어놓는다. 작가는 동일한 화면에 서로 다른 시간을 담음으로써 이 모든 상황들을 한층 풍부하게 배치한다. 그러나 글의 서사가 할머니의 점차 완연해지는 병세와 그를 향한 아이의 말임과 달리, 그림의 중심적인 서사는 그 문제에 직면하고 있는 엄마와 아빠임을 알 수 있다. 한 화면에 세 순간 모두와 맞서는 비중으로 엄마와 아빠는 상황의 뒷감당을 해내고 있는 것이다. 이 엄마와 아빠는 처음에는 프레임 속에 관찰자의 눈으로 비쳐진다. 도무지 서술자인 아이로서는 이해할 수 없는 상황인 것이다. 수더분하게 손빨래를 하고 있는 엄마도, 할머니의 식사 시중을 드는 아빠도 받아들이기 힘들다. 그러나 할머니의 병세가 심각해지면서 이제 프레임은 자취를 감추고 온 집안을 뒤죽박죽으로 만든다. 관찰자의 거리두기가 더 이상 불가능해지는 상황이다. 그럼에도 여전히 서술자는 할머니를 등지고 있으며, 할머니를 방문을 프레임 삼아 거리를 두고 관찰하고자 진력한다. 더욱이 서사의 종결에 이르기까지 할머니의 얼굴은 결코 모습을 드러내지 않는다. 할머니는 표정을 가질 수가 없는 것이다. 서술자인 아이에게 할머니는 그저 심리와 정서를 갖춘 실체로서가 아니라, 마음이 깃들 여지가 없는 객관화된 대상으로 존재할 따름이다. 가족이 아니며, 나를 '창피하게' 만드는 타자의 시선조차 갖지 못한 존재인 것이다.

• • • 『우리 가족입니다』 ⓒ 글·그림 이혜란, 보림, 2005

그러나 채색으로 덧씌워진 경험의 서사와 나란히 진행되는 그림의 서사는 아빠와 엄마만이 실체를 가지고 나머지는 모두 흑백의 목탄으로 부조된 회상의 서사로 존재할 뿐이다. 이보다 한층 중심적인 그림의 서사는 마지막 에피소드에 이르러 더 이상 따로 떨어져 대위법적으로 약진하지 않고, 하나의 서사로 통합된다. 펼침면 전체에 걸쳐 서술자인 아이와 엄마, 아빠는 한 화폭에 동시에 존재하기에 이른다. 아이의 앞으로 내닫는 역동적 움직임과 다급한 목소리는 이미 정서적으로 엄마, 아빠의 마음에 한결 가깝게 다가서 있다. 그 다음 펼친 화면은 사건의 정점으로 슬리퍼를 갈아신지도 못한 채 몸피가 큰 할머니를 들춰업은 아빠의 거친 근육선과 역시 슬리퍼 차림으로 허둥지둥 마중 나온 엄마는 배경을 완전히 지운 채 인물과 인물의 역동적인 동작만으로 존재한다. 경험의 서사와 회상의 서사가 합치된 것이다. 이제 아이 또한 아빠와 함께 프레임 속에 존재하게 되며, 독자는 아이의 눈을 떠나 관찰자의 자리로 옮겨오기에 이른다. 그 관찰자의 자리에서 독자는 둘 사이의 대화를 엿듣게 된다.

따로 살자는 서술자인 아이의 말에 "안 돼. … 엄마니까. 할머니는 아빠 엄마거든."이라는 수식이 없는 말로 모든 것을 서둘러 맺고 있다. 그러나 이 말만으로 지금껏 진행되어 온 글의 서사를 갈무리하기에는 힘이 부친다. 너무도 당연하고 뻔한 귀결이기 때문이다. 그러나 이 당연한 계몽적 진술은 글의 서사를 마무리짓기에는 턱없이 부족하지만, 그림의 서사, 곧 엄마와 아빠의 서사에서는 필연적이다. 그 어떤 대안도 허락할 수 없는 종결이다. 바로 그 아빠의 서사, 그 엄마의 서사는 가족이 맺고 있는 거부할 수 없는 존재론적인 상황에 대한 승인이기에 그러하다. 이들 엄마와 아빠에게는 오직 그것만이 온전한 서사이며, 그것만이 유일하게 가능한 서사이기도 한 것이다. 존재론적인 관계를 온몸으로 안을 수밖에 없다는 점, 그것이야말로 새삼 가족을 가족이게 만드는, 보이지 않는 질기디 질긴 동아줄인 것이다. 가족이란 선택이 아닌 존재의 존재론적 의미망인 것이다.

3.

서술자인 아이와 독자인 우리가 이 존재론적인 관계를 얼핏 들추어 본 다음에야 비로소 처음으로 우리는 할머니의 얼굴을 보게 된다. 세월의 풍상과 그 속을 관통해 온 완고함을 지닌 얼굴의 옆모습이, 다음 화면에서는 곧장 정면을 보고 있는 할머니의 전신이 가족의 프레임을 조금 무너뜨리며 기울어진 채 놓여 있다. 물론 여전히 내부의 프레임 속으로 긴밀하게 연결되어 있지는 않다. 존재론적 관계가 승인되었다고 심리적 거리조차 일거에 무너뜨릴 수는 없기 때문이다. 그 관계와 거리를 승인한 자리에 아이의 불완전한 성장을 배치함으로써 작가는 서사를 종결짓고 있다.

그럼에도 여전히 불편함은 남아 있다. 글과 그림의 이질적인 서사, 채색과 흑백으로 드러나는 서로 상충하는 경험의 서사와 회상의 서사가 마지막의 몇몇 화면으로 충분히 융합할 수 있는가 하는 점이다. 작가 또한 이것이 부족함을 익히 의식하고 있다. 비껴선 사진의 불균등한 배치가, 아이의 불완전한 성장이 서사가 완결이 아닌 그저 끝일 따름임을 보여주기 때문이다. 완결이 더할 수도 덜할 수도 없는 완성임에 반해, 끝은 시간의 종결, 사건의 마무리에 불과함을 의미할 따름이기 때문이다.

그렇다면 이 불완전함은 어디에서 빚어지는가? 이는 무엇보다 서술자에 빚진 바 적지 않다. 글과 그림의 협응을 위해 작품은 최소한의 설명을 제외하고는 글을 전적으로 대화로 구성하고 있다. 심지어 도입부의 상황 설명까지 앞표지의 앞으로 빼놓을 만큼 충분히 의식적이고 자각적이다. 그렇게 해서 이루어진 글과 그림의 관계는 그림책의 글이 갖는 특성을 유감없이 펼쳐 보인다. 서술자를 특정하게 지정함으로써 획득된 성과이다. 그럼에도 이 서술자는 양날의 칼과 같이 작품의 진전을 가로막는다. 글의 서사 진행을 위해 필요했던 이 서술자는 주제의 완결을 감당할 수 없는 그저 초등학교 2,3학년 또래의 어린 여자아이일 뿐이기 때문이다. 하여 소통해야 하는 장면에서 제대로 소통할 수가 없다. 그저 느낌을 건네받을 따름이다. 이는 분명 작품의 한계로 작동한다. 결국 서술자는 글과 그림의 관계, 서사의 진행을 위해 헌신적으로 복무하였으나, 작품이 궁극적으로 건네고자 하는 주제의 형상화 앞에서 망연자실 동요하기에 이르는 것이다. 심지어 성장을 마지막 화면에 사족처럼 그려 넣어야만 했던 것이다.

그럼에도 작가는 왜 이와 같은 한계를 번연히 예측하였음에도 이렇게 감행할 수밖에 없었을까? 그것은 열망 때문이다. 자전적인 경험을 그려내고자 하는 열망이 그 모든 제한들을 감당할 수밖에 없게 만든 것이다. 기실 이 작품의 주인공이, 또 독자가 엄마와 아빠인 것도 이 때문이다. 어린이 그림책이란 형식과 자전적인 고백과 헌사가 서로 충돌함으로써 불완전하고 불안정한 종결이 되고 만 셈이다.

이처럼 이혜란의 작품은 우리에게 그림책의 서사란 무엇인가라는 해묵은, 그러나 본질적인 물음 앞에 다시금 마주서게 만든다. 무엇보다 그림책의 요체는 이야기, 곧 글과 그림으로 함께 엮어내는 서사인 것이다. 우리 그림책이 오랫동안 직면해 온 과제 역시 서사의 과잉이나 결핍이다. 그리고 이미 걸음마를 끝내고, 타박타박 걷기 시작한 우리 그림책이 가장 힘껏 공을 들여 창조해야 하는 것 역시 서사이다. 그림책만이 담아낼 수 있는 그림책 고유의 서사인 것이다. 서사의 과잉이나 결핍은 글과 그림의 관계에서도 어느 한쪽의 비대칭적인 비대화를 초래한다. 글이 넘쳐나거나 그림이 넘쳐나게 되는 것이다. 이는 때로는 이야기 그림책을 정보 그림책에 가깝게 밀어내며, 그림의 역할을 보조적인 역할로 제한하며, 빈약한 글을 그림으로 치장하는 불균형을 초래한다.

그런 점에서 적어도 『우리 가족입니다』의 서사는 내용이 빈약한 서사나 당위적인 계몽의 서사는 넘어서 있음이 분명하다. 경험에 전폭적으로 또 안정적으로 기대고 있기 때문이다. 그럼에도 이 경험은 충분히 상상의 힘으로 보편적인 자질까지 상승하지는 못하고 있다. 경험이 그림책의 예술적 자질을 넘어 자신의 독자적인 이야기를 하고자 할 때, 그림책은 더 이상 이야기이기를 멈춘다. 경험의 구체성에 보편적인 상상력을 덧입히고, 이를 다시금 언어와 이미지를 통해 구체적인 경험으로 지각할 수 있게 만드는 이중의 추상이 필요한 것이다.

4.

그럼에도 『우리 가족입니다』는 소중하다. 글과 그림의 관계, 채색과 명암의 대비, 프레임의 적절한 안배, 서술 시야의 효과적인 이동, 명료하고 힘찬 주제 등 우리 그림책의 성장을 가늠할 전범으로 작동하기에 부족함이 없다. 그리고 그 무엇보다 이 작품의 아름다움은 지금의 우리를 있게 만든, 색이 보정되기 직전의 원판 음화를 전면적으로 들여다볼 수 있게 하기 때문이다. 그 음화의 바탕, 내 삶의 밑그림에 가족이, 가족의 역사가, 나의 어머니가 있다.

내 어머니, 의식의 마지막 끈을 아직은 꼭 움켜쥐고 계신다. 당신이 가장 깊은 애정을 쏟아부었던 막둥이를 아직은 알아보시고, 언젠가는 그 막둥이 사는 곳에서 함께 살고 싶다는 바람 또한 여전히 담고 계신다. 그런데 어머니, 간혹 거울 속 당신의 모습을 더러 다른 할머니로 착각하시고는 한다. 이제 스스로

조차 지워가고 있는 중이신 게다. 스스로를 지우고, 스스로를 한없이 작게 만들어 가고 있는 중이신 게다. 지워져가는 당신에게 당신 자신의 초상은 무엇으로 투영되고 있을까. 당신에게 또 다른 당신은 어떤 말을 건네고 있으며, 어떤 이야기를 건네고 싶은 것일까. 알 길이 없다. 다만 거울 속 또 다른 당신이 오래 전부터 당신이 내게 그러했듯, 마지막까지 당신을 건사해내는 존재의 튼실한 울타리이자 안온한 요람이기를 간구할 뿐.

『검은 새』ⓒ 글·그림 이수지, 길벗어린이, 2007

내면 성장을 들여다보게 하는 '검은 새'

■ 조미화

1.

누구나 이 세상에 첫발을 들여놓는 순간이 있다. 원하든 원치 않든 말이다. 내가 어떻게 태어났는지는 물론이고 나의 어린 시절 추억까지 무언가 뚜렷하게 기억나는 순간이 적다. 내게 있어 어린 시절은 대부분의 경우가 그렇다. 그러나 이상하리만큼 아직까지도 선명하게 몇몇의 장면이 남아 있는 것은 또 왜일까? 알 수가 없다.

어릴 적, 난 혼자 보내는 시간이 많았던 것 같다. 부모님과 언니, 동생과 떨어져 할아버지와 할머니의 보살핌을 받고 지내야 했다. 늘 그렇듯 두 분이 밭일이라도 가시는 동안에는 언제나 난 집을 혼자 지키고 있었다. 안쓰러워 보였는지 할아버지는 가끔 그런 손녀딸을 리어카에 태워 동네를 돌아주시기도 하셨고, 흙 위에 낙서 놀이라도 하고 있으면 그때마다 자기 이름이라도 한자로 쓸 수 있도록 이것저것 가르쳐 주셨던 기억이 난다. 늘 내게 엄하게 대하셨

던 할아버지의 뒷모습이 어린 시절 내게는 그나마 작은 위안이었나 보다. 그 이후의 시간에 나는 보통 집 앞에 있었던 이름 모를 무덤 위에 누워 하늘을 보다가 그도 지치면 풀벌레를 잡아 관찰하는 데 시간을 보냈고, 지나가는 사람 발자국 소리라도 들린다 싶으면 쏜살같이 방으로 들어가 아주 깊은 곳으로 내 몸을 숨기곤 하였다. 깊숙이 아주 깊숙이 말이다. 선명하게 기억나는 그 순간. 나는 그렇게 방구석에서 우리 집을 지나가는 발소리를 들으며 내 몸을 깊숙이도 숨겼다. 큰방 안에 있는 벽과 이불장 사이의 좁은 틈 속, 거기서 혼자 노래를 흥얼거리고 있다 보면 어느새 밭에서 할머니가 돌아오셨다. 시간이 지나면서 조금씩 근처에 살고 있던 시골 친구들도 사귀게 되고 동무들과 함께 대숲 사이까지도 손을 휘휘 저으면서 잠자리 잡기에 열중하며 하루를 보내기도 하고, 땅 위에 굴러다니는 작은 돌은 모두 모아다가 손 위에 올려놓고 놀거나 감나무 뒤쪽에 있던 담장을 넘어다니다 할머니에게 야단을 맞는 등 하루 종일 놀이에 푹 빠져 지내기도 했다.

어릴 적, 혼자 시간을 보내야 했던 내가 늘 상상 속에 친구들을 불러다가 함께 얘기하고, 벽장 속에 숨어서까지 노래를 흥얼거렸던 그 순간이 나만의 상상의 세계는 아니었을까? 모든 사고의 힘은 경험에서 비롯된다. 『검은새』를 그리고 글을 쓴 작가 이수지에게도 어린 시절 자신만의 상상의 세계가 존재했으리라 생각한다. 어린이에게 상상의 세계는 외부로부터 어떤 억압도 받지 않는 자신만의 자유로운 공간이다. 그곳에서만큼은 자기가 원하는 것을 꿈꿀 수 있다. 상상의 세계에서 겪게 되는 여러 모험과 시련은 아이를 더 단단하게 해주고 한 걸음 더 나아가 현실 세계를 있는 그대로 받아들일 수 있도록 용기를 심어준다.

아이들이 살고 있는 현실은 맑고 투명하지만은 않다. 말 그대로 다양한 모습의 현실 속에서 잠들기 전 자신의 마음을 알아주지 않은 그 무심함 때문에 베갯잇에 눈물을 훌쩍이며 꿈을 꿀 수도 있을 것이다. 그러나 다음 날 아침이면 금방 잊고 밥 달라며 소리칠지도 모르겠다. 현실 속에 살아가고 있는 우리 아이들이 세상을 마주 바라볼 수 있게 하려면 자신의 내면세계와 조응하도록 도와주어야 한다. 그림책『검은 새』는 누구에게도 말하지 못하는 터질듯 한 자신의 고민을 있는 그대로 받아들이면서 성장해 나가는 이야기이다. 상상의 세계를 통해 자신을 되찾게 되고 소녀가 다시금 현실의 문을 두드리는 모습에서 우리는 한 어린이의 내면세계의 성장을 엿볼 수 있다. 흑과 백을 사용한 색의 대비, 다양한 선의 느낌과 시점의 변화를 통해 알 수 있는 주인공의 마음을 한 자락, 한 자락 되짚어 보고자 한다.

2.

이 작품은 석판화(리토그래피) 기법을 활용하여 만든 작품으로 여러 가지 회화적 효과를 전체적으로 잘 드러내고 있다. 석판화는 물과 기름의 반발 작용 원리로 대리석이나 아연, 구리판 위에 유성 재료인 크레용이나 잉크를 사용하여 마치 종이 위에 그림을 그리듯이 스케치를 하면 되기 때문에 작가의 다양한 연출이 가능하다. 이 책에서는 석판화 기법으로 검은 새의 모습을 강하고 굵은 선의 느낌을 살려 인상적으로 나타내고 있으며, 유성 잉크를 번지게 하거나 말리는 등 우연의 효과를 통하여 작품의 전체적인 분위기를 한 가지 색으로도 다양하게 잘 표현해 주고 있다.

『검은 새』는 세로로 긴 판형에 속한다. 인물의 표정에 의한 심리 변화를 주로 다루고자 할 때 선택하는 판형이다. 아니나 다를까 이 그림책의 처음과 끝 부분에 해당되는 두 장에 걸쳐 제시된 근접 묘사는 인물의 미묘한 감정을 표현하고 있으며, 독자의 시선을 머무르게 한다. 대부분의 그림책이 사건과의 관계성을 더욱 중요하게 보기 때문에 인물의 소개 정도로 책의 표지에 근접 묘사 방법을 쓰는 것과 대조된다. 이 또한 『검은 새』가 눈에 보이지 않는 내면 세계의 변화에 초점을 두고 있는 것과 매우 관련이 깊다. 책 표지 전반에 걸쳐 검은 새와 소녀가 함께 하늘을 날고 있는 모습을 그리면서 새 부리의 방향이 책 서명을 가리키도록 하여 독자의 시선을 아래로 끌어준다. 이는 다시금 부드럽고 완만한 곡선과 연결되어 자연스럽게 책장을 넘기도록 유도하고 있다.

겉표지를 넘기면 검은 면지가 보이고 이 면지의 색은 의당 이야기 속 검은 새를 상징한다. 소녀와 검은 새 둘만이 알고 있는 비밀 이야기(blackbox)의 시작이며, 작품 전체의 느낌을 다시 한 번 환기시켜 주기도 한다. 검은색은 긍정과 부정의 의미를 모두 함축하고 있다. 소녀가 현실 세계에서 겪게 되는 고민, 시련을 의미하기도 하지만 검은 새를 통해 느낄 수 있는 신비로움도 담고 있는 것이다. 속표지를 보면 춤추듯 뛰노는 소녀의 뒷모습과 함께 검은 새의 그림자가 연결되어 있다. 검은 새와 소녀가 하나가 된 듯한 이 모습에서 검은 새는 소녀의 또 다른 내면 자아라는 것을 감지할 수 있다.

이 글은 화자인 주인공 소녀가 자신의 마음을 1인칭 시점으로 고백하듯 간결한 문체로 표현하고 있다. 울고 싶은 소녀의 마음도 있는 그대로 솔직하게 이야기하고 있으며, 검은 새와 함께 하늘을 날며 보았던 넓은 들판과 바다 역시 가장 단순한 형태의 언어로 전달하였다. 그림의 경우 3인칭 시점을 사용해 독자가 등장인물의 행동과 모습 변화를 관찰할 수 있도록 표현하고 있다. 이렇게 글과 그림의 시점이 서로 다른 경우 독자의 상상력을 더욱 자극할 수 있고 궁금증을 유발하여 이야기 진행에 힘을 실어주게 된다. 『검은 새』의 그림은 구조적인 측면에서 거울을 비춰 보듯 그림 서사가 대응하여 짝을 이루고 있다. 그림책의 한가운데를 기준으로 앞뒷장의 그림 내용이 서로 반대되는 것이다. 소녀의 울먹이는 모습과 웃는 모습, 고민스러운 얼굴로 집을 나오는 장면과 집으로 돌아와 강아지와 반갑게 인사하는 장면 등 그림책 전체의 그림 서사가 이와 같은 대조적 연결 고리로 이루어져 소녀가 변화하는 모습을 가시화하여 독자에게 보여주고 있다.

소녀가 처해 있었던 현실 세계의 모습은 어떠하였을까? 열린 문틈 사이로 부모님이 다투고 있는 장면을 어둠 속에 홀로 서서 지켜보아야 했던 소녀의 마음은 한없이 무거웠을 것이다. 화면 가운데 수직 구도를 사용하여 팽팽한 긴장감을 주고 있고, 이때 굵은 선은 소녀와 부모님 사이의 소통 단절을 나타내고 있다. 답답한 마음에 문을 열고 나간 소녀는 어디론가 떠나고 싶다는 생각만 간절하다. 소녀는 누구에게도 쉽사리 털어놓지 못하는 답답한 심경을 벗어버리고 싶어하고 이때 상상 속의 친구, 검은 새를 만나게 된다. 검은 새는

• • • 『검은 새』 ⓒ 글·그림 이수지, 길벗어린이, 2007

소녀가 더 넓은 세상을 볼 수 있도록 도와주며, 소녀의 아픈 마음을 이해하고 용기를 가질 수 있도록 곁에서 지켜주는 존재가 되어준다. 상상 속 여행을 마친 소녀는 다시금 현실로 돌아가게 되지만 이젠 예전의 나약한 모습이 아닌, 한층 성숙한 눈빛으로 우리를 마주 바라보게 된다. 검은 새와 소녀만이 알고 있는 행복한 비밀을 간직한 채.

소녀의 마음속에서 언제든 꺼내어 볼 수 있는 검은 새와의 행복한 비밀은 서사 구조 속에서 중의적 표현으로 사용되고 있다. 소녀에게 생긴 새로운 비밀, 오직 검은 새와 소녀 자신만 간직한 채 누구에게도 말하지 않을 것이라고 얘기한다. 하지만 소녀의 비밀을 공유한 사람은 검은 새만은 아니다. 이 책을 읽은 독자들은 모두 소녀에게 어떤 일이 있었는지 알고 있다. 따라서 소녀의 마음속 친구인 검은 새는 바로 우리 자신도 될 수 있는 것이다. 그리고 앞서 언급한 소녀의 그림자가 말해 주듯 우리는 검은 새이면서 또한 소녀이기도 한 것이다.

3.

그림책 속의 구도, 원근, 선, 색, 형태, 다양한 표현 방법 등 각각의 요소를 화면에 어떻게 배치하느냐에 따라 작가는 작품의 세계를 한층 효과적으로 표현할 수 있다. 또한 독자 역시 작가의 의도를 한층 분명하게 느낄 수 있게 된다. 『검은 새』는 검정 색 음영, 선의 느낌에 변화를 주어 회화적으로 표현하였고, 작품 전반에 걸쳐 독자의 눈길 곡선을 고려한 사물의 배치가 잘 드러나 있다. 검은 새의 크기가 커지고 줄어드는 변화에 따라 달라지는 주변 공간의 모습과 각 장면 사이 그림의 연속성을 높이기 위한 작가의 섬세한 배려가 돋보인다.

• • • 『검은 새』 ⓒ 글·그림 이수지, 길벗어린이, 2007

    그림책 왼쪽 화면에 위치한 인물의 경우, 독자의 시선이 움직이는 방향과 일치하며 더 가까운 거리에 있기 때문에 독자가 동일시 대상으로 여기게 되므로 인물의 내면 심리와 섬세한 감정 표현이 가능하다. 『검은 새』에서 왼쪽 편에 소녀가 위치하는 것은 독자가 소녀에게 초점을 두고 소녀의 마음을 좀 더 가깝게 이해하기 위해서이다. 인물의 위치가 이야기의 끝 부분에서 오른쪽에 있을 경우에는 문제의 해결과 휴식 등을 의미한다. 여행을 끝마치고 돌아온 소녀를 오른쪽에 그린 것도 바로 이러한 점 때문이다. 소녀와 검은 새가 마주 보고 있는 장면에서는 펼침면의 좌우 대칭형 구조로 이루어져 있는데, 이는 곧 검은 새와 소녀가 함께 의미를 소통할 수 있는 대상이라는 것을 쉽게 알 수 있게 해준다. 이처럼 화면 내에서 인물의 위치는 독자의 내적 반응을 돕고 서사를 한층 분명하게 전해줄 수 있다.

선의 굵기 변화는 의미하는 바가 다양하다. 인물의 윤곽선은 생기를 불어넣어 주는 용도로 쓰일 수 있어서 윤곽선을 진하게 하면 안정감 있는 내면 모습까지도 표현할 수 있다. 소녀가 여행에서 돌아온 뒤 표정이 한층 밝아지고 편안해 보이는 것은 윤곽선을 이전보다 굵고 선명하게 그어서 형태에 안정감을 주었기 때문이다. 반대로 가는 선은 부드러운 느낌을 살려 자유로운 분위기를 표현하는 데 효과적이다. 소녀가 검은 새를 처음 만나게 되는 부분은 구름처럼 하늘을 떠다니는 자유 곡선형 그림으로 그렸다. 이것은 선의 방향과 형태를 작가가 의식적으로 조절하지 않고, 손의 느낌대로 가볍게 선을 이어서 연결하여 신비롭고 자유로운 분위기를 더해 준다. 소녀가 상상의 세계로 점차 몰입하게 되면서 이러한 자유 곡선형 범주는 더 넓게 표현되고 있다.

소녀가 검은 새를 타고 하늘을 달리는 장면에 쓴 선은 또 다른 효과를 주고 있다. 검은 새와 소녀가 만나 함께 여행을 떠나게 되는 장면에서 가장 중요한 것은 인물의 행동이나 동작이다. 하늘을 날고 있는 움직임을 정확하고 빠르게 나타내기 위해서는 색보다 선이 중요하다. 왜냐하면 순간의 동작을 화면에 그릴 때 형태의 정확성이 아니라 대상의 움직임과 역동성에 중점을 두기 때문이다. 소녀의 머리칼이 바람에 휘날리는 모습, 검은 새의 커다란 날갯짓도 화면 전체에 선의 느낌을 강조하여 표현하고 있다. 검은 새의 가장 검은 부분조차 빗금 친 흔적으로 남겨 둠으로써 대상의 형태보다는 힘과 활동성을 강조하였다. 검은 새와 소녀가 함께 하늘을 나는 장면에서 느껴지는 속도감과 상승, 하강, 방향성 또한 선의 다양한 효과라고 할 수 있다.

그림책의 그림은 그 안에 다양한 상징적 메시지를 갖고 있다. 그림책에서 새는 자유로움, 문은 또 다른 세계와의 통로, 계단은 성장 등의 의미를 담고

들판을 건너 큰 바람을 쫓아갔어요.

• • • 『검은 새』 ⓒ 글·그림 이수지, 길벗어린이, 2007

있다. 소녀의 부모님이 말다툼하던 장면에는 문 손잡이가 화면 오른쪽 가장자리에 있다. 독자가 문손잡이를 잡고 책장을 넘기면 자연스레 소녀와 함께 집 밖으로 나올 수 있도록 말이다. 그곳은 바로 현실과 상상의 세계가 만나는 공간이 되어 준다. 시무룩해 보이는 소녀를 현실 속에서 위로해 주는 친구는 강아지밖에 없어 보인다. 그리고 멀리 검은 새 한 마리. 작가는 검푸른 빛깔의 까마귀와 장자의 붕새 이미지를 떠올리며 『검은 새』를 그렸다. 한 번의 날갯짓으로 구만 리를 간다는 붕새. 그 붕새의 눈으로 바라보면 속세의 일은 모두 부질없는 것이 되고 만다. 검은 새의 눈을 통해 우리는 세상의 자유로움을 만끽할 수 있다. 여행에서 돌아온 소녀는 내적 변화를 통해 본질적 자아의 모습에 더 가까워져 있다. 어쩌면 소녀에게는 이전과 똑같은 현실이 주어질지도 모르겠지만, 계단을 한 걸음씩 오르면서 자신이 성장한 모습을 들여다볼 수 있을 것이며, 혼자일 때에도 검은 새가 늘 마음속에서 지켜주고 있으리라는 것을 우리는 알 수 있다.

   그림책의 그림은 전체 서사 구조 안에서 그 의미를 살펴보아야 한층 명확하게 이해할 수 있다. 그림이 갖는 연속성 때문이다. 각각의 장면이 구슬을 꿰듯 긴밀하게 연결되어 있고 독자는 전체적인 맥락 안에서 연결 고리를 찾아 이해해야 한다. 소녀의 마음을 읽은 검은 새가 부리로 소녀를 들어올린다. 그 다음 장면은 검은 새 등에 탄 소녀가 놀란 표정으로 아래를 내려다보는 것이다. 여기서 생각할 수 있는 독자의 반응은 다양하다. 검은 새는 왜 소녀를 들어올린 것일까? 부리에 매달려 있던 소녀가 어떻게 검은 새 등으로 자리를 옮길 수 있었을까? 소녀는 지금 무엇을 보고 있을까? 재미있는 것은 두 번째 질문이다. 앞뒤 펼침면을 함께 연결하여 생각해 보게 하고, 그림에서 제시하지 않는 부분까지 독자가 상상할 수 있도록 자극하기 때문이다. 이처럼 연속적인 장면이 서로 유기적인 관계를 맺으며 하나의 완성된 이야기를 구성할 때 그림책만이 갖는 독특한 사고 작용을 유발할 수 있을 것이다.

4.

   그림책은 그림과 글이라는 전혀 다른 장르의 유기적 관계에 의한 결합이다. 작품 속에서 그림에 의해 글의 의미가 달라질 수도 있고, 글은 그림을 어떻게 보아야 하는지 그 방향을 제시해 주기도 한다. 전체 서사 구조 안에서 글과 그림이 서로 대화를 주고받듯 자연스럽게 의미를 소통하도록 하는 것은 작품의 이해를 위해 매우 중요하다. 『검은 새』는 작가 이수지가 글과 그림을 함께 작업한 작품이다. 때문에 기본적으로 작품 구상 단계에서부터 글과 그림의 짜임은 전체 맥락 안에서 구조적으로 이루어졌으며 그 안에서 한층 활발한 상호작용에 의한 소통이 이루어지고 있다 할 수 있다.

『검은 새』는 다양한 현실의 모습을 다루고 있는 점이 매우 특징적이다. 날 것 그대로의 모습을 작품 속에 투영하고 있으며, 소녀가 처한 현실 상황이 달라지는 것이 아니라 내면세계의 성장을 통해 좀 더 적극적인 삶의 태도의 관점에서 해결 방안을 모색하고 있다. 아픔을 딛고 이겨낸 사람이야말로 현실에서의 행복이 얼마나 값진 것인지 알 수 있다. 어린이도 우리가 속한 이 세상을 살아가고 있는 또 하나의 주체이다. 다양한 삶의 모습을 보여주고 그 속에서 자신의 진정한 본질적 자아를 찾아갈 수 있도록 도움을 주어야 한다. 보이는 것이 아닌, 보이지 않는 내면세계를 꾸밈없이 그리고 있는 그림책이야말로 모든 이의 공감과 감동을 불러일으킬 수 있다.

상상의 세계를 통해서 누구나 자신이 원하는 것을 자유롭게 꿈꿀 수 있다. 그 속에서만큼은 다른 그 누구도 아닌, 바로 자신이 이야기 속 주인공이 된다. 또 다른 자기 자신과의 만남이 이루어지는 장소가 되는 것이다. 상상의 세계 속에서 검은 새와 함께한 여행은 소녀를 한층 더 성장케 해주었고 현실을 마주 바라볼 수 있는 용기를 갖게 하였다. 어린 시절 자신만의 세계에 빠져 지냈던 내가 다른 사람에게 손을 내밀어 그들과 소통할 수 있게 된 것도 어쩌면 상상의 세계로부터 얻은 보이지 않는 힘 때문은 아니었을까.

「오리가 한 마리 있었어요」ⓒ 글·그림 정유정, 보림, 2001

나를 찾아 떠나는 여행

■ 정윤주

1.

해가 바뀔 때마다 시간이 지나간 것에 대한 아쉬움과 미련이 남는다. 해가 지나가는 속도는 나이가 들수록 점점 빨라지는 듯하다. 아침에 눈을 뜨면 출근 준비를 하고, 직장에 가서 할 일을 하고, 퇴근 후에는 저녁을 먹고 잠자리에 든다. 쳇바퀴 도는 것 같은 하루들을 보내고 나면 달력을 한 장 넘기고, 또 금세 달력을 바꾸게 된다. 일상 속에서 사회가 나에게 원하는 것이 아닌 개인으로서의 내가 원하는 삶을 살기란 쉽지 않다. 내가 원하는 것에 대한 깊이 있는 사고를 하고 그것을 행동에 옮기지 않으면 시간은 금방 지나가 버리고 만다. 주체로서의 삶을 살기 위해서는 현실에 안주하지 않으려는 노력이 필요하다.

오리는 본래 대부분 날 수 있었다. 심지어 철새처럼 먼 거리를 이동하는 오리도 많다. 하지만 오리는 사람의 손에 키워지게 되면서 먹이를 받아먹는 것에 의존하게 되었고, 먹이를 찾으러 날아다닐 필요가 없어지면서 날개를 쓰는

법을 잊어버리게 되었다. 결국 집오리는 오랜 시간 날개를 쓰지 않아 날개가 작아지고 퇴화되었다. 최근에는 야생성이 살아있던 청둥오리마저 오리 농법에 투입되면서 날지 않는 청둥오리들이 많아지고 있다고 한다.

여기, 자신의 본성을 잊지 않으려는 청둥오리 한 마리가 있다.

2.

『오리가 한 마리 있었어요』는 가로가 긴 판형으로 오리가 사는 곳의 풍경을 넓고 세밀하게 담아내고 있다. 본문 대부분을 펼침면으로 하여 이야기를 전개해 주인공 오리에게만 초점을 맞추는 것이 아니라 오리를 둘러싼 환경에도 시선이 가게 하는 것이다. 동물이 의인화되었지만 사실적인 그림을 그려 읽는 이에게 현실감 있게 다가오도록 하였고, 수묵 채색화로 청둥오리와 우리 강산의 아름다움을 표현하였다. 무광택의 두껍고 거친 질감의 종이는 수묵 채색화의 감동을 더해 준다.

표지에는 제목처럼 오리가 한 마리 서 있다. 입을 굳게 앙다문 오리의 시선은 몸이 향하고 있는 왼쪽이 아닌 오른쪽을 향하고 있어 이 오리가 남다른 시선을 가졌음을 보여준다. 표지를 열면 만나게 되는 면지에서는 옅은 노란 종이에 채도는 짙으나 강하지 않은 파란색의 하늘, 갈색의 산과 강을 만나게 되고, 그 위에 파란 하늘을 향해 날아가는 오리떼를 보게 된다. 속표지는 표지와 함께 첫인상을 안겨주는 장치이다. 하지만 오리 한 마리가 있다고 하는 제목과 달리 속표지에서는 오리 여러 마리가 떼를 지어 날아가고 있어 제목과 상반되는 아이러니한 느낌을 준다. 면지를 넘기면 속표지가 나오기도 전에 서술이 시작되며 주인공 오리의 등장을 알린다. 오리들은 모이통이 있어 우리로 짐작할 수 있는 곳에 원을 그리며 무리를 지어 모여 있고, 이때 주인공 오리는 다른 여러 오리와 섞여 있어 언뜻 구별이 가지 않는다. 프로이트적 상징에서 원은 자궁을 표상한다. 오리들은 인간이 만들어 놓은 어머니의 자궁 안에서 살아가고 있는 것이다. 한 장을 더 넘기면 주인공 오리는 우리 안에서의 똑같은 하루하루를 답답해하면서 몸의 색이 한 단계 진해진다. 이어 집을 떠나기로 마음먹은 주인공 오리는 원 안에서 나와 청둥오리의 색을 완벽하게 갖게 된다. 주변의 오리들이 흑백으로 처리되어 있는 것과 대조적이다. 이렇게 자기 색을 찾게 된 오리는 여행을 시작하게 되고, 뒤늦게 속표지가 나오며 이야기의 시작을 알린다.

오리가 호수를 찾아 여행을 시작할 때 무채색의 다른 오리들은 호수에서는 누가 먹을 것을 주냐는 걱정을 하면서 현실적인 문제를 제시한다. 이미 오리들은 스스로 먹을거리를 찾을 능력을 잃고, 인간이 주는 것에 익숙해져 버린 것이다. 오리가 호수를 찾아가는 여정에서 만난 다른 동물들도 마찬가지이다.

• • • 『오리가 한 마리 있었어요』 ⓒ 글·그림 정유정, 보림, 2001

염소는 사람이 쳐 놓은 울타리 안에, 거위는 폐타이어가 나뒹구는 얕은 물가에, 오리는 농사를 위해 도망가지 못하도록 쳐 놓은 긴 철망에 갇혀 있다. 그러면서도 그들은 자신이 처한 상황에 대하여 인지하지 못한다. 이때 작가는 펼침면에 넓은 배경으로 동물들이 처한 상황을 독자에게 그림으로 보여주고 있다. 글과 그림이 서로 같은 정보를 전달하는 것 같지만 독자들은 그림에서 태평스러운 동물들과 그들이 처한 답답한 상황의 아이러니를 맛보게 된다. 그들은 하나같이 호수에 관해 무관심할 뿐만 아니라 빠져나갈 수 있는 길을 알려고 하지 않는다. 이렇게 주인공 오리를 제외한 나머지 동물들은 인간에 의해 길들여져 그들의 본성을 잊고, 본능대로 호수를 찾아 길을 떠나려는 주인공 오리를 이상한 눈으로 바라본다.

그들의 시선에는 아랑곳하지 않고 어디 있을지 모를 호수를 향해 길을 걷고 있는 주인공 오리 앞에 백로가 지나가며 호수는 날아야만 갈 수 있는 곳이라고 알려준다. 오리는 자신이 날 수 없다는 한계에 부딪혀 절망을 느낀다. 이때, 배경 색은 이제까지와 달리 어두컴컴해지고 화면 우측 하단에 눈물을 흘리는 오리의 얼굴을 클로즈업한다. 눈물, 즉 오리의 절망에 초점을 맞추는 것이다. 우리 안에 갇혀 있는 동물들은 느낄 수조차 없는 절망을 담아내기 위한 어두운 배경 색은 다음에 이어지는 위기의 순간을 암시하기도 한다.

다음 펼침면에서 "오리는 다시 용기를 내어 일어났어요. 그런데 그때, 개 짖는 소리가 들렸어요." 라는 글과 함께, 오리 옆의 철망이 이루고 있는 소실점의 중심에서 개가 등장함으로써 시선을 자연스럽게 개에게 향하게 하고 오리에게 곧 위기가 닥칠 것이라는 것을 암시한다. 이 위기는 총 세 개의 화면으로 전개되는데 책장을 넘기면 개가 오리를 쫓는 장면이 근경 묘사되어 인물의 움직임에 초점을 맞춰 속도감 있게 보여진다. 이와 반대로 다음 장면에서는 벼

랑으로 쫓고 쫓기는 개와 오리가 원경으로 묘사되어 앞 장면과 현저한 거리차를 이루는데, 이러한 차이는 그만큼 생략된 위기의 순간을 독자의 상상으로 메꿀 수 있는 지점이기도 하다.

앞서 개에게 쫓기는 장면의 동선이 왼쪽에서 오른쪽으로 이동했다면 더 이상 물러설 곳이 없는 벼랑 끝에서 떨어지는 다음 장면의 동선은 수직으로 하강하며 변화를 보인다. 수직 이동의 효과를 드러내기 위해 이 책은 펼침면으로 하지 않고 왼쪽 면에만 그림이 그려져 있다. 아래로 떨어지는 오리의 동선을 강조하기 위해 한쪽 면으로 화폭을 좁히고 눈을 질끈 감고 소리를 지르는 듯이 입을 벌리며 떨어지는 긴장된 한순간을 포착함으로써 독자에게 최대 위기의 순간을 경험하게 한다. 재빨리 오른쪽 페이지의 글을 읽으면 떨어지는 장면에 대한 서술의 끝에 오리가 날갯짓을 한다고 설명하고, "푸드덕, 푸드덕, 푸드덕"이라는 소리의 묘사가 덧붙여 있어 오리의 날갯짓에 힘을 싣는다. 이제 오리는 어떻게 될까? 그 다음 장면이 어떻게 될까? 긴장과 기대가 동시에 일어나는 순간이다.

앞 장면에서 고조된 호기심에 의해 책장을 빨리 넘기는 순간, 원경으로 화면을 잡은 그림에서는 노을빛이 물든 호수 위를 오리가 날고 "호수예요! 날고 있어요!"라며 독자에게 말을 걸듯 변화한 서술자의 어조와 함께 이 책의 절정을 맞이하게 된다. 오리는 이제 더 이상 우리가 처음에 만났던 오리가 아니다. 역경을 딛고 날갯짓이라는 성장을 하게 된 것이다. 서술자의 어조 변화로 독자와의 거리가 가까워지며 독자와 화자는 오리가 느꼈을 안도와 기쁨의 감정을 공유하게 된다.

이렇게 오리의 비행을 즐기고 책장을 넘기면 첫장에서 보았던 오리떼들을 다시 만나게 된다. 하지만 오리떼가 있는 곳은 우리가 아닌 호수이며, 오리들은 모이통 주변에서 하나의 원을 그리며 모여 있지 않고 각자 자기만의 원을 그리며 먹을거리를 찾고 있다. 그리고 그 안에서 주인공 오리도 함께 있음을 보여주며 "오리가 한 마리 있었어요. 물론 여러 오리 가운데 한 마리였지요." 라는 첫 부분의 반복으로 서사는 마무리된다. 한 장을 더 넘기면 표지에서처럼 주인공 오리가 다시 다른 쪽을 바라보고 있는 데에서 현실에 안주하지 않고 또 다른 곳을 찾을 거라는 암시를 보여준다. 뒷면지는 앞면지의 파란색 하늘과 대비되는 석양이 깔린 붉은 하늘이며, 앞면지에서 반은 날아오르고 반은 호수에 앉아있던 오리떼들도 뒷면지에서는 모두 하늘을 날고 있어 오리들을 모두 날게 하고 싶은 작가의 소망을 나타낸다.

작가는 '오리가 한 마리 있었어요'라는 제목을 설정했지만 주인공 오리의 여정을 제외한 글과 그림의 처음과 끝에서 '물론'이라는 부사어까지 덧붙이며 오리들이 함께 모여 있는 모습을 묘사한다. 왜 그랬을까? 떼를 지어 사는 청

• • • 『오리가 한 마리 있었어요』 ⓒ 글·그림 정유정, 보림, 2001

둥오리-책에서는 청둥오리라고 단언하지 않지만 그림 속에 묘사된 오리의 생김새를 보면 청둥오리임을 알 수 있다-의 습성 때문일 것이다. 청둥오리는 수천 마리가 한꺼번에 이동을 할 정도로 떼를 지어 살며 먹이를 찾고 천적을 피해 다닌다.

그리고 또 한 가지 특이한 점은 동물들에게 사람과 같은 이름을 붙여주는 일반적인 의인동화의 특성과 비교해 볼 때 이 책에서는 주인공 오리의 이름을 설정하지 않았다는 점이다. 이름을 붙이는 것은 사람들의 습성이기에 오리에게 그렇게 이름을 지어 붙이는 것을 거부한 작가의 의도로 여겨진다. 또 앞면지와 뒷면지를 비교해봤을 때 어느 한 오리만이 아니라 모든 오리들이 이 책의 주인공이 되어 하늘을 날아가는 모습을 희망하는 작가의 바람이 투영된 것일 게다. 이렇게 야생성을 잃어가는 오리를 다시 한 번 바라보게 만든, 작가의 자연을 대하는 시선은 이 책을 더욱 빛나게 하는 요인이다.

3.

그럼에도 불구하고 이 책에서는 몇 가지 한계가 보인다. 그림책에서는 글과 그림이란 서로 다른 특성이 결합되었기에 훌륭한 그림책은 이들 사이의 관계를 적절하게 활용해야 한다. 그러나 이 책에서는 글이 너무 길고 설명적이고 그림은 그것을 그대로 따라감으로 인해 그림이 글에 끌려가는 듯한 인상을 지울 수가 없다. 예를 들어 오리가 걷는 장면에서 〈오리는 다시 걷기 시작했어요. 시원한 솔밭 그늘도 햇빛 쨍쨍한 밭고랑도 뒤뚱뒤뚱 걷고 또 걸었어요. "호수에 가면 실컷 헤엄을 쳐야지."〉라고 글이 설명하는데, 그림은 글의 설명을 그대로 묘사하고 있다. 글과 그림의 일치는 그림을 읽는 재미를 떨어뜨린다. 이 장면뿐 아니라 다른 장면에서도 이런 현상은 반복된다. 이렇게 글이 과잉되고 그림이 글을 따라가는 모습을 자주 보여줌으로써 독자가 책을 읽을 때 그림에 눈이 덜 가게 하는 결과를 초래하게 된다. 글과 그림의 대위법적 관계의 아름다움을 살리지 못한 아쉬움이 남는 것이다.

또한 이 책에서는 휴지(pause)의 소극적인 사용으로 독자에게 쉴 공간을 제공해 주지 않아 읽다가 지쳐 버리게 되는 느낌을 받는다. 그림책은 보통 글이 적기 때문에 한 문장이 여러 쪽에 걸쳐 나누어 제시되는, 이른바 '산문의 짧은 분절'이 생기게 된다. 그림책에서는 이렇게 산문의 분절로 휴지의 묘미를 살릴 수 있는데 이 책에서는 속도를 제일 많이 요구하는 장면인 개가 오리를 뒤쫓는 두 장면에서만 분절을 활용하고 있다. 게다가 글은 서사나 그림과의 관계 등을 고려해 적절한 자기 위치를 찾아 들어가지 않고 그림의 여백에 채워 넣는 양상을 보임으로써 글과 그림의 배치로 인한 휴지의 발생도 거의 없다. 결국 그림책 서사의 리듬이 다소 밋밋하여 절정으로 향하는 순간으로 추동하는 힘이 모자라게 되고 독자에게 다소 지루함을 안겨줄 수 있다.

이 책이 갖고 있는 가장 큰 한계는 풍경화를 보는 듯한 안정된 그림이다. 책을 넘기다 보면 각각의 그림들은 하나같이 펼침면을 활용하여 균형을 잡은 안정적 구도 하에 아름다운 배경을 그려낸다. 오리가 호수를 찾아 길을 떠나는 장면, 다른 동물들에게 길을 물어보는 장면에서도 그림은 너무나 안정적인 구도를 갖고 있어서 서사에서 나타나는 혼란이나 긴장을 묘사할 수 없다. 게다가 가득 찬 화면과 더불어 프레임의 활용도 거의 없어 초점이 부각되지 않고 변화가 많지 않은 점은 지루함을 느끼게 하는 또 다른 요인으로 보인다.

4.

이러한 한계들을 곱씹어 보더라도 이 책이 전달하는 울림은 크다. 이 책에서 강조하고 있는, 우리가 지켜야 하는 아름다운 자연을 보여주는 사실적인 배경 화면과 주제를 효과적으로 드러내는 장면 배치, 캐릭터가 변함에 따라 달라진 인물의 색감 등은 시각적 리얼리티를 돋보이게 한다. 그리고 무엇보다 생명에 대한 사랑, 인간들로 인해 잃어가고 있는 동물의 야생성, 그로 인해 우리 인간들의 거세된 본능까지 생각해보게 하는 주제는 의미심장하다. 그럼에도 불구하고 그림책에서 맛볼 수 있는 그림과 글의 아이러니한 관계, 그림과 글의 서사적 리듬, 다양한 구도를 살려내지 못한 점 등은 작가가 앞으로 풀어나가야 할 과제라고 보인다.

 자기 공간이 몇 뼘 되지 않는 교실에서 시간에 묶여 본능을 거세당한 채 공부를 강요받고 있는 우리 소중한 아이들에게 이 책을 건네주고 싶다. 우리들은 나를 찾아가고 있는가, 아니면 잃어가고 있는가.

『고양이는 나만 따라 해』ⓒ 글·그림 권윤덕, 창비, 2005

존재에서 관계로 내딛는 첫걸음

■ 남지현

1.

　인간이 태어난다는 것은 어떤 의미일까? 인간은 동물이지만 감정과 정서를 지닌 존재이며 동시에 사회적 존재라는 측면에서 볼 때 탄생은 여러 가지 의미를 내포한다. 어머니의 자궁 문을 열고 세상이라는 물리적인 공간으로 나오는 생물학적 탄생, 그리고 언제인지 정확히 알 수는 없지만 어머니와의 공생 관계로부터 독립된 개체로 분리되는 심리적 탄생, 또한 자기 자신을 감싸고 있는 껍질을 깨고 다른 사람들과의 관계 속으로 나아가 새로운 나로 거듭나는 사회적 탄생이란 세 층위로 나누어 볼 수 있을 것이다.

　생물학적인 탄생의 기회는 누구에게나 한 번씩 주어지지만 그 이후의 심리적 탄생, 사회적 탄생의 양상은 사람마다 그 시기도 내용도 기회도 모두 다르게 나타난다. 어쩌면 그것들은 미완의 상태로 남아 어른이 된 우리들의 자아 속에 '어린아이'를 남겨두고 때때로 어머니의 자궁과도 같은 그 심연의 편안

함을 찾아 몸을 기대고 싶은 욕망으로, 때로는 자기에게 주어진 크고 작은 책임들을 손이 닿지 않는 곳으로 슬쩍 밀쳐 두고 싶은 충동으로 불쑥 고개를 내밀지도 모를 일이다.

그런 의미에서 탄생이란 죽음에 이르기까지 계속해서 자신을 갱신하여 내 안의 어린 자아를 성장시키는 것이 아닐까? 그리고 그 성장은 나 혼자만의 힘으로는 할 수 없는, 타인과의 의미 있는 관계망 속에서 이루어지는 것이 아닐까?

2.

책 표지의 아이도 아마 어딘가 편안한 곳으로 돌아가고 싶은 듯 연보라색 커다란 가방 속에 자신과 무척이나 닮은 고양이와 함께 웅크린 채 엎드려 있다. 다정하기도 새침하기도 한 시선을 서로에게 보내고 있는 두 인물은 무척 가까워 보인다. 거기에 한지가 주는 편안함과 작은 붓으로 그린 채색 위주의 공필화가 주는 부드러움, 따뜻한 색조와 알록달록한 꽃문양이 함께 어우러져 가방 속 공간이 따뜻하고 안전할 것이란 느낌을 전달한다. 이러한 표지는 자궁으로 돌아가고 싶은, 혹은 아직 그곳에서 빠져나오지 못한 아이의 상태를 상징적으로 드러내면서 이 그림책 서사에서 이야기하고자 하는 바인 '성장'을 암시한다.

배경보다 인물을 강조하는 표지의 그림에서처럼 이 책은 아이의 내면에 초점을 맞추고 그러한 감정에의 동일시를 위해 작은 책의 크기로 친밀한 분위기를 형성하고자 한다. 독자와 비슷한 또래의 1인칭 서술자를 설정하고 프레임을 쓰지 않아 서술자와의 가까운 거리를 유지하는 것, 전반적으로 배경을 생략하거나 상징적인 색으로 처리하여 인물에 중점을 두는 것, 고양이와 함께 외롭게 집 밖을 바라볼 때는 화면의 왼쪽에 인물을 배치하여 독자가 책을 펼칠 때 자연스럽게 인물을 바라보게 하는 것 등은 서술자와의 동일시를 위한 여러 가지 장치로 작용한다.

　고양이와 함께하는 따라 하기 놀이, 즉 모방을 통해 아이가 변화하면서 집 안에서의 고립된 생활을 벗어나 또래의 아이들과 어울려 뛰놀기까지의 과정을 그리는 이 서사는 크게 세 개의 시퀀스로 이루어져 있다. 고양이가 아이를 따라 하는 첫 번째 시퀀스에서는 시적 리듬감을 가진 짧은 글과 나란히 조응하는 그림을 통해 빠른 리듬으로 내용을 전개한다. '고양이는 나만 따라 해'로 되풀이되는 구절의 반복은 자칫 지루하게 느껴질 수 있으나 인물의 시선과 동작에서 대각선, 곡선 등의 다양한 시선 커브를 형성하는 그림을 통해 단조로운 글의 리듬을 지연시킨다. 그러나 전체적으로는 그림의 내용을 글이 확인하게 하는 배치로 속도감 있게 나아가고 있다.

　반복적인 놀이가 끝나고 아이의 외로움과 그로 인한 두려움, 고립감을 표출

고양이는 나만 따라 해. 빨래를 널 때도　　　　파리를 쫓아다닐 때도 따라 해.

• • •　「고양이는 나만 따라 해」 ⓒ 글·그림 권윤덕, 창비, 2005

하는 두 번째 시퀀스에서는 펼침면으로 확장된 화면 위에 강렬하고 상징적인 붉은색을 쓰거나 검정색 배경을 확대시켜서 점점 고조되는 주관적 정서의 흐름을 강렬한 이미지로 전달한다. 이러한 점층은 고양이 얼굴을 클로즈업하는 장면에서 쉼표처럼 멈추게 된다. 펼침면 가득 그려진 고양이의 두 눈을 제대로 바라보기 위해서는 책과의 거리 조정이 필요하다. 이 장면에서 독자가 고양이의 강렬한 응시와 마주하는 동안 발생하는 휴지는 고양된 정서를 일단락 짓는 동시에 아이 내면의 변화가 시작되는 분기점으로 작용한다.

이어지는 세 번째 시퀀스에서는 내가 고양이를 따라 하는 일련의 행동과 그 결과 세상 속으로 나아가 관계를 맺는 아이를 보여준다. 고양이와 함께 밖을 내다보며 어둠을 직면하는 장면에서는 인물과 배경 간의 명도 대비와 밑에서 올려다보는 시점을 통해 인물에게 조명을 비추고, 높은 곳에 올라가는 장면에서 화면의 왼쪽에서 오른쪽으로 이동하는 인물은 긍정적으로 성장하는 존재로 느껴진다. 또 펼침면 가득 차게 인물을 그리고 날카로운 외곽선으로 과장되게 처리한 장면에서는 강한 자신감을 상징적으로 나타낸다.

집안에서 양말만 신고 있던 아이는 이 시퀀스 속에서 상대적으로 크게 그려진 신발을 신고 등장하기에 이른다. 이처럼 확대된 신발은 바깥세상으로 나가 실컷 뛰어놀 준비가 된 아이로 변화했음을 나타내기 위한 조형적 현실성으로 볼 수 있다. 또한 마지막 펼침면은 오른쪽 위로 향하는 사선을 따라 언덕을 힘차게 뛰어가는 아이들의 모습을 보여주는 그림만으로 되어 있다. 그 이전 부분에서 클로즈업으로 인물을 강조하던 것과 대조적으로 원경 묘사를 활용한 시각적 카타르시스[1]를 구현하면서 작품이 담고 있는 '성장과 사회적 관계 형성'이라는 주제를 시원스럽게 전달한다. 이 마지막 장면에서 화면의 오른쪽으로 갈수록 확대되는 여백과 아이들이 뛰어가며 만들어 내는 동선의 여운은

• • • 『고양이는 나만 따라 해』 ⓒ 글·그림 권윤덕, 창비, 2005

이야기가 끝난 뒤에도 아이가 한참을 뛰어놀 것 같은 서사적 여운을 준다.

3.

'성장'이라는 이 책의 주제는 필연적으로 변화를 필요로 한다. 변화하기 전과 후의 대비, 변화의 중심축 등이 중요한 구성 요소가 되는 것이다.

우선 첫 번째 시퀀스와 세 번째 시퀀스의 대조를 통해 주제에 접근해 간다. 첫 번째 시퀀스에서는 고양이가 아이를 따라 하고 있고 아이는 모방의 대상이 된다. 또 고양이와 아이가 서로 마주 보는 장면이 많다. 그리고 앞서 말했듯 서사의 리듬 또한 빠르게 흘러간다.

---

1) "롱쇼트로 잡은 넓은 화각의 풍경이 시원스레 펼쳐진다. 갑자기 세상이 열리고 아이가 거기를 달리는 것이다. 좁은 시야에서 넓은 시야로의 갑작스러운 전환은 독자에게 시각적 카타르시스를 제공한다. 극도의 중력이 짓누르다가 갑자기 무중력으로 바뀔 때의 해방감과도 같다." (황성순, 「조형과 리얼리티(1)」, 『어린이와문학』, 2007년 7월호, 154쪽)

이와 대조적으로 세 번째 시퀀스에서는 아이가 고양이를 따라 하므로 아이는 모방의 주체가 된다. 또 고양이와 아이가 같은 곳을 바라보는 장면으로 이루어져 있다. 글과 그림의 내용은 서로 교차한다. 그림에서 제시된 행위의 결과 서술자가 느끼는 감정(두렵지 않아, 모든 것이 다르게 보여, 겁나지 않을 만큼)을 글이 담고 있거나 글(그리고 이제, 밖으로 나가는 거야!)이 제시한 내용의 결과를 그림으로 보여주는 등 '대위법적 관계'를 형성하며 서사의 리듬을 지연시킨다.

이러한 변화는 대상에 대한 진정한 이해 방식으로의 진전을 의미한다. 대상이 주체를 모방하는 첫 번째 시퀀스의 방식보다 대상을 통해 자신을 변화시키려는 세 번째 시퀀스의 방식은 주체가 사회적 존재로 태어나기 위한 전제조건이 된다. 대상을 나에게 맞출 것인가, 내가 대상에게 맞출 것인가의 문제는 개별적인 존재로서 살아갈 것인가, 조화로운 관계를 맺으며 살아갈 것인가를 선택하는 문제로 이어지는 것이다. 타인에게 자신을 비추어 보아야만 주체는 변

• • • 『고양이는 나만 따라 해』 ⓒ 글·그림 권윤덕, 창비, 2005

화할 수 있고 자신의 한계를 넘어 밖으로 나와 성장할 수 있다. 그러므로 고양이를 매개로 하여 변화를 거친 아이는 씩씩하게 집 밖으로 나올 수 있었다. 이 작품에서는 이러한 변화가 형식의 대조를 통해 구현되고 있다.

또한 두 번째 시퀀스와 세 번째 시퀀스 간에도 대조가 이루어진다. 두 번째 시퀀스에서는 심심함, 기다리는 외로움, 어둠에 대한 무서움 등의 정서가 차츰 고조되지만 고양이의 두 눈이 클로즈업된 장면을 기점으로, 무서워하지 않고 사물을 다르게 보고 자신감에 넘치는 아이로 바뀌는 세 번째 시퀀스로 이동한다. 두 번째 시퀀스 중 아이가 밤에 이불 속에서 무서워하는 장면에서는 위에서 내려다보는 시점을 통해 결정적이고 긴장된 순간임을 표현하며 세 번째 시퀀스에서 그려진 '아이의 성장'은 밑에서 올려다보는 시점과 화면 위쪽에 배치된 인물이 주는 무게감으로 그 의미가 더욱 강조된다. 서사의 흐름 속에서 그러한 변화의 대칭축이 되는, 고양이의 두 눈이 확대된 펼침면은 그림 자체로도 대칭적이다. 왼쪽 면은 검정색이 주조를 이루는 바탕에 그려진 고양이 눈이고 오른쪽 면은 노란색이 주조를 이룬 고양이 눈이다. 접사촬영에 가깝게 그려진 고양이 얼굴은 강한 긴장 또는 전경화된 것을 표현하기에 적합하므로 "그런데 오늘부터는……내가 고양이를 따라 해야지"라는 글에 강한 어조를 불어넣는다.

그런데 이 그림에 대한 암시가 면지에서 미리 제시되어 있다. 채도가 낮은 노란 바탕 면지에 쫑긋 솟은 귀에서 날카로운 눈까지만 그려진 고양이 모습이 반복되어 나타나고 있는데, 고양이 얼굴은 한가운데를 기준으로 왼쪽은 검정톤, 오른쪽은 면지와 같은 노란톤으로 나뉘어져 있는 것을 확인할 수 있다. 이러한 장치는 아이들이 그림책을 보는 재미를 더하는 요소이기도 하다.

4.

이 책은 주제를 드러내기 위해 인물과 정서에 초점을 맞추는 방식을 선택했다. 작품이 다루고 있는 아이의 내면 변화와 성장이란 주제만으로도 서사는 관념적으로 기울기 쉽다. 작가는 주로 그림의 구도와 색채 등 시각적 요소의 변화를 통해 그림책 서사를 이끌어 간다. 작품의 이러한 구도 안에서 글만 따로 떼어 볼 때에도 서사는

①고양이와 놀았다.
②놀이가 끝난 후 외로워 밖을 내다보았다.
③저녁이 되어 엄마를 기다렸지만 오지 않았다.
④밤이 무서웠고 고양이와 함께 이불 속에서 웅크렸다.
⑤이제부터는 고양이를 따라 하기로 마음먹었다.
⑥자신감을 갖고 밖으로 나가 아이들과 뛰어놀았다.

정도로 간단해진다. ④에서 ⑤로 가는 사이의 인과관계가 드러나지 않고 비약적이다. 그림 또한 이러한 플롯을 변화시키거나 추가하지 않고 다만 강세를 부여하고 세부적인 묘사를 더하고 있다.

반면 그림은 정교하고 화려하다. 그림은 매우 밝고 따뜻한 색조로 집안의 가구나 다양한 소품, 의상, 화분 등을 세부적으로 묘사하고 있는데, 이를 통해 어른의 존재와 그 정성스러운 손길이 짐작되는 반면 아이와 상호작용을 할 수 있는 가족은 글로도, 그림으로도 등장하지 않고 동물인 고양이만이 함께 나옴으로써 아이가 변화할 수 있는 매개물인 고양이가 가진 한계를 보완해 줄 여지가 없어진다. 다시 말하자면 아이 스스로 고양이의 길들여지지 않는 속성이나 도도한 이미지 등을 인식하고 그러한 모습으로 변화해야겠다고 다짐할 수밖에 없는 설정은 어린아이인 서술자에게 많은 역할을 요구한다.

글과 그림의 관계에서 화면에 배치된 글이 짧고 시적이며 그림에서 나타난 내용을 반복하는 경우가 많은 것 또한 글의 역할과 가능성을 축소시킨다. 글은 그림 아래에서 조용히 시적 리듬을 형성하거나 그림이 전할 수 없는 청각적 이미지(고르릉 고르릉)를 더해줄 뿐 많은 것을 그림에게 양보하여 그 결과 전체적으로 글의 결여와 그림의 과잉이란 문제를 갖게 된다.

5.

인격은 나이에 비례하지 않는다. 다만 경험과 성찰의 시간에 비례한다고 할 수 있을 것이다. 인간이 성장하기 위한 경험은 주체의 외부에 있는 또 다른 주체들과의 만남을 통해서 시작되어 그것을 내면화하는 주체 내부의 과정으로 이어지며 삶을 통해 끊임없이 이루어지고 있고 또 이루어져야 할 것이다.

거울이 없던 시절, 사람들은 물에다 자신의 얼굴을 비추어 보았다. 그러나 물에다 얼굴을 비추지 말고 다른 사람에게 자신을 비추어 보라는 '무감어수(無鑑於水) 감어인(鑑於人)'의 경구 또한 가지고 있었다.[2]

마지막 장면에서 동네 아이들과 함께, 있는 힘껏 언덕을 달려가던 그 아이도 삶에서 마주할 크고 작은 언덕길에서도 혼자 웅크리거나 뒤로 물러서지 않고 의미 있는 사람들과의 관계 속에서 있는 힘껏 자신의 삶을 밀어올릴 수 있기를 바란다.

• 2) 신영복, 『나무야 나무야』, 돌베개, 1996, 128쪽.

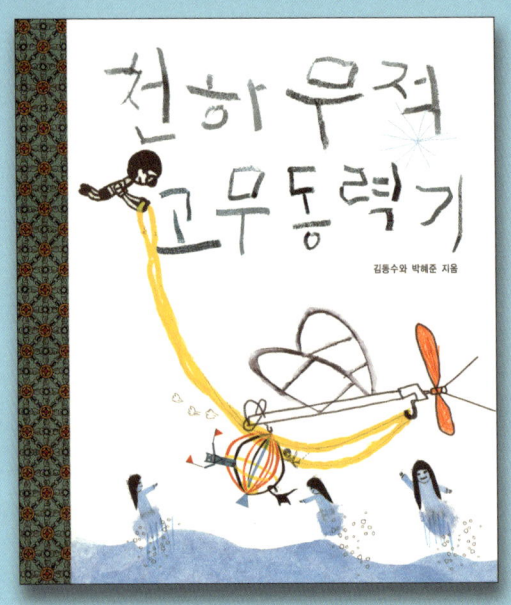

『천하무적 고무동력기』ⓒ 글·그림 김동수·디자인 박혜준, 보림, 2005

천하무적, 상상의 세계

■ 함성희

1.

　우리는 혼자일 때, 스스로에게 끊임없이 '난 이제 무엇을 할까?'라는 질문을 한다. 그리고 스스로 선택하고 결정하는 대로 모든 것을 누릴 수 있는 자유로움에 즐거워한다. 그러나 그 즐거움을 온전히 나 혼자 끌어안아야 한다는 점에서는 오히려 외로움과 두려움을 느끼기도 한다. 특히 혼자이길 원하지 않을 때 우리가 느끼는 외로움과 두려움은 더욱 커지게 된다. 우리에게 집이라는 공간은, '혼자'가 아닌 '함께'이길 바라는 공간이다. 가족과 함께 할 수 있기 때문에 따뜻하고 소중한 곳이다. 그러나 집은 우리가 혼자임을 가장 자주 느낄 수 있는 공간이기도 하다.

　『천하무적 고무동력기』는 엄마가 없는 빈집에서 '혼자'가 된 어린아이의 모습을 담고 있는 그림책이다. 빈집에서 아이가 느끼는 외로움 바로 너머에는 아이만이 다가갈 수 있는 환상의 세계가 있다. 호기심 많은 아이가 그 세계에

뛰어드는 순간 그곳에서는 축제가 열린다. 『천하무적 고무동력기』는 혼자이기 때문에 아이들이 경험할 수 있는 재미있는 상상의 세계, 혼자이기 때문에 아이들이 느낄 수밖에 없는 엄마의 빈자리를 그리고 있다.

2.

한쪽 팔에 고무동력기 조립상자를 든 아이가 종종걸음으로 집으로 향한다. '딩동' 벨을 누르지만 집에는 아무도 없다. 아이는 누군가와 함께 고무동력기를 만들고 싶었지만 집에는 아이를 도와줄 사람이 없다. 그래도 아이는 씩씩하게 혼자 고무동력기를 만들어간다. 그리고 이 고무동력기를 가지고 상상의 세계에 빠져 신나고 재미있는 시간을 보낸다. 아이가 혼자 만든 실제 고무동력기는 완벽하지 않아 제대로 날 수 있을지 모르지만 아이의 상상 속 고무동력기는 무엇이든지 할 수 있는 제목 그대로 천하무적이다.

고무동력기와 함께하는 아이의 상상의 세계는 특별한 인과관계 없이 여러 가지 모습으로 그려진다. 시간의 흐름도 모호하고 뒤죽박죽 정신없게 전개되지만 그래서 더욱 아이의 상상을 잘 표현하고 있다고 할 수 있다. 상상의 세계는 우리가 꿈을 꾸었을 때처럼 또렷하게 기억되지는 않지만 강렬한 느낌을 주는 세계이다. 현실의 세계에서는 연한 노란색과 하늘색이 그림의 주된 색으로 쓰였다. 그에 반해 상상의 세계는 검정색, 붉은색, 푸른색의 굵은 선으로 단순하게 그려져 독자에게 색채에 대한 강렬한 인상을 준다. 또 화선지 위에 그려진 그림은 정확한 외곽선을 표현하지 않고 번짐 기법을 쓰고 있어 상상 세계의 느낌을 더욱 효과적으로 표현하고 있다. 그리고 처음에 등장하는 현실 속 아이의 모습은 배경이 되는 그림 위에 작은 종이로 덧붙여서 표현하였기 때문에 작은 틀 속에 들어가 있는 것처럼 보인다. 그러나 상상 속에서는 아이

『천하무적 고무동력기』 ⓒ 글·그림 김동수·디자인 박혜준, 보림, 2005

의 모습과 그 주변 모습이 하나의 종이 위에 그려져 독자들은 조금 더 자유로워진 아이를 느낄 수 있다. 검은색의 단순한 외곽선만으로 그려진 아이의 모습은 행동 묘사에 초점을 두고 있다. 또 무광택 종이로 표현되어 독자들이 그림을 좀 더 가깝게 느끼고 그림 속 대상에 초점을 맞출 수 있도록 했다.

아이가 느끼는 심리는 글로 자세히 묘사되어 있다. 아이들은 실제 놀이를 할 때 혼잣말을 많이 한다. 이런 말을 그대로 옮긴 것과 같은 글은, 아이가 순간순간 상상하고 느끼고 있는 것을 독자들도 함께 보고 느낄 수 있도록 한다. 또 귀여운 글자체, 아이의 목소리 높낮이나 크기에 따라 그대로 변하는 글자의 크기와 굵기, 오선 위의 음표처럼 오르락내리락하는 글자배치, 다양한 감탄사와 문장부호는 책의 리듬감을 살리고 시각적인 즐거움도 함께 주고 있다. 또 우리에게 익숙한 동요가 글 속에 부분적으로 담겨 있어 독자들은 글을 읽으면서 그림 속 아이의 즐거운 기분을 더욱 생생히 느낄 수 있다.

상상의 세계에서 아이의 즐거운 감정이 고조됨에 따라 이야기 전개 속도도 빨라진다. 그러다가 아이가 코끼리 아줌마와 함께 노는 화면에서 아이의 즐거움은 절정에 달한다. 화면 가득 붉은색이 독자의 시선을 사로잡는 이 장면은 아이가 상상의 세계에서 느끼는 즐거움을 극적으로 보여준다. 그런데 이때의 즐거움은 지금까지 고무동력기가 오리 배를 끌어주거나, 귀신을 잡아주거나 했을 때 아이가 느꼈던 감정과는 다른 것이다. 아이는 고무동력기와 함께하지 않아도, 고무동력기의 도움을 받지 않아도 즐거울 수 있는, 그리고 가장 즐거운 순간을 맞이한 것이다. 왜냐하면 아이는 코끼리 아줌마에게서 엄마의 품을 느끼고 있기 때문이다. 붉은색은 아이가 느끼고 싶었던 엄마의 사랑, 그 안에서 가질 수 있는 충만한 에너지의 표현이다. 아이가 코끼리 아줌마를 만나기 전 고무동력기가 붉은색이었던 이유도 무엇이든 할 수 있는 역동적인 에너지의 표현이면서 동시에 엄마의 빈자리를 채워주기 위한 존재였기 때문이라 할 수 있다.

사실 작품 속 아이는 집에 들어서는 순간부터 엄마의 품을 그리워했고, 무의식적으로 그것을 채워줄 무엇인가를 찾고 있었다. 벨을 누르고 집에 아무도 없다는 것을 발견하는 순간 아이의 머리 위에 그려진 작은 구름에서는 빗방울이 빗줄기로 바뀌어 내린다. 그리고 이어지는 화면에서 혼자 문을 연 아이의 검은 그림자는 평면적인 다른 그림들과는 달리 유일하게 공간감 있게 그려져 아이가 느낄 외로움의 깊이를 더 강조하였다. 아이는 혼자 고무동력기를 만들면서 엄마, 아빠, 동생, 장난감이 자신이 만든 고무동력기에 탄 모습을 상상하기도 한다. 그리고 상상의 세계에서 떠나는 한강, 놀이동산은 '가족'이라는 단어가 너무나 잘 어울리는 장소다.

그러다가 아이는 코끼리 아줌마를 만나 엄마 품을 느끼면서 그 허전함을 채울 수 있었다. 그러나 이 화면에서 독자들은 불안감을 느낄 수밖에 없다. 코끼리 코에 매달려 오른쪽 위로 날아오를 듯한 아이의 모습이 신나기도 하지만 한편으로는 떨어질 듯 불안함을 준다. 그리고 아이와 코끼리는 온전한 모습이 아니라 반만 그려진 모습이다. 아이는 상체만 있고, 코끼리 또한 앞다리까지만 그려졌다. 이렇게 불완전한 아이와 코끼리의 모습은 그 관계가 무엇인가 불안정하다는 것을 느끼게 한다. 그리고 아이의 노랫말 속에 나오는 '집'과 '엄마'라는 단어는 아이가 상상의 세계에서도 자신의 현실 속 집과 엄마를 의식하기 시작했다는 것을 보여준다.

그리고 이어지는 다음 화면은 지금껏 정신없이 움직이던 상상의 세계를 단 한순간에 멈추어 버린다. 독자는 이 화면에서 한참 동안 책장을 넘기지 못하게 된다. 앞 화면에서 아이와 놀던 코끼리는 새끼 코끼리와 함께 있고, 아이는

• • • 『천하무적 고무동력기』 ⓒ 글·그림 김동수·디자인 박혜준, 보림, 2005

그것을 가만히 앉아서 지켜볼 뿐이다. 앞 화면에서 미세하게 느껴졌던 불안한 감정이 코끼리와 아이의 단절, 아이의 소외로 드러나고 있다. 앞 화면에서 강렬하게 시선을 사로잡던 붉은색은 그 빛이 흐려진 채 아이와 코끼리를 둘러싸고 있다. 그만큼 아이가 코끼리에게 느꼈던 따뜻함과 즐거움이 점점 사라지고 있다는 것을 알 수 있다. 그림의 초점은 책 가운데 부분의 앉아 있는 아이와 새끼 코끼리에게 향한다. 이때 아이와 새끼 코끼리는 좀 더 밝은 색 사각형 테두리 안에 함께 있다. 그리고 새끼 코끼리와 코끼리 아줌마는 또 다른 사각형 테두리 안에 함께 있다. 전체적으로 보면 책 가운데 부분을 중심으로 아이와 코끼리들이 둘로 나뉘어져 있다. 외곽선 없이 명암만 달리한 보일 듯 말 듯한 이 두 개의 사각형 테두리와 책의 왼쪽 부분에 혼자 앉아 있는 아이의 모습은 새끼 코끼리와 같으면서도 다른 처지에 있는 아이를 효과적으로 잘 표현하고 있다. 아이가 빈집에 처음 들어섰을 때, 아이의 모습은 그림자로 그려졌는데, 그와 마찬가지로 이 화면에서도 아이는 갈색 빛의 그림자로 그려진다. 아이는 상상 속에서도 처음 집에 왔을 때 느꼈던 그 외로움을 다시 느끼고 있는 것이다. 그리고 상상의 세계와 점점 멀어지고 있는 아이의 마음처럼, 그림과 뚝 떨어져 적혀 있는 "나도 그만 가야겠다."라는 글을 통해 독자는 비로소 현실로 돌아올 마음의 준비를 하게 된다.

 상상의 세계가 사라진 현실에서도 아이는 여전히 씩씩하다. 아이의 가장 큰 웃음을 볼 수 있는 것도 마지막 장면에서이다. 그 이유는 아이가 만들어낸 상상의 세계는 현실에 돌아와서도 더 재미있는 무엇인가를 할 수 있는 활력을 주기 때문이다. 사실 아이에게 '혼자'라는 것은 두려움과 외로움이기도 하다. 상상의 세계에서 아이가 신나게 놀 때 항상 따라다녔던 물귀신은 혼자 있는 아이의 단순한 놀이 상대일 수도 있지만 무의식적인 두려움을 뜻하기도 할 것이다. 그러나 어느 순간 이 물귀신은 아이에게 물귀신 누나가 되었고 함께 노는 친구가 될 수 있었다. 마지막 화면에 그려진 고무동력기에는 아이와 물귀신이 함께 타고 있다. 이것은 아이가 빈집에 있을 때의 막연한 두려움을 스스로 이겨내었다는 것을 의미한다. 작가는 혼자 노는 아이의 엉뚱하고 재미있는 생각을 명랑하게 채워 독자들이 아이들만의 밝고 즐거운 감정을 마음껏 느낄 수 있도록 하였다. 그리고 그 명랑함은 위와 같이 아이들의 잠재된 외로움과 두려움까지 끌어안고 있는 것이라는 점에서 의미가 있다.

그러나 이 책의 아쉬운 점은 저학년 어린이 독자에게는 고무동력기라는 소재가 낯설고, 설명서를 보며 그것을 혼자 만들어가는 아이의 모습이 다소 비현실적이라는 점이다. '수평', '비상 착륙' 같은 말도 저학년 아이들에게는 적합하지 않다. 그리고 이야기의 마지막에 아이가 다시 가족을 느낄 수 있는 무엇인가를 남겨두었다면 주인공의 필요나 욕구가 만족되면서 좀 더 온전한 결말이 될 수 있었을 것이다. 마지막 화면에서 아이가 고무동력기를 들고 오른쪽으로 향하고 있는데 이때 '딩동'이라는 글만 더 적어 주어도 첫 화면에서 '혼자'임을 느끼게 하는 벨소리와는 반대로 '함께'임을 느끼게 하는 벨소리가 표현되어 이야기의 완성도가 높아졌을 것이다. 또는 뒤표지에 나온 아이의 일기에서도 엄마와 함께하고 싶은 아이의 바람으로 글이 마무리 되고 있는데, 엄마와 함께 고무동력기 날리기를 연습한 경험을 일기로 적었다면 독자들도 좀 더 편안한 마음으로 지난 상상 속 세계의 즐거움을 기억할 수 있었을 것이다.

『천하무적 고무동력기』는 홀로 있었지만 결코 혼자가 아니었던 아이의 모습을 유쾌하게 그린 작품이다. 작가는 리듬감 넘치는 글과 단순하면서도 재치있는 그림으로 아이들의 엉뚱한 상상의 세계, 놀이 자체의 즐거움을 표현했다. 엄마가 없는 빈집에 있는 아이에게 고무동력기는 상상의 세계에서 함께 놀 수 있는 친구였고 두려움과 외로움을 이겨낼 수 있는 힘이기도 했다. 고무동력기와 아이가 만들어가는 상상의 세계는 아이들만이 누릴 수 있는 환상적인 세계였다. 그 세계는 현실과는 다른 세계이지만, 그것을 꿈꾸는 모습은 생활 속의 아이들 모습 그대로이다. 아이는 자신만의 재미있는 놀이로 '혼자'의 즐거움을 맘껏 누리고 '혼자'의 외로움과 두려움을 이겨냈다. 그리고 그 놀이가 끝난 뒤 엄마를 다시 기다리는 시간에도 즐거울 수 있었다. 아마도 아이에게는 또 다른 상상의 세계가 기다리고 있기 때문일 것이다. 홀로 있는 외로운 시간도 재미있게 보낼 수 있는 아이들의 무한한 상상의 세계, 그것이 바로 천하무적일 것이다.

『삐비 이야기』ⓒ 글·그림 송진헌, 창비, 2003

삐비를 기억하는 모든 이들을 위하여

■ 이수현

1.

과거의 사건들은 한때 자신에게 아주 중요한 의미였으나 시간이 지나면서 녹아 사라지는 의미가 되기도 하고, 또 단정할 수 없는 모호함이었으나 점점 선명하게 살아나서 특별한 의미로 재편되기도 한다. 기억이란 나의 경험과 성장에 따라 조금씩 다르게 변화하고 때로는 예술을 통해 특별한 의미로 다가와 현재의 삶을 새롭게 규정짓기도 하기 때문이다. 이렇게 우리의 기억 속에 숨겨둔 그 '무엇'을 끄집어내어 가슴을 일렁이게 하고 삶을 새롭게 조명하는 힘을 가진 예술은 때때로 우리의 모호한 내면을 객관적으로 들여다보게 한다. 우리는 언젠가 어른이 되면 기억 속 그 시절 우리가 알 수 없었던 감정까지 다 알게 될 거라고 위로하면서 살아왔는지 모른다. 다만 애써 꺼내보려 하지 않을 뿐이다.

오래전에 만난 한 여자아이가 있다. 이제 막 아홉 살이 된 까무잡잡한 얼굴

의 아이는 어느 날 갑자기 앞머리를 쌍둥 잘라내고 학교에 나타났다. 1~2센티미터쯤 되는 앞 머리카락이 마구잡이로 하늘로 뻗친 그 아이의 얼굴은 잔디밭을 올려놓은 듯했으며 웃음을 감추지 못하고, 머리가 왜 그러냐고 물었을 때 아이는 태연하게 귀찮아서 가위로 잘랐다고 했다. 부모님 없이 할머니와 둘이 사는 그 아이는 아무리 태연한 척해도 작은 어깨에 늘 쓸쓸함이 묻어 있다. 나는 그 아이를 가까이하고 싶었으나 과한 연민은 오래 가지 못했고, 아이는 점점 거짓말과 거친 말투로 자신의 외로운 세계를 포장하고 싶어 했다. 이미 나에게서 오래 전에 멀어진 그 아이는 이후로도 종종 기억 속에 떠오른다. 기억은 언제나 몇 장의 사진을 놓고 이어 붙여 보듯 낱낱의 감정과 장면으로만 이루어지기 마련이지만, 그 아이가 떠오르는 장면은 늘 가슴이 휑하고 쓸쓸하며, 내가 무언가 하지 못한 일에 대한 아쉬움이 동반되곤 한다.

내 기억 속 그 소녀를 다시 떠오르게 한, 그래서 가슴 일렁이게 한 이 그림책은 이제 과거의 내가 외면했던 것을 다시 들여다보게 했다. 삐비 역시 보는 이의 마음에 설명하기 어려운 쓸쓸한 바람을 머무르게 하는 아이였다. '삐비 이야기'는 작가가 가슴속에 묻어 놓은 어린 시절, 삐비라는 특별한 아이와의 우정 그리고 멀어짐에 관한 이야기이다. 그리고 첫페이지 헌사를 통해 화자가 '사랑하는 강이'에게 들려주고 싶어하는 이야기이기도 함을 알 수 있다. 그는 자신의 이름이 걸린 첫 그림책에 삐비를 그릴 만큼 삐비에 대해 하고 싶은 말이 있었으며 그것은 삐비와 함께했던 과거의 자신을 객관화하여 들여다보는 것이고 이야기를 따라가는 독자에게는 쓸쓸하고 불편한 감정으로 독자 자신을 들여다보게 만드는 것이었다.

2.

『삐비 이야기』 속의 화자는 숲에서 만난 한 아이를 '삐비'라고 부른다. 어쩌면 삐비는 그 아이의 진짜 이름이 아니라 소리 없는 그 아이에게 화자가 붙여준 이름인지도 모른다. 삐비의 어원을 찾아보면 '서랍'의 경상도 사투리 혹은 식물인 '삘기'의 사투리라고 나와 있다. 삘기는 '띠'라는 식물의 어린순을 말하는데 어린 시절 길가나 수풀에서 흔히 볼 수 있는 식물이다. 삐비가 자라면 줄기 끝에서 흰색 털로 덮인, 마치 새의 깃털과 같은 은백색의 꽃이 핀다. 그림을 잘 살펴보면 화자와 삐비가 함께 있는 숲에서 그들을 감싸고 있는 것은 바로 활짝 피어 있는 이 삐비꽃이다. 이 두 가지 어원을 보았을 때 이 책에서 '삐비'는 중의적인 의미를 가지게 된다. 삐비꽃이 만발한 숲에서 함께했던 특별한 친구와의 아름다운 순간에 대한 이야기이기도 하고 자신만의 서랍 같은 공간(숲) 속에 갇혀 살았던 삐비라는 아이에 대한 화자의 안타까운 기억이기도 한 것이다. 또 앞쪽 면지에 그려진 삐비(띠의 어린 순)와 뒤쪽 면지에 그려진 성장한 삐비꽃(띠의 꽃)을 보았을 때, 어린 시절의 삐비가 이제는 새의 깃털 같은 자유로운 꽃으로 성장했기를 바라는 소망이기도 할 것이다.

화자는 삐비라는 친구와의 우정과 멀어짐에 관한 이야기를 흑백 사진을 바라보듯 잔잔하게 설명해 나간다. 이야기는 객관적인 사실과 그 당시의 감정을 섬세하게 그려내기 위해 아버지가 아이에게 자신의 어린 시절 이야기를 들려주는 회상형 구조의 서사를 선택하고 있다. 회상형 구조는 글 전체를 꿰뚫어 보면서 현재의 화자로부터 과거의 화자를 분리시켜 화자와 독자 모두가 어느 정도 이야기에 대해 객관적인 시선을 유지할 수 있게 하는 효과가 있다. 이러한 효과의 극대화를 위해 글은 감정적인 표현보다는 그 당시의 화자를 그대로 보여주는 듯한 설명식의 짧고 단순한 어조를 취하고 있으며, 대부분 직사각형의 프레임 안에 그림을 두고 그림 아래쪽에 일정하게 글을 배치해 이야기의 무게감을 전달한다. 이러한 서사를 위한 장치는 독자가 일단 감정적이고 주관적인 판단을 최대한 유보한 채 객관적인 시선으로 서사를 따라가게 만든다.

전체의 서사는 삐비와 화자가 서서히 가까워지는 첫 번째 시퀀스와 화자가 학교에 입학하는 것을 계기로 삐비와 멀어지게 되는 두 번째 시퀀스로 나누어진다. 삐비와 화자의 우정이 충만한 공간을 보여주는 첫 번째 시퀀스는 우거진 숲 속을 배경으로 하고 있다. 이러한 공간을 형상화하기 위해 작가는 연필로 흑백의 음영을 통해 시간이 멈춘 듯하면서도 깊이 있는 풍경을 그려냈다. 흑백의 연필화인데도 햇살이 가득한지, 바람이 불고 있는지, 고요하게 멈추어 있는지, 세찬 비가 오는지 금세 알아볼 수 있다. 또한 그들만의 공간이었던 숲은 사철 내내 짙은 측백나무가 머리 위로 빼곡히 들어차 있으며 풀은 아이들의 머리까지 가득 자라 출렁이며 차오르는 우정을 감싸고 있는 듯 보인다.

인물의 형상 역시 연필 끝으로 촘촘하게 채워간 숲 전체의 풍경과 어울려

● ● ● 『삐비 이야기』 ⓒ 글·그림 송진헌, 창비, 2003

섬세하고 충만한 감정의 흐름을 담아낸다. 송진헌 작가는 오랫동안 동화에 연필 삽화를 그려오던 그림작가이다. 그런 그가 이야기와 그림을 함께한 그림책 화가로서 처음 그린 이 그림책은 연필화로 담담한 이야기를 담았을 뿐 아니라 스토리 전체의 분위기와 풍부해지는 감정을 자아내고 있다.

또한 본문 첫 번째 그림에서 겨우내 집 안에 갇혀 있는 삐비의 모습을 사각 프레임 속 한구석에 웅크린 모습으로 나타내어 긴 설명 없이 상징적으로 보여준다. 화자가 삐비를 처음 만나고 삐비에게 다가가는 그림은 한 프레임 안에서 세로의 긴 나무 기둥을 통해 다시 여러 프레임으로 나누어지는 이중의 프레임 구조를 사용하였다. 이러한 프레임은 삐비의 고립감이나 화자와 삐비 사이의 거리감 변화를 효과적으로 드러내기 위한 장치이며, 둘 사이를 가르고 있는 나무 기둥은 서사가 진행되며 점차 사라지거나 흐려지면서 둘의 가까워짐을 암시한다. 이와 같은 첫 번째 시퀀스에서 보여지는 여러 가지 효과는 글이 보여주는 서술자의 객관적인 태도를 보완하여 그들을 관찰하는 듯 느끼게 하지만 그림책의 후반부로 갈수록 우리는 화자의 변화를 인식하고 동화되며 화자의 모습에서 우리 자신을 발견하게 된다.

삐비를 대하는 화자의 태도에 변화가 생기는 계기, 즉 화자가 학교에 다니기 시작하면서 두 번째 시퀀스가 시작된다. 하얀 운동장을 배경으로 줄을 지어 서 있는 아이들, 회색조의 그림에 단 한 번 등장하는 프레임 없는 하얀 바탕의 펼침면. 이야기의 시퀀스를 새롭게 바꾸는 이 화면은 객관적으로 절제되었던 감정에 균열을 내기 시작한다. 이 장면은 화자가 학교에 가면서 모든 것이 변하기 시작했다는 사실을 전무후무한 밝기의 대비를 통해 강렬하게 드러낸다. 또한 아이들의 수근거림을 듣고 삐비를 피하기 시작한 화자는 이제 숲 밖에서만 존재한다. 멀리 숲 속으로 삐비가 아련히 보일 뿐 더 이상 숲 속에

• • • 『삐비 이야기』 ⓒ 글·그림 송진헌, 창비, 2003

있는 화자의 모습은 찾아볼 수 없다.

그리고 어느 날, 숲 속에서 비를 맞고 있는 삐비를 보고 도망친 화자가 내내 빗속에 혼자 있던 삐비를 생각하면서 화자의 아프고 시린 감정은 극대화된다. 아무도 없는 비 오는 숲, 화자가 삐비를 지나쳐 올 수밖에 없었던 그 숲은 프레임을 쓰지 않은 채 화면에 꽉 차게 펼쳐진다. 복받치는 마음을 울렁이게 하고 세찬 빗소리가 멀리서 들려오는 듯한 쓸쓸한 감정을 그대로 옮겨놓은 듯한 화면이다. 이 장면에서 독자는 그 안에 남겨진 삐비처럼 외롭기도, 삐비를 두고 온 화자처럼 안타깝지만 어쩔 수 없다는 분열된 마음으로 책장을 넘기지 못하고 서성이게 된다. 수근대는 아이들의 시선 때문에 삐비와의 우정을 자신도 모르게 포기한 화자는 이제 자신이 어떤 행동을 했는지 객관적으로 우리에게 보여주고 싶어한다는 것을 알 수 있다.

3.

사실 『삐비 이야기』 속의 삐비는 화자에게 어떤 말을 하거나 행동을 보인 적이 없다. 단지 머리를 나뭇가지로 "따악, 따악" 때리며 숲을 돌아다니는 삐비에게 화자가 호기심을 가졌고, 서서히 삐비에게 다가간 화자는 어느새 둘만의 숲 속을 돌아다니며 삐비의 하나밖에 없는 짝이 되었다고 느낀 것이다. 이것은 삐비도 함께 느낀 감정이었을까, 아니면 화자의 일방적인 생각이었을까. 삐비가 원하든 원치 않았든 간에 절름발이이고 이상한 소리만 내는 삐비의 세상을 들여다본 유일한 친구는 화자였던 것 같다. 삐비만 있으면 심심하지 않았던 그들의 우정 어린 순간은 아마도 화자에게 오랫동안 기억될 것이다.

그러나 그에 못지않게 화자에게 상처로 남은 것은 자신이 다시 삐비를 혼자이게 했다는 죄책감이나 미안함일 것이다. 그런 의미에서 서사 종반부의 "길가에서 그 애를 볼 수 없었"다는 글은 오랫동안 화자가 삐비의 모습을 찾았다는 의미로 읽히기도 한다. 화자는 학교로 상징되는 사회적 시선을 자각하면서 개의치 않았던 것을 의식하게 되고 중요하지 않던 것을 중요하게 생각하게 되었다. 화자의 자아는 학교를 통해서 변하고 있으며 이는 삐비와의 우정과 삐비를 좋아했던 자신으로부터 멀어지게 한다. 그리고 빗속에 삐비를 두고 온 순간 화자는 자신이 삐비로부터 얼마나 멀어졌는지 깨닫게 되었을 것이다. 우리 역시 삶에서 만났던 '자신만의 삐비'를 기억하지만 삐비의 손을 잡은 것도, 놓은 것도 어쩌면 우리 마음대로였다는 사실에 가슴이 아득해진다.

이 그림책은 어린 시절의 화자가 자기만의 특별한 세계에 갇힌 삐비라는 아이와 만나 나누었던 우정과 결별의 쓸쓸함을 풍부한 감정을 담은 흑백의 그림으로 담담하게 보여준다. 그러나 그림책의 주독자인 어린이들은 단순한 서사와 감정, 호기심에 빠지기 쉽기에 삐비 이야기의 감정 코드를 그림 속에서 읽

• • • 『삐비 이야기』 ⓒ 글·그림 송진헌, 창비, 2003

어내기에는 어려움이 따를 것이다. 그림의 분위기에 주목하지 않고 글과 그림의 단순한 의미만을 따라서 이 그림책을 이해한다면 이야기는 과거의 회상에 멈추어 있을 뿐인 것이다. 독자는 막연한 미안함 같은 것을 느끼거나 자신의 경험과 연결시켜 볼 수 있겠지만, 여러 번 다시 읽고 생각해보지 않으면 놓치고 쉽게 스쳐가 버릴 만한 것이 많다.

또한 흑백 사진 같은 그림은 아이들보다는 어른들에게 더 많은 감흥을 줄 수 있다. 최근의 그림책이 단지 어린이 독자뿐만 아니라 다양한 독자층을 염두에 둔다는 점에서 그리 실망스러운 점은 아니지만, 아무래도 그림책의 주독자는 여전히 어린이임을 부인할 수 없고 그러므로 이 그림책은 고학년 이상의 어린이에게 더 깊이있게 다가갈 것이다. 그리고 전체가 모두 흑백인 그림은 과거의 느낌이나 차분한 정서로 다가오기 때문에 재미있고 흥겨운 것을 좋아하는 어린이들의 흥미를 이끌어내기에는 어려움이 따른다. 예를 들어 이와 유사하게 소외된 특별한 아이를 주인공으로 한 야시마 타로의 『까마귀 소년』은

싸인펜 선으로 재미있는 그림 형태와 학교 안에서의 사건을 가지고 아이에게서 까마귀 소리라는 특별한 재능을 발견하여 모두 인정하게 하는 이야기 그림책이다. 이러한 그림과 서사는 어린이들의 세계와 밀접한 관련을 가지고 좀 더 쉽게 이해된다는 매력을 가지고 있어『삐비 이야기』의 한계에 대한 시사점을 줄 수 있다.

4.

작가에게『삐비 이야기』는 담담함을 가장한 아픔과 성숙의 이야기일지도 모른다. 이 책을 펼쳐보면 앞표지와 뒤표지가 하나의 그림으로 이어져 있는데 본문에 나오지 않았던 장면이 프레임 없이 넓게 펼쳐진다. 화자는 측백나무가 이어지는 숲길을 따라 자전거를 타고 가며 숲 안쪽에 서 있는 삐비와 서로 마주 보고 있다. 그림책 속의 마지막에서는 "길가에서 그 애를 볼 수 없었다"고 말하지만, 화자가 진정 표현하고 싶었던 것은 삐비와 다시 한 번 마주하고 싶었던 마음, 그리고 삐비와 숲 속에서 함께했던 아름다운 순간을 기억하고 싶은 마음인 것이다. 표지 그림은 화자의 그런 바람을 나타내며 우리의 마음이 삐비를 기억하며 아프지 않기를 바라는 듯하다.

우리의 삶 속, 각자의 삐비가 담긴 그 추억이 다시 떠오르는 순간이 있다. 다시 기억되고 떠오른다는 것은 내 안에서 인식되어야 할 그 무엇이 나와 대면하기를 기다리고 있다는 것이다. 그것이 상처나 아픔이라면 우리는 좀 더 단단하고 지혜로워진 내면으로 그것을 마주 보고 보듬어 성장시켜야 하지 않을까.『삐비 이야기』를 통해 우리는 이제 그 일을 할 수 있을지 모른다.

『곱을락』ⓒ 글·그림 제주그림책연구회, 2008

곱을락, 온몸으로 더불어 노는 놀이

■ 안진영

1.

우리는 가끔 어릴 때 겪었던 이야기를 술술 '불고' 있는 자신을 발견할 때가 있다. 그런 순간에 우리는 어떤 이야기로 말을 이어갈까 부러 애쓰지 않아도 된다. 온몸으로 겪었던 일이기에 기억 저편 이야기는 그 순간 지금 현재 일로 와 닿는다. 그럴 때 그는 완전히 다른 사람이 되기도 한다. 눈은 반짝이고 목소리엔 힘이 있다. 그 어디에서 그렇듯 새로운 힘이 솟아나는 것일까? 그건 바로 그 이야기가 이미 '옛이야기'가 되었기 때문일 것이다. 옛이야기는 힘들었던 순간들까지도 아름답게 만들어버리는 힘이 있다. 그건 바로 어릴 때 '놀았던' 순간들이 힘들었던 일과 함께 씨줄과 날줄처럼 직조되어 기억을 채우고 있기 때문일 것이다. 그런 점에서 어릴 때 동무들과 더불어 놀았던 순간들은 평생을 기대고 살아도 될 만큼 든든한 뿌리가 된다 해도 무리가 없을 것이다.

어릴 때 놀았던 그 순간들은 온몸의 감각과 맞닿아 있다. 그 순간을 떠올리

면 그때 함께 놀았던 친구들, 함께 먹었던 음식, 함께 놀았던 시공간이 지금 여기에 와 있게 된다. '온몸'을 던져 '더불어' 놀았기 때문에 그 순간을 떠올리면 온몸의 감각뿐 아니라 함께 놀았던 다른 사람의 감각까지 간질이게 되는 것이다. 그러나 요즘 아이들에게는 온몸을 던져 더불어 놀 기회가 많지 않다. 어느 한두 감각만을 건드리거나 혼자 노는 삶에 익숙해 있다. 그런 아이들에게 '온몸'을 던져 '더불어' 놀아보지 않겠냐고 슬며시 말을 거는 책이 더러 있다. 2008년 제주그림책연구회에서 펴낸 『곱을락』도 그런 그림책 가운데 하나다. 제주도 어느 초가집을 배경으로 아이들이 '곱을락'이라는 놀이를 하고 있는 모습을 담고 있다. '곱을락'처럼 온몸을 던져 더불어 노는 일이 아이들에게 어떤 의미가 있는지 생각해 보게 된다.

2.

어느 마을 폭낭(팽나무) 아래에 아이들이 모였다. '곱을락 할 사름 여기 부트라[3]' 하는 소리에 모여든 아이들이다. 술래를 정하고 다른 아이들은 초가집 안으로 들어가 숨는다. 독자는 그 가운데 한 아이만 따라가면 된다. 처음에 그 아이는 돗통시(돼지 우리)로 가지만 발정난 돼지가 튀어나와서 텃밭을 밟아버리고, 처맛기슭 양하도 밟아버리는 바람에 숨을 수 없다. 굴묵(방을 따뜻하게 하기 위해 불 때는 곳)에 숨으려고 갔지만 소똥 말똥 냄새 겨워 숨을 수 없고, 정지(부엌)에 있는 살레(찬장) 아래 숨으려고 바둥거려 보지만 그 아이가 들어가기엔 그곳이 너무 좁다. 고팡(고방)은 너무 어둡고 시렁(벽장)이 좋겠다 싶어 시렁에 올라가니 거기엔 단지가 하나 있다. 곱을락 하던 것도 잠시 잊고 꿩엿 먹는

• 3) '숨바꼭질 할 사람 여기 붙어라' 라는 뜻의 제주말

금치락혀영 마당으로 튀난
물팡이 보이는 거라.
물팡 아래 곱으난
강셍이가 왕왕.

• • • 『곱을락』 ⓒ 글·그림 제주그림책연구회, 2008

일에 빠져든다. "누게고?" 하는 소리에 깜짝 놀라 물팡[4] 아래로 간다. 그런데 이번에는 강아지가 왕왕 짖는 바람에 술래에게 금세 들킬 것만 같다. 어쩔 수 없이 눌(가리) 옆에 앉아 있다가 돌담 옆에 바싹 붙는다. 술래가 '나'를 찾는 모습이 보인다. 이러다가는 들킬까 싶어 올래(골목길)로 튀어나와 나무 위로 올라가 앉는다. 결국 술래는 날이 어두워지도록 그 아이를 찾지 못하는 것으로 이야기는 끝난다.

아이들은 놀면서 앞으로 사회에서 만나게 되는 다양한 순간들을 경험한다. 그 다양한 순간이 이 책에는 그대로 들어 있다. 또한 그 순간에 아이들이 어떤 심리를 갖게 되는지도 잘 나타나 있다. 예를 들면, 돗통시(돼지 우리)나 굴묵[5] 같은 곳에 숨으려고 찾아가는 순간은 '여기에 숨으면 들키지 않을 거야.' 하고

- 4) 물허벅 따위를 부려 놓을 수 있게 만든 넓적한 바위
- 5) 방에 불을 때기 위해 만들어 놓은 제주식 독특한 아궁이

희망을 찾는 순간이다. 그러나 그곳이 쉽게 숨을 수 없는 경우가 많다. 너무 좁은 경우도 있고, 자신의 감각이 그곳을 거부하기도 한다. 또한 조용히 숨어 있어야 하는 순간에 강아지처럼 '왕왕' 짖어서 자신이 숨은 곳을 들키게 하는 인물을 만나기도 한다. 결국 계속 그곳에 있다가는 들키겠다고 생각하는 순간 아이는 잠깐 좌절을 경험한다. '못허크라(못하겠네)', '~만 싯곡(만 있고)'. '~하곡(~해 버리고), 하는 어휘는 희망이 갑자기 사라져 버린 순간에 느끼는 아이의 심리를 반영하고 있다. '홀수 엇이(할 수 없이)', '허단허단(다른 방법이 없을 때 마지막으로 해 본다는 뜻)', '아맹해도(아무리 해도)'와 같은 어휘도 숨을 곳을 못 찾아 낙심하는 아이의 심정을 잘 받쳐주고 있다. 그러나 상황이 그렇게 숨은 아이에게 불리하게 돌아간다 해서 걱정할 필요는 없다. 아이는 그 순간이 놀이라는 것을 안다. 다른 곳을 찾아가면 된다는 것도 알고 있다. 그림은 또 다른 곳을 찾아다니는 아이의 밝은 모습으로 그 아이가 그런 순간을 오히려 즐기고

허단허단 폭낭 우터레 올라가난
날은 왁왁헤지곡.

• • • 『곱을락』 ⓒ 글·그림 제주그림책연구회, 2008

있다는 것을 보여준다.

'곱을락' 하면서 혼자 해결하기 어려운 상황과 마주치기도 한다. '금치락허영(깜짝 놀라)' 다른 곳으로 내달아야 하는 순간도 만나고, 왁왁헌 고팡(깜깜한 고방) 앞에서 "아이고, 므습다(아이고 무섭다)" 하고 무심코 혼잣말을 할 정도로 두려운 순간을 만나기도 한다. 그때 느끼는 아이의 두려움은 고팡(고방) 안의 어두운 색깔로 드러나고 있다. 고팡 안은 너무 깜깜해서 그 안에 무엇이 들어 있는지 잘 보이지 않는다. 두려움이 마음을 채우는 상황에서는 평상시에 잘 보이던 것도 보이지 않는 법이라는 걸 어두운 색깔로 보여주고 있다. 결국 그 어두운 곳으로 아이는 들어서지 못하고 다른 곳으로 발길을 옮기게 된다.

아무리 재미있는 놀이를 하다가도 또 다른 놀이에 온 정신을 빼앗길 때도 있다. 그 순간은 아이가 진정으로 '몰입'하는 시간이다. 이 책의 화자도 그런 순간을 맞는다. 숨어야 하는 순간에 아이는 어이없게도 '꿩엿' 먹는 일에 정신이 팔린다. 그 순간만큼은 '곱을락' 하고 있다는 것조차도 잊어버릴 정도로 꿩엿 삼매경에 빠져 있다는 것을 이 책에서는 여러 장치로 보여주고 있다. 이제껏 글은 왼쪽, 그림은 오른쪽으로 배치해 오던 규칙이 이 장면에서 그림은 위, 글은 아래로 바뀐다. 또한 '~에 숨으려고 갔더니 ~해서 못 숨고, ~에 숨으니까 ~해서 못 숨겠네'로 대구를 이루던 문형이 갑자기 "꿩엿 아니?" 하고 자신에게 되묻는 형식으로 바뀌고 있다. 글과 그림의 규칙을 바꾸어 줌으로써 아이가 그 일에 온전하게 빠져 있다는 것을 부각시키고 있다.

그러나 몰입한 상태에 그대로 있을 수는 없다. 그 상태에서 빠져나오기 마련이다. 누군가가 "누게고?" 하면서 꿩엿 먹기에 몰입해 있던 아이를 깨운다. 그는 아이 입장에서 보면 분명 방해꾼이다. 아이를 '금치락허게(깜짝 놀라게)' 만드는 방해꾼은 이 놀이에 끼어들어선 안 된다. 그러한 인물이 이 책에서는

'그림자' 형태로 등장한다. 노는 아이들 앞에 나타나 '너 왜 꿩엿 먹고 있냐'고 윽박질렀더라면 이 놀이판은 완전히 깨질 것이다. 다행히 놀이가 이어질 수 있도록 그림자로만 설정한 점이 눈에 띈다. 덕분에 아이는 '금치락허(깜짝 놀래)' 긴 하지만 다시 현실을 깨닫고 다른 자리를 찾아간다. 화면은, 글은 왼쪽, 그림은 오른쪽으로 배치하던 원래 규칙으로 돌아가 그 아이가 삼매경에서 완전히 빠져나왔다는 것을 암시해 주고 있다.

'곱을락' 하면서 만나게 되는 다양한 순간 가운데 가장 의미 있는 것은 바로 자기 안에 있는, 또 다른 '나'와 만나는 순간이다. 곱을락 할 때는 혼자 숨을 곳을 찾아야 한다. 그때 아이들은 비로소 완전히 혼자가 된다. 혼자가 되니 자기 안에 있는 또 다른 자신을 불러낼 수밖에 없다. 자기 안에 있는, 숨어 있던 또 다른 나와 계속 말을 한다. 의식 상태에 있던 내가 '어디 숨지?' 말 걸면 무의식에 숨어 있던 '또 다른 나'가 불쑥 튀어나와 '저곳은 어때?' 하고 말을 받아준다. 일상에서 '혼자'는 무섭고 두려운 순간으로 채워질 수도 있지만, 이렇듯 노는 순간에 경험하는 '혼자'는 내 안에 있는 나를 불러들여서 결코 심심하지 않은 순간으로 만들어 주는 힘이 있다. 이런 상황은 이 그림책에 나온 글에 그대로 나타난다. 독백 형식의 글 때문에 독자는, '나'는 '또 다른 나'와 협업하며 숨을 곳을 계속 찾아다니고 있다는 것을 느낄 수 있다.

곱을락은 온몸의 감각으로 놀아야 하는 놀이다. '곱을락 헐 사름 여기 부트라' 하며 곱을락 할 아이들을 모으고, 어디에 숨어야 눈에 잘 띄지 않나 잘 보아야 한다. 숨고 나면 술래가 오나 안 오나 귀 기울여 들어야 하고, 술래한테 들키면 술래보다 먼저 팡으로 달려가야 한다. 이 책에 나온 아이도 그렇게 온몸으로 곱을락을 한다. 각 화면에 나온 다양한 동사와 아이들의 움직임을 담은 그림이 그것을 보여주고 있다. 특히 '곱젠 가신디(숨으려고 갔는데), 냄새재완

꼭꼭 숨어라 머리카락 보인다.
곤밥허민 나오고
보리밥허민 나오지 말라.

『곱을락』 ⓒ 글·그림 제주그림책연구회, 2008

(냄새 겨워서), 튀어나완(튀어나와서), 볼라불곡(밟아버리고), 들어가난(들어가니까), 강 보난(가 보니), 율앙(열어), 먹곡(먹고), 춫아(찾아), 올라가난(올라가니까), 부트라(붙어라)'와 같은 어휘는 아이들이 온몸으로 놀고 있다는 걸 독자가 자연스럽게 느끼게 해준다.

　노는 아이들 안에는 음악이 있다. 특히 곱을락 하는 아이들의 심리는 '반복과 변화'라는 음악의 특성과 잘 맞아떨어진다. 예를 들면, 곱을락을 시작하려는 아이 호흡은 느리지만 숨을 곳을 찾기 시작하면 갑자기 빨라진다. 그 빠른 호흡은 숨을 곳을 찾아다니는 내내 유지된다. 그러나 꿩엿 삼매경에 빠져 있을 때 호흡은 다르다. 호흡을 멈춘 상태다. 노는 아이들의 이런 호흡은 반복과 변화로 아름다움을 느끼게 하는 음악과 비슷하다. 이 책의 글에는 그러한 음악성이 잘 드러나 있다. '곱을락 할 사름 여기 부트라' 하는 노래로 친구들을 불러내고, 술래는 '꼭꼭 숨어라 머리카락 보인다. 곤밥 허민 나오곡 보리밥

허민 나오지 말라' 하고 노래한다. 느긋한 호흡이 느껴진다. 구조적으로 볼 때 첫 화면과 마지막 화면은 대구를 이루면서 느긋하게 시작하고 느긋하게 끝나는 느낌을 명확하게 해준다. 그러나 중간 단계에서는 화자가 이곳저곳 헤매고 있음을 대구를 이룬 글로 반복적으로 보여주면서 빠르게 전개된다. '보들랑보들랑, 왕왕'과 같은 흉내내는 말이나 '돌음박질' 처럼 명사화된 어휘로 끝맺는 점 역시 빠른 호흡을 배가시켜 준다.

'곱을락'이 지닌 음악성을 글이 잘 드러내고 있는 반면, 화면 전개에서는 그러한 음악성이 잘 드러나지 않는다. 절정을 이루는 한 화면의 위치만 달라질 뿐 모든 화면이 똑같은 리듬을 이루고 있다. 이 책이 기본적으로 노래하는 그림책이며, 놀이하는 아이 안에 숨어 있는 호흡 또한 음악성을 지니고 있다는 점을 통틀어 볼 때 화면 전개에서 음악성이 느껴지지 않는다는 점은 매우 아쉽다.

음악성을 드러내는 방법에는 여러 가지가 있을 것이다. 그 대안으로 이 책의 배경이 되는 '초가집'이 음악성을 갖춘 공간이라는 점을 생각해 볼 수 있겠다. 제주 초가의 음악성에 관해서는 1983년 '뿌리깊은나무' 사에서 펴낸 『한국의 발견-제주도』편에 잘 나와 있다. 고건축 전문가 김홍식 명지대 교수는, 제주도 초가를 음악에 견주어 도입부, 전곡부, 발전부, 종결부로 나누어 볼 수 있다고 주장한 바 있다.[6] 이런 초가집의 음악성에 착안하면 초가집의 도입부에 해당되는 앞 몇 화면은 천천히 에둘러 가는 방법으로 화면을 배치할 수도 있었을 것이다. 발전부 또한 한 화면에 여러 장면을 배치하는 방법으로 전개할 수 있으며, 종결부에서는 한 화면을 두세 화면으로 나누어 안정된 호흡

•6) 강문규, 「제주문화의 수수께끼」, 각, 2006년. 235쪽

으로 끝맺을 수 있을 것이다. 이는 곱을락 하는 아이들 호흡과도 잘 어울린다. 느긋한 마음으로 더불어 놀 동무들을 모으고, 쫓고 쫓기는 놀이상태에 한바탕 빠져들었다가 다시 안도의 한숨을 몰아쉬면서 그 다음 단계를 준비하는 과정으로 이어진다는 것이 참고가 될 수 있겠다. 김 교수가 같은 책에서 '느리고 지루한 것이 갑자기 전환되어 밝음과 아늑함으로 이어지고 다시 안정과 휴식으로 끝맺는 것은 다른 지방에서는 찾아보기 힘든 건축의 음악적 효과로써 건축 공간이 갖는 음악성의 극치라 할 만하다'고 초가집의 음악성을 강조한 것과 똑같은 리듬이 곱을락 하는 아이들 심리와 행동에 깃들어 있다. 그 점을 생각하고 화면을 전개한다면 독자에게 더 많은 게임을 걸어볼 수도 있을 것이다.

3.

많은 것을 생각하게 하는 한자가 있다. '功'이라는 한자도 그런 글자 가운데 하나다. 功은 工과 力을 조합한 글자다. 여기서 工을 들여다보자. 위의 一은 '하나'를 뜻하지만 '하늘'이라는 뜻도 있다. 그렇게 본다면 二는 '하늘과 땅'이 될 터이다. 그 하늘과 땅을 이어주는 것이 丨이다. 여기서 工이 지닌 진정한 의미를 떠올려 보면 어떨까? 땅에 있는 것이 하늘에 이르려면 하늘을 감동시키는 무언가가 있어야 한다는 뜻은 아닐까? 그렇다면 하늘은 어떻게 해야 감동하는 걸까? 그 답은 바로 功에 있다. '力'이 될 터이다. 자기 몸보다 더 큰 것을 어깨에 지어야 하는 것이다. 날마다 원하는 것에 힘을 쏟고 쏟고 또 쏟다 보면 하늘이 감동하게 되지 않을까? 그게 바로 '功'이다. 그림책이 세상에 태어나려면 작가는 그렇게 자신이 세상에 내놓으려는 작품에 '功'을 들여야 한다. 독자는 바로 그 '功'에 감동한다. 많은 사람들이 『수호의 하얀 말』에 감동하는 것도 그 작품이 7년이란 긴 시간 동안 '功'들인 결과라는 것이 느껴지기

때문이다. '功'을 말할 때 이 작품은 아쉬운 점이 많다. 우선 행위에 초점을 맞춘 그림 가운데 가독성이 떨어지는 그림이 있다. 또한 그림책의 그림은 통일감을 주는 연결고리가 있어야 하는데, 이 그림책의 배경이 되고 있는 초가집에서는 연결고리가 끊긴 흔적을 발견할 수 있다. 주인공이 움직이는 동선이 산만[7]하여 '제주 초가'라는 정보를 주려고 시도했음에도 불구하고 독자에게 제대로 알려주지 못하고 있다는 한계도 있다. 급하게 펴내느라 '功'들이지 못한 흔적이다.

그럼에도 불구하고 『곱을락』에는 '功'들인 작품이라고 말할 여지가 있다. 『곱을락』은 처음부터 끝까지 제주어로만 말한다. 하지만 지금 제주에서는 제주말로는 아주 일상적인 대화까지 안 통하는 시대로 접어들고 있다. 다른 지역 사람들과 만나도 마찬가지다. 제주어로 말하면 다른 지역 사람들이 무슨 말인지 거의 못 알아듣는다는 것을 알기에 제주어를 거의 쓰지 않으려 한다.[8] 제주그림책연구회가 『곱을락』을 제주어로 펴낸 것은 이러한 현실을 감안한

- 7) 주인공이 움직이는 동선은 제주도 초가집을 지은 원리와 맞지 않다. 제주 초가집은 늘 바쁘게 살았던 제주 여성들이 집에서 일할 때 좀 더 짧은 동선 안에서 움직일 수 있도록 지었다. 만약 주인공이 간 길이 제주도 초가집의 구조를 다 보여주면서 동시에 제주 여성이 바깥일을 보고 돌아와 집을 한 바퀴 돌면서 집을 확인하는 것과 같은 동선으로 이어졌다면 '제주 초가'라는 배경은 보다 정확한 정보를 전달할 수 있었을 것이다. 그런 길은 여러 가지로 많은 것을 함축할 수 있다. 예를 들면, 안거리(안채)에는 시부모가, 밖거리(바깥채)에는 며느리 내외가 살았던, 세대별로 독립된 공간이 있었던 제주 문화의 독특한 면모가 드러날 여지가 있다. 또한 정지와 상방 사이에 위치한 챗방(아파트의 식탁 공간과 같은 곳이다. 부엌과 바로 연결된 이 공간은 여자들이 안방까지 상을 들고 왔다갔다 해야 하는 수고를 덜어주었다)은 여자들의 일을 덜어준다는 점에서 제주인들의 남녀평등 정신을 찾을 수 있기도 한데, 여기서는 그러한 면모가 드러나지 않았다.
- 8) 제주에 유배왔던 충암 김정 선생은 「제주풍토록」에서 '지방 사람들의 말은 가늘고 높아서 침(針)으로 찌르는 것 같고 또 가히 알지 못하는 것이 많다. 적거한 지 오래됨에 비로소 능통하게 되니 마치 어린아이가 중국어를 해독하는 것 같다'고 했다.(1520년 저술, 『탐라문헌집』, 9쪽) 또한 청음 김상헌 선생은 '처음으로 사람들의 말을 들으니 비비새가 떠드는 소리와 같아서 알아들을 수 없었다'고 했다.(1601년경 저술, 『탐라문헌집』, 43쪽)

것이다. 하지만 제주어로 되었기 때문에 이 그림책을 제주 지역 아이들은 물론 다른 지역 독자들이 못 읽을 수도 있다. 모험이다. 모두가 서울로만, 표준어로만 달려가고 있는 현실 속에서 『곱을락』은 자신이 딛고 선 땅의 언어, 그 땅의 이야기를 단단하게 붙들고 모험을 걸고 있는 것이다.[9] 제주그림책연구회의 이런 모험은 실패할 수 있음에도 불구하고 언어가 문화를 반영한다는 점을 생각할 때 감동으로 다가온다. 서울과 다른, 표준어와 다른, 제주만의 독특한 문화가 드러나기 때문이다. '하나만'이 아닌, '또 다른 하나'가 거기에 있다.

물론 제주어를 모르는 사람들은 도통 알아들을 수 없는 글로 되어 있어 '제주어를 모르는 어린이가 읽을 수 없는 그림책을 어떻게 그림책이라고 할 수 있는가'라고 반문할 수도 있다. 하지만 바로 그 점에 이 그림책의 진정한 가치가 있다. 누군가 읽어주고 옛이야기를 들려주는 마당이 펼쳐진다. 마쓰이 다다시가 말한 '신비한 여행'이 시작된다. 이대건이 「그림책의 의미작용 연구」

---

[9] 이 책 제목인 '곱을락'은 다른 의미를 지니고 있기도 하다. '곱을락'이라는 말은 '곱다'는 말에서 나왔다. '곱다'는 '숨다'다. '락'은 동사를 명사로 만드는 말이니 '곱을락'은 '숨바꼭질'이 된다. 숨바꼭질은 무라야마 지준(村山智順)이 『조선의 향토오락 朝鮮의 鄕土娛樂』에서 보고하는 바와 같이 전국 어디에서나 공통적으로 볼 수 있는 놀이다. 따라서 제주만의 독특한 놀이는 아니다. 다만 여기서 「곱을락」을 이해하기 위해 관심을 기울여야 할 것은 '곱을락'이 '숨고 찾는 것'을 기본으로 하는 놀이라는 점이다. 이에 대해서 Stewart Culin은 『코리안 게임 Korean Games』(1895)에서 'Hide and Seek'라고 숨바꼭질을 소개한 바 있다. '숨고 찾는 것'은 '들키는 것'을 전제로 한다. 술래한테 들키더라도 술래가 되지 않으려면 원래 시작했던 '팡'(집)으로 달려가야 한다. 따라서 숨으려고 돌아다녔던 자리와 '팡'으로 돌아온 흔적을 따라 선을 긋는다면, 그 선은 시작한 자리로 돌아와 끝맺어야 한다. 하지만 이 그림책에서 주인공은 원래 시작한 자리로 돌아오지 않는다. 게임의 규칙에 어긋나 있다. '돌아오지 않는 무언가'를 말하고 싶은 것이다. 말하자면 이 책에서 '곱을락' 하는 주인공은 아이들뿐인 것처럼 보이지만, 실상 그 이면에는 다른 것들이 곱을락 하고 있다. 초가집, 제주어, 옹기문화, 아이들 놀이터였던 올래, 쉐통, 말똥으로 이어가던 굴묵 문화 모두 '곱을락' 한다. 독특한 제주 문화가 '곱을락' 하여 원래 그 자리로 돌아오지 못하고 있는 안타까운 현실을 토로하는 것이다. 실제로 지금 제주에서는 이 그림책에 등장하는 많은 소재들이 사라져가고 있다.

(2008, 고려대학교 영상문화학 석사학위 논문)에서 밝혔듯이 그림책을 읽어주는 상황에서 문화적 유전자가 다음 세대에게 전해지는, 진정한 메움 작용이 일어나는 것이다. 그 메움 과정에서 '곱을락'은 현실이 된다. 놀이는 책을 통해서 배우는 것이 아니다. 아이들 온몸을 통해 실현될 때 비로소 의미가 있다. 그런 점에서 '읽어주기'와 '들려주기'를 통해 실제 아이들 몸으로 되살아 날 여지가 있는 이 그림책은 나름의 가치가 있다.

4.

우리는 살아가면서 늘 새로운 상황에 직면한다. 눈앞이 캄캄해지는 순간에 맞닥뜨리기도 하고, 몰입하는 순간에 머물기도 할 뿐 아니라, 자신이 딛고 선 자리를 술래에게 일러바치는 인물 때문에 곤란에 처하기도 한다. 그때마다 유연하게 대처하는 삶을 살아가기는 쉽지 않다. 연습이 필요하다. 하지만 우리가 사는 공간은 연습장이 아니기에 연습이란 있을 수 없다. 그렇다면 늘 '첫 경험'을 하는 아이들은 새로운 상황에 슬기롭게 대처하는 법을 어디에서 배워야 할까? 아이들이라고 해서 예외가 될 수는 없다. 현실에서는 어렵다. 그러나 방법이 없는 것은 아니다. 놀이를 통해서 연습하면 될 터이다. 특히 숨바꼭질 같은 놀이는 살아가는 방법을 연습할 수 있는 대표적인 놀이다. 제주어로 된 『곱을락』은 바로 그러한 놀이를 소재로 한 책이다. 이 그림책에 등장하는 화자는 늘 새로운 상황과 만난다. 그는 자신에게 닥친 문제를 '혼자' 해결해 나가야만 한다. 따라서 두려울 수도 있을 터이다. 하지만 화자는 두려워하지 않는다. 놀이라는 것을 알기 때문이다. 또한 '곱을락'이라는 놀이 자체가 '더불어' 노는 놀이라는 점도 아이를 두려움에서 벗어나게 해준다. 자신은 혼자 있지만, 결코 혼자가 아니라는

것을 알고 있다. 화자가 혼자 있으면서도 두렵지 않은 이유는 또 있다. 우리가 자기 안에 숨어 있는 자기 자신과 끊임없이 대화하면서 살아가는 것처럼 이 책에 등장하는 화자도 곱을락 하는 내내 자기 자신과 대화하면서 새롭게 다가오는 상황과 맞선다. 삶을 살아가는 방법을 '연습'하면서 슬기롭게 대처해 나가는 방법을 놀이를 통해서 익히고 있다.

  독자는 깜짝 놀라고, 냄새 맡고, 먹고, 숨고, 바둥거리는 등 화자가 온몸으로 놀이에 몰입하고 있다는 것을 그림을 통해 느낄 수 있다. 그렇듯 온몸으로 노는 놀이가 있어 아이들은 비로소 숨을 쉰다는 것을 생각하게 된다. 이 그림책은 첫 화면부터 마지막 화면까지 온통 숨을 쉬는 화면으로 채워지고 있다. 이 그림책의 배경이 되는 초가집의 모든 공간은 막힌 데가 한 군데도 없다. 어디로든 모두 '통'한다. 어디로든 '통'하는 모든 공간은 '돌트멩'을 배경으로 한 화면에서 절정에 이른다. 독자는 이 지점에서 그림책 전체를 관통하는, '들숨과 날숨'이라는 주제를 느낄 수 있게 된다. 또한 화자와 함께, 화자의 눈으로 돌트멩 너머 세상을 보고, 놀이가 아이들을 숨 쉬게 한다는 것을 생각하지 않을 수 없다.

  그러나 아쉽게도 우리는 지금 '곱을락' 하는 아이들을 현실에서 쉽게 만날 수 없다. 아쉽다. 안타깝다. 지금 내 안에서 곱을락 하고 있는 또 다른 나를 불러낼 여유조차 없이 바쁜 일상을 보내는 독자에게 『곱을락』은 말하고 싶어한다. 온몸을 던져 더불어 '곱을락' 한번 하자고. '곱을락' 하면서 내 안에서 들려오는 소리에 귀 한번 기울여 보자고. 마지막으로 거기에 한마디 덧붙인다. 세찬 바람에도 끄떡하지 않는 단단함은 바로 '곱을락'처럼 온몸을 던져 더불어 놀았던 기억에 뿌리를 내리는 법이라고. 그 말이 맞는지 한번 물어보는 건 어떨까? 지금 내 안에 있는 또 다른 나에게.

『망태 할아버지가 온다』ⓒ 글·그림 박연철, 시공주니어, 2007

마음으로 듣고 삶으로 말하기

■ 임은혜

1.

겁을 잔뜩 먹은 소년의 주위로 뾰족하고 거칠게 표현된 손 7개가 소년을 향해 날아오는 이 책 표지 그림이 시선을 끌었다. 눈은 동그랗게 뜨고 두 손으로 얼굴을 감싸며 놀란 표정을 짓고 있는 아이. 이 아이에게 어떤 일이 일어났을까?

어른들은 언제부터인가 "망태 할아버지한테 잡아가라고 한다!" 하는 말로 아이들을 혼내거나 겁을 주어 자신들의 말에 순종하게 한다. 그러면 아이들은 망태 할아버지가 정확히 누구인지는 몰라도 벌벌 떨고 겁을 잔뜩 먹는다. 어른들이 겁을 주고자 활용한 대상은 망태 할아버지뿐 아니라 옛이야기에 등장하는 호랑이나 도깨비도 있었고 주위에서 흔히 볼 수 있는 사물이나 동물, 사람일 수도 있었다.

이 그림책의 화자가 생각만 해도 무서워하는 대상은 말 안 듣는 아이의 입

을 꿰매고, 새장에 가두고, 올빼미로 만들어 버린다는 '망태 할아버지'이다. 엄마는 평소에 망태 할아버지가 말 안 듣는 아이들에게 어떻게 행동하는지 세뇌를 시키고 필요할 때 망태 할아버지의 이름을 빌어 아이에게 겁을 준다. 엄마는 참 편리하다. 망태 할아버지 이름만 주문처럼 말하면 아이의 행동을 통제할 수 있으니까. 아이의 입장에서는 망태 할아버지 소리만 들어도 무서우니 탐탁지 않아도 어쩔 수 없다. 언젠가는 엄마가 얘기했던 무시무시한 망태 할아버지의 존재가 없음을 깨닫겠지만 그 이전의 아이는 엄마의 말을 곧이곧대로 믿는다. 아이가 그런 말을 들었을 때 아이의 마음 상태는 어떨까? 그런 말을 하는 엄마에 대해서는 어떻게 느끼고 생각하고 있을까? 이 그림책은 처음부터 끝까지 아이의 마음을 세밀히 들여다보며 아이와 엄마의 관계를 생각하게 해 사람 사이의 소통의 방법은 무엇일까 이야기한다. 즉, 엄마는 아이의 마음을 들어야 할 뿐 아니라 아이에게 말할 때는 삶으로 보여주어야 한다고 말이다.

2.
이 그림책은 주제를 이야기하기 위하여 시종일관 아이의 마음 상태를 글과 그림이 유기적으로 표현하고 있다. 먼저 글의 서술방식을 보면 '나'라는 1인칭 화자를 등장시켜 아이가 자신의 속마음을 서술한다. 아이의 특성에 맞게 자신의 감정을 솔직히 표현하고 있어 독자는 화자와 동일시하게 되고 이야기에 쉽게 공감할 수 있다. 그림에서도 아이를 화면 왼쪽 하단에 배치하여 쉽게 인물에 시선을 고정시킨다. 그림 서사의 진행상 모든 화면에 통일감을 주는 연결고리는 바로 주인공 아이다. 처음부터 글은 아이의 시점으로 진행되며 그림은 아이가 겪는 일, 아이의 반응, 정서를 어떻게 읽어야 할지 풍부하게 설명해주어 결말까지 흥미를 가질 수 있다.

  또한 주제를 강화하기 위하여 서사의 진행과 화면의 전개는 철저히 아이의 심리 변화에 초점을 맞추어 진행된다. 엄마에게서 들은 망태 할아버지라는 존재에 대한 두려움, 자신의 마음을 알려 하지 않고 잔뜩 겁주는 엄마에 대한 야속함, 문밖으로 들리는 망태 할아버지의 발걸음 소리로 인한 걱정과 공포, 망태 할아버지가 자기 대신 엄마를 잡아간 상황이 주는 미묘한 감정, 엄마가 옆에 있음을 확인하며 얻는 편안함의 정서를 여러 장치를 통하여 묘사한다.

  먼저 망태 할아버지에 대한 두려움의 정서를 표현한 부분을 살펴보자. 책의 표지부터 심상치 않다. 표지를 펼쳐서 보면 기괴해 보이는 손이 양옆에서 아이를 향해 날아간다. '망태 할아버지가 온다'라는 제목도 수직으로 배치하여 아이에게 다가오는 듯하다. 종이판화의 거친 질감도 두려움을 표현하기에 알맞다. 종이를 날카롭게 긁고 덧대고 뜯어 만들어진 질감이 그대로 나타나 공포심을 느끼게 하는 분위기를 형성한다. 색도 어둡고 채도가 낮은 색을 써서 그 느낌을 강화한다. 표지를 넘기면 연한 회색 바탕의 면지 중 오른쪽 1/4 정도의 부분은 검은색으로 거칠게 칠해져 있고 또 한 장을 넘기면 펼침면 반 이상이 검은색으로 뒤덮여 있어 망태 할아버지의 기운이 오른쪽 침대 위 화난 표정으로 누워 있는 아이에게 다가가는 느낌을 준다. 표지의 두려운 느낌이 면지와 속표지를 통해 흐르고 있어 앞으로 어떤 이야기가 펼쳐질지 궁금증을 불러일으킨다.

  또한 인물을 형상화할 때 아이와 엄마는 생동감 있는 인물로 창조하였는데 망태 할아버지만 실체 없는 검은 그림자 형상으로 표현하여 더욱 무서움을 느끼게 한다. 망태 할아버지는 뚜렷한 형상이 없이 날아오는 팔, 입을 꿰매거나 도장을 찍는 손, 어두운 그림자로 표현되지만 이야기 내내 엄마와 아이의 말과 전체적인 분위기를 통해 이야기를 지배하고 있다.

서사의 절정 부분에서는 화면의 틀 변화가 오싹한 공포를 느끼게 하는 구실을 한다. 11면을 살펴보면, 왼쪽 흰색 바탕 면에는 방에 들어가라는 엄마의 훈계를 듣고 화난 표정으로 침대에 누운 아이가 있다. 오른쪽 면에는 아이의 방 바깥 상황이 표현되었는데 어두운 그림자가 아이 방 쪽으로 다가오고 있다. 다음 장면도 이와 비슷한데 아이의 침대는 작아지고 오른쪽 화면이 훨씬 왼쪽으로 확장되어 시간의 흐름을 나타냄과 동시에 불안과 긴장감을 조성한다. 그 다음 장면에서 그 긴장감은 최대치가 된다. 펼친 화면 한 가득 손을 뻗은 거대한 형상이 "너 잡으러 왔다!"라는 글자와 함께 아이와 동일시된 독자의 긴장감을 최고조로 상승시킨다. 화면의 점층적인 확장으로 검은 그림자가

• • • 『망태 할아버지가 온다』 ⓒ 글·그림 박연철, 시공주니어, 2007

다가오는 문밖의 상황을 잘 표현하고 있으며 시간의 흐름에 따른 아이의 심리 변화까지 나타내는 것이다. 특히 방 밖의 검은 그림자가 다가올 때 '스르륵 스르륵'이라는 아이코노텍스트(iconotext)는 아이의 불안하고 초조한 마음을 드러내는 메타포로써 그림자의 발걸음 소리로 청각적 환원을 일으켜 공포영화를 보는 듯한 착각마저 들게 한다.

그러면 아이가 갖고 있는 엄마에 대한 미움과 애정의 양가적 감정은 어떻게 표현되고 있는가? 이야기는 엄마가 아이에게 거짓말했다고, 밥 안 먹는다고, 잠 안 잔다고 망태 할아버지 이름을 빌려 꾸짖고 있는 장면이 세 번이나 반복되고 있는 구성을 취하고 있다. 엄마가 잔소리를 하는 장면과 마음을 몰라주는 엄마에게 화가 난 아이의 마음이 나타난 장면이 병렬식으로 구성되어 있어 리듬감을 준다.

엄마가 아이를 꾸짖는 장면에서 아이는 화면 왼쪽 아래에, 엄마는 오른쪽 위에 배치하여 엄마가 매우 위압적인 캐릭터로 비춰진다. 인물의 크기도 대조적이다. 아이는 작게 표현하였고 엄마는 아이를 압도할 정도의 크기로 오른쪽 화면을 채우고 있으며 팔이나 머리를 과장되게 표현하여 상황을 더욱 생동감 있게 해준다. 엄마의 과장된 표정과 몸짓은 권위적이고 고압적인 엄마를 보여주며 망태 할아버지만큼의 공포를 전달하기도 한다. 아이와 동일시된 독자들도 책장을 넘기면서 왼쪽 아래 아이를 보고 오른쪽 위 엄마를 보는 시선 커브를 경험하게 되는데 대각선으로 쓰여진 엄마의 잔소리를 함께 읽으며 더욱 생생한 느낌을 경험하게 된다. 이렇게 인물의 크기, 배치, 시선의 이동 등을 이용하여 엄마에게 갖게 되는 미움, 서운함, 야속한 감정을 나타내고 있다.

또한 작가는 그림책 속에 여러 가지 상징을 이용하여 엄마에 대한 아이의 서운한 마음을 드러낸다. 엄마가 거짓말 한 횟수 '10'을 자기의 몸으로 만드는 장면, 먹기 싫은 밥과 반찬을 흑백 꼴라주로 표현하고 엄마가 밥 안 먹은 횟수를 '100'으로 표현한 장면, 자라고 하는 엄마의 몸이 숫자 9로 표현된 장면, 9시에 자기 싫은 아이의 마음이 반영된 '9'가 빠진 시계 그림은 진실도 모르면서 혼만 내는 엄마에 대한 미움, 속상한 감정을 고스란히 표현하고 있다.

아이의 복합적인 감정이 폭발하는 10면에서는 엄마에 대한 아이의 부정적인 마음이 한층 잘 나타난다. 왼쪽 면에는 아이가 흥분, 적의를 나타내는 빨간색 배경에 다리가 세 개인 불안한 의자 위에 올라가 "엄마 미워!" 하고 외치고 있다. 반대편에는 초록색 옷을 입은 엄마가 "당장 네 방으로 가!" 하며 소리를 치고 있다. 빨간색과 초록색의 서로 대립되는 보색을 써 서로의 감정이 부딪히는 장면을 연출하였다. 또한 지금까지 아이와 엄마가 함께 등장하는 장면에서 둘의 시선은 일방적으로 엄마가 위에서 아래로 내려다보았다면, 이 장면에서는 의자 위에 아이를 세움으로써 둘의 시선이 일직선이 된다. 이런 인물의

• • • 『망태 할아버지가 온다』 ⓒ 글·그림 박연철, 시공주니어, 2007

시선 처리로 아이를 엄마와 대등한 높이로 세우고 있는 것이다. 아이로서 반항한다는 것이 고작 엄마에게 밉다고 말하는 것이 전부이지만 한편으로는 엄마에게 소리 지르는 자신의 행동 결과를 불안해하는 마음이 다리 세 개의 쓰러질 듯 불안해 보이는 의자를 통해 표현되기도 한다.

그러나 엄마를 향한 부정적인 감정은 망태 할아버지가 아이가 아닌 엄마를 잡아가는 다음 장면에서 완전히 바뀌게 된다. 아주 크고 과장스럽게 표현되었던 엄마의 모습이 자연스러워지고 배경의 전체적인 색조도 한결 부드럽고 밝은 노란색으로 바뀌어 갈등이 해소되었음을 보여준다. 엄마도 아이가 있던 왼쪽 공간으로 들어와 서로 화해하는 장면을 클로즈업하여 안정감을 느끼게 하며 끝을 맺고 있다. "엄마 여기 있어. 이제 괜찮아.", "엄마도 미안해?"와 같은 엄마의 부드러운 말이 쓰여진 오른쪽 면은 흰 여백을 충분히 두어 독자가 아이의 감정선을 따라오면서 그동안 느낀 감정을 정리하고 휴식할 수 있도록 한다.

그런데 가장 눈길을 끄는 장면은 마지막 장면이다. 앞 장면에서 끝났다면 안정적이고 평화롭지만 평범한 엔딩의 의미를, 예상치 못한 그림으로 다시 생각해 보게 한다. 마지막 장면에서 넓은 흰 배경 위에 서로 안고 있는 엄마와 아이의 뒷모습이 왼쪽 면에 작게 그려져 있는데, 엄마의 등에 ○ 표시가 있다. 인물 주위에 넓은 흰 여백이 엄마와 등에 찍힌 표시, 그것을 보는 아이의 표정에 독자의 시선을 마지막으로 한 번 더 이끈다. 이 표시는 무엇을 의미하는가? 조금만 생각해 보면 서사의 초반부에서 망태 할아버지가 못된 아이를 잡아다 말 잘 듣는 착한 아이로 만들 때 등 뒤에 찍는 도장임을 알 수 있다.

'망태 할아버지에게 잡혀갈 만한 행동을 한 것은 엄마이기 때문에 잡아갔던 것인가?', '잡혀갔다 돌아온 엄마라서 아이의 말을 들어주고 착한 행동을 했던 것이구나.', '그렇다면 그 이후의 엄마와 아이의 관계는 어떻게 될까?', '엄마도 엄마의 엄마로부터 망태 할아버지에게 위협받으며 행동을 고쳐온 아이였다면 얌전하고 말 잘 듣는 착한 아이로 자랐을 텐데, 그렇다면 혹시 그 낙인은 우리가 보지 못했을 뿐이지 이미 엄마 등 뒤에 찍혀 있던 것인가?', '망태 할아버지는 어떤 존재이며 그가 찍는 낙인의 의미는 무엇인가?' 등 많은 의미 작용이 일어나며 책을 손에서 놓지 못하게 한다.

작가는 본문의 첫 번째 펼침면에서 이미 올빼미가 되고 새장에 갇히거나 표정도, 자세도 똑같아진 아이들의 모습을 표현하며 착하고 바른 것만 강요하는 어른들을 꼬집는 시각을 보여주었다. 결국 망태 할아버지가 아이들에게 찍는 낙인은 우리 사회, 또는 어른들(부모, 교사, 기성세대)이 갖고 있는 아이에 대한

••• 『망태 할아버지가 온다』ⓒ 글·그림 박연철, 시공주니어, 2007

편협하고 고정적인 관점이라는 것을 알 수 있다. 엄마는 아이에게, 교사는 학생에게, 강자는 약자에게 권력(힘)을 이용해 행동 수정의 목적으로 명령하며 자신의 담론을 관철시키려 하고 아이, 학생, 약자의 말과 마음은 무시해 버리거나 마음 쓰지 않는다. 또한 그들은 자신이 하는 말과 행동은 다르면서 규제하고 명령하기만 한다.

3.

그러나 그림책 『망태 할아버지가 온다』는 많은 한계를 드러낸다. 먼저 작품 내적인 한계를 살펴보면 작품의 결말에서 주체로서의 '어린이'가 부재하다는 것이다. 어린이문학 작품에서는 '어린이'가 서사를 이끌어가는 주체이며 그 안에서 어린이 자신의 내적인 성장이 있어야 한다. 그런데 이 작품의 결말에서 망태 할아버지와 엄마가 아이에게 주는 두려움이라는 감정을 극복하는 주

••• 『망태 할아버지가 온다』 ⓒ 글·그림 박연철, 시공주니어, 2007

체가 아이가 아니라는 점은 매우 안타깝다. 결국 망태 할아버지와 엄마가 던진 두려움을 해결하는 방법은 아이의 내면적 성장을 통해서가 아니라 엄마를 망태 할아버지에게 잡혀가게 하는 것이었다. 망태 할아버지의 힘으로 엄마라는 존재를 전복시킴으로써 해결했다는 것이 이 그림책의 명백한 한계라 할 것이다.

또한 어린이문학으로서 문학적 예술작품이 지녀야 할 특성을 간과하지 않았나 하는 점이다. 작품에 대한 아이들의 반응에만 관심을 쏟다 보면 문학작품으로서 서사를 통해 아이들에게 건네줄 수 있는 것이 제한적이게 된다. 글과 그림의 표현 기법과 형식이, 함께 만들어내는 서사보다 우위를 선점할 때에는 자칫 형식주의로 흐를 수 있기 때문이다.『망태 할아버지가 온다』는 글의 서사가 1인칭 시점으로 아이의 심리 상태를 나타낸다. 반면 그림의 서사는 아이의 정서를 설명하기 위한 배경과 분위기를 표현할 뿐, 3인칭 시점으로 표현되어 글과 그림을 함께 읽는 독자에게 어색함과 불편함을 준다. 또한 아이에게 엄습하는 공포와 두려움, 그것의 해소라는 감정을 표현하는 것이 서사의 주요 내용이다 보니 그 감정을 독자가 고스란히 느끼게 하기 위해 그림에서의 미술적 표현 기법에 너무 많이 무게를 둔 것 같아 보인다. 물론 그림책에서 그림의 역할이 주도적이지만 그림책 또한 어린이문학의 한 장르로서 예술작품이 진정으로 어린 독자에게 주어야 할 아름다움과 깨달음을 간과한 서사의 창작은 지양하는 것이 좋겠다.

작품 외적인 한계로는 '망태 할아버지'라는 소재의 사용에 대해 아쉬운 부분이 눈에 띈다. 작가는 아이를 잡아간다는 망태 할아버지라는 소재로 이야기를 재구성하여 주제를 드러냈다. 망태 할아버지라는 한국적인 소재로 이야기에 더욱 관심과 흥미를 가지게 된 건 사실이다. 하지만 망태 할아버지는 앞서 이야기했듯이 구체적인 인물로 형상화되지 않아 공포 분위기는 더욱 자아낼 수 있을지 몰라도 아이들이 보기에는 귀신이나 다름없는 실체 없는 악의 개념으로 생각할 수 있겠다. 아무리 이야기이지만 가난과 궁핍으로 거리를 전전할 수밖에 없었던 가슴 아픈 시대상을 설명해주는 진짜 실재했던 망태 할아버지에 대해 자칫 오해를 불러일으킬 수 있다. 그림책의 분위기도 현대적 감각의 매체와 표현기법으로 망태 할아버지라는 소재가 불러일으키는 전통적인 문화적 정서와 배치되는 것도 아쉽다.

4.

『망태 할아버지가 온다』의 글 서사는 1인칭 서술방식으로 독자가 아이의 마음을 들여다보게 함으로써 아이에게도 자신의 뜻과 바람, 고통 등 많은 감정이 있다는 것을 보게 한다. 그래서 어른들로 하여금 입보다는 귀를 먼저 열고 듣는 자세로 아이를 들여다보는 태도를 요구한다. 또한 아이를 말과 행동으로 억압하는 망태 할아버지와 엄마를 여러 가지 방식으로 표현함으로써 아이에게 말을 할 때는 행동까지 포함한 삶으로 말해야 한다는 주제를 강화한다. 장식적 요소나 입체적 원근감 없이 평면적으로 인물에 초점을 맞추게 하고 인물의 행동을 강조함으로써 이야기하고자 하는 것을 강렬하게 전달하고 있는 것이다.

그러나 이 그림책이 어른들에게만 주제를 전달하려 한다는 것은 아니다. 아이들은 그림책을 보면서 엄마와 자신의 생활을 옮겨 놓은 것 같은 장면 묘사 때문에 오히려 재미를 느끼고 엄마에게 불만이 있었던 독자는 엄마가 잡혀가는 장면을 통해 카타르시스와 통쾌함을 느낄 수도 있을 것이다. 엄마가 다시 원상태로 돌아와 따뜻하게 안아주는 마지막 장면에서는 편안함과 안정감을 갖고 행복하게 책을 덮을 것이다. 물론 어린 독자가 앞에서 언급한 주제를 파악하기는 쉽지 않다. 그렇지만 어린 독자의 마음이 주인공 아이의 마음과 닿아 있고 엄마의 말과 행동을 글과 그림으로 만나면서 사람 사이의 관계를 형성하는 데 있어 중요한 것이 무엇인지에 대한 느낌 정도는 갖지 않았을까 싶다.

   그 느낌 이후에 어린 독자들이 사람과 사람 사이의 소통방식에 대해 생각하고 발견하는 것은 아이들의 몫이다. 누군가의 마음을 진심으로 들어주고, 행동으로 드러나는 삶을 통해 말하는 것이 진정한 가치가 있다는 것, 이들이 살아가면서 배워야 할 새로운 의미의 의사소통 방법이 아닐까?

둘째 마당

시가
그림을
만나다

『넉 점 반』ⓒ 글 윤석중·그림 이영경, 창비, 2004

시의 맛, 또 다른 그림의 맛

■ 강은정

1.

"선생님, 그게 뭐죠? 있잖아요, 다쳤을 때 나오는 거."

"피?"

"아니, 피 말구요. 투명한 거요. 살이 까졌을 때 이렇게 흐르는 거요."

이때, 어디선가 불쑥 다른 아이의 대답이 튀어나온다.

"육즙?"

으하하하, 이어지는 폭소.

"아하, 진물?"

"맞아요. 진물."

몇 해 전, 초등학교 6학년 아이들을 가르치면서 있었던 일인데 지금 생각해도 웃음이 난다. 육즙이라니 아주 틀린 말도 아니다. 아이들과 함께하는 일상

에서 재미있는 이야기는 정말 많다. 한참 말을 배우는 아기와 함께 사는 집에서는 또 얼마나 많은 웃음이 넘쳐나는가.

벌써 20여 년이나 된 일인데 조카가 여섯 살쯤 되었던 것 같다.

'이모, 귀 푸는 것 좀 줘.'

귀후비개를 달라는 것이었다. 지금은 '귀후비개'라는 말이 '귀이개'의 방언으로 되었지만 그 시절 어른들에게 배운 말이다. 달리 생각해 보면 후빈다는 표현보다 더 정확한 것 같기도 하다.

아기가 태어나 이 세상의 것들을 조금씩 알게 되고 인식을 확장시켜 나가는 과정에서 보여주는 미숙함은 누구에게나 귀엽게 느껴진다. 우리 모두가 그 길을 걸어서 어른이 되었기에 아기의 모습을 보면서 지나간 어린 시절도 떠올리게 된다. 어른의 눈에는 아직 어리게만 보이지만 어린이들에게도 더 어렸던 시절이 있었고 그렇기 때문에 자기보다 더 어리고 미숙한 존재를 보고 느끼는 것은 어른과 크게 다르지 않다. 어른은 물론 어린이들에게도 동시「넉 점 반」에 등장하는 아기가 한없이 사랑스러워 보이는 이유일 것이다.

2.

「넉 점 반」은 13살부터 동요를 쓰기 시작했다는 윤석중이 29살이 되던 해인 1940년에 쓴 시이다. 윤석중은 그의 자전적인 에세이라 할 수 있는 「어린이와 한평생」[10]에서 이렇게 말하고 있다.

"한숨과 슬픔을 동요에서 몰아내자!" 어린 나는 결심하였다. 어른들의 구성

• 10) 윤석중, 「나의 소년 시절」, 『어린이와 한평생(1)』, 웅진출판주식회사, 1988, 76쪽.

지고 처량한 노래들이 그들 자신의 넋두리나 푸념이나 신세 타령은 될지언정 우리까지 따라 불러야 할 필요를 느끼지 않았던 것이다.

······비애에도 가난과 억눌림과 시달림에서 우러나는 눈물이 있어서 때로는 이것이 역사와 현실을 똑바로 볼 수 있는 바른 눈을 길러주는 수도 없지 않아 있었으나, 하루 스물네 시간을 나라 근심, 겨레 걱정에 잠기게 한다는 것은 어린 사람들에게 너무나 가혹한 일이 아닐 수 없었다.

여기에서 읽을 수 있는 그의 마음은 어른의 마음이다. 1940년도에 이 땅에 살았던 시인의 눈에 아기는 무엇이었을까. 작고 보드라워 힘주어 잡을 수도 없는, 그 자체로 너무나 소중한 존재가 아니었을까. 그 아이들이 커서 세상을 알게 되었을 때를 걱정하면서 할 수만 있다면 뭐든지 해 보도록 허용해 주고 싶고 그 아이들의 건강한 삶을 소망하면서 원하는 것이면 다 들어주고 싶었을 것이다. 그 마음자리에 동시 「넉 점 반」이 있다.

아기는 몇 시인지 알아오라는 엄마의 심부름을 하게 된다. 그런데 아기는

"넉 점 반이다"

••• 「넉 점 반」 ⓒ 글 윤석중 · 그림 이영경, 창비, 2004

결정적으로 시각에 대한 인식의 미숙함을 안고 있다. 아기가 가게 영감님에게 '시방' '몇 시'냐고 묻고 있지만 그 낱말의 의미는 전혀 모르고 있다. 아기에게 그 모든 낱말은 그저 소리일 뿐이다. 엄마가 한 말소리를 그대로 옮기는 것이다. 그래서 아기는 2연부터 5연까지 이어지는 집에 오는 길에 '넉 점 반'을 의미도 모른 채 잊지 않으려고 애쓰고 있다. 이것은 시어의 반복적인 제시로 나타냈다. 그러나 시간이 흐름에 따라 '넉 점 반'을 기억하고자 하는 아기의 노력은 아이러니[11]를 만들어낼 뿐이다. 마지막 연에서 아이러니의 절정을 이루는데 그것은 바로 '시방'이라는 시어가 주도한다. '시방'의 의미를 알고 있는 독자들은 여기에서 자기보다 미숙한 존재를 보면서 일종의 지적 만족감을 은근슬쩍 맛보면서 마음껏 귀엽고 사랑스럽게 '아기'를 바라볼 수 있게 된다. 이 느낌은 우리를 마냥 즐겁고 행복하게 한다. 더구나 시각을 나타내는 옛말인 '점'이 주는 느낌은 지금 여기가 아닌 오래 전 그곳을 추억하기에 더 알맞다. 이러한 마음자리를 정확히 읽고 그림으로 풍부하게 펼쳐낸 것이 지금의 우리 앞에 있는 그림책 『넉 점 반』이다.

• 11) 이 영어 낱말은 '에이론 eiron'이라는 그리스어에서 유래한 것으로, '에이론'은 고대 그리스 희극에 으레 등장하던 붙박이 인물의 하나였다. (중략) 현대 이론가들은 대체로 아이러니를 말의 아이러니와 극적인 아이러니로 크게 나눈다. (중략) 극적 아이러니는 작품 자체가 전체적으로 아이러니를 담고 있도록 구성된 것을 말한다. 흔한 예로는, 주인공이 자기가 체험하는 사건 또는 의도하는 일이 종국적으로는 자기가 생각하는 것과는 전혀 딴판인데도 모르고 행동하는 것이다. 주요섭의 「사랑 손님과 어머니」에서 어린 딸은 어른들 사이에 오고 가는 일의 진정한 의미를 전혀 모르는 순진한 '바보'이다. (중략) 소포클레스의 『오이디푸스 왕』에서 오이디푸스는 자기의 결백과 선의를 믿어 의심치 않고, 아버지를 죽이고 어머니와 결혼한 천하의 대죄인을 (그것이 자기 자신인 줄도 모르고) 끝까지 추적한다. 이 비극의 관중은 그가 멋도 모르고 스스로 제 무덤을 파고 있음을 알고 있다. 이상섭, 『문학비평용어사전』, 민음사, 2007, 227~231쪽 참조.

3.

어느 미술비평가의 말처럼 시 그림책에서는 자칫 그림으로 시어를 일일이 설명하려고 하여 독자의 상상력을 제한하고 고정된 선입견을 심어줄 우려가 많다. 이렇게 되면 그림이 시가 주는 이미지를 방해하게 된다. 그래서 차라리 그림이 없는 것이 시의 감상에 더 나은 경우가 생긴다.[12]

그러나 시 그림책에서 그림을 배제하고 시를 언급할 수는 없다. 그림은 시를 더욱 풍부하게 할 수 있고 그것이 시 그림책에서 그림의 역할일 것이다. 시 「넉 점 반」의 맛, 특히 아기의 행동에서 오는 아이러니를 그림은 조금도 손상시키지 않았다. 오히려 그림에서는 집으로 가는 방향과는 반대쪽으로 움직이도록 하고 '아기는 오다가'라는 시어를 제시하여 시와 그림의 불일치에서 오는 아이러니를 만들어 내기도 한다. 작가의 상상력으로 더욱 풍성하게 이미지를 만들어 내고 여기에 경험의 확장을 통한 존재의 성장이라는 의미를 덧대고 있다.

그림책 『넉 점 반』은 조금 작은 그림책이다. 아기의 하루 일상, 그 짤막한 이야기에 어울리는 판형이다. 따뜻한 햇살을 받은 흙빛은 밝고 연하고 노랗다. 이 빛으로 화면 전체가 일관된다. 흙빛으로 살짝 물든 무명 같은 색조는 고향의 빛깔이고, 그래서 이 그림책의 색채가 지닌 정서적 함축은 따스함이다.

표지 그림은 영화 포스터처럼 본문 속의 한 장면을 미리 보여주는 것이 아닌 독자에게 건네는 첫인사로 따로 마련하였다. 호박꽃 넝쿨을 배경으로 주인공이 등장한다. 빨간 치마에 검정 고무신을 신고 저고리에 나름 멋을 부린 이마 넓고 머리 큰 귀여운 아기 캐릭터이다. 시종일관 무표정한 얼굴로 누가 뭐

- 12) 김백균, 「어린이책에서 시와 그림의 바람직한 관계를 위하여」, 『창비어린이』, 2003년 겨울호, 276쪽 참조.

래도 별로 움츠러들지 않을 듯 당당해 보이는 아이. 그리고 작은 호박을 움켜쥔 아기의 시선은 호박도 아니고 강아지도 아닌 화면에 없는 무엇이지만, 표정은 그것에 몰입되어 있다. 도대체 무엇에 저렇게 마음이 빼앗겼는지 궁금해진다. 아기 앞에 있는 강아지만이 독자와 시선을 마주하며 우리를 붙잡아 둔다. '이렇게 만나서 반갑습니다' 하는 인사는 정작 강아지가 건넨다. 특유의 혀 내밀기와 꼬리 치켜 올리기를 하면서. 이 그림에서 강아지는 조연을 톡톡히 한다.

    책장을 세 번 넘겨 펼치면 큰 여백이 백지처럼 펼쳐진다. 표지에서 보았던 호박꽃 넝쿨이 왼쪽 위에서 조금 내려왔다. 창밖으로 보이는 나뭇잎 일부처럼 보인다. 긴 시간을 지나온 듯이 아기는 오른쪽 하단의 무언가를 응시하며 가고 있다. 다음 그림에서 우리는 알게 된다. 아하, 구복상회에 가는 길이었구나. 그림을 왼쪽 페이지에 먼저 보여주고 시는 그림의 설명과도 같이 오른쪽 페이지에 오려 붙인 것처럼 집자되어 제시된다. 제작 시기로 볼 때 윤석중의 시가 그림책보다 먼저였는데 그림이 먼저인 듯 시치미를 뗀다. 가겟집 이름을 짓고 복덕방 간판을 덧세우고 아이스케키 통을 놓아둔 그림작가의 노력은 시가 애초 갖고 있던 단순한 서사를 살아 움직이는 영상으로 바꾸었다. 가게 문 앞에 쳐진 발을 제가 들어갈 만큼 손으로 걷어내며 한 발은 이미 가게 안에 디디고 구복상회 문지방을 넘는 찰나의 아기 발걸음이 생생하다. 나중에 아기의 시선을 잡아두게 되는 닭은 닭장 뒤에서 몸의 일부만 드러낸다. 어른이 된 독자의 눈에는 가겟집 앞의 그 옛날 아이스케키 통이 먼저 들어오지만 아기는 전혀 관심을 보이지 않고 곧장 임무를 수행한다. 몇 시인지 알아오라는 엄마의 심부름이 아직은 중요하다.

    다음 그림은 영감님의 방안에서 바라본 아기의 앞모습을 잡아낸다. 키가 작아 눈만 겨우 보인다. 이제껏 커다란 여백으로 궁금하게만 하더니 이 영감님의 방안에는 얼마나 구경할 것이 많은지 눈이 휘둥그레진다. 이때 독자의 시선을 거두는 아기의 외침이 오른쪽 페이지에 제시된다. 아기답게 꼭 두 번을 부른다. 이러한 반복은 시의 리듬이 된다. "영감님 영감님 엄마가 시방 몇 시냐구요." 엄마 심부름을 온 것이다. 뒤이어 그림의 시선은 다시 아기의 뒤쪽이다. 이 장면 역시 지금은 어른이 된 이들이 어린 시절에 군침을 많이도 흘렸던 온갖 먹을거리와 추억을 불러일으키는 소품들로 가득하다. 그러나 윤석중의 동시 「넉 점 반」이 1940년에 발표되었음을 고려할 때 이 부분의 그림은 맞지 않다. 이 소품은 20년도 더 지난 60년대 이후 70년대 정도의 것들이다. 게다가 아기의 옷차림은 1940년도 아니고 6, 70년대와는 더욱 거리가 멀어 그림 속 배경에도 어울리지 않게 되었다. 아기는 귀엽고 예쁘게만 그려졌다. 이러한 어긋남은 불편한 일이지만 좋게 생각하고자 하면 윤석중 동시의 6, 70년대적 재해석이거나, 시대를 염두에 두지 않고 다만 동시에 대한 인상을 재구성하여 새로이 형상화했다고 볼 수 있다. 여기에 시대를 넘어서도 쉽게 공감할 수 있는 이 시의 생명력 때문에 그림의 불편함이 크게 거슬리지는 않는다.

이제는 집에 가서 엄마에게 '영감님이 넉 점 반이래요.'라고 전할 일만 남았다. 그래서 구복상회를 나서서 집을 향한다. 아기의 발걸음도 몸도 방향은 분명 집을 향해 있다. 그러나 바로 그 순간 아까는 못 보았던, 자신의 몸집만 한 닭이 물을 먹고 있지 않은가. 그 닭이 아기의 시선을 확 당긴다. 이제 아기의 발걸음은 집이 아닌 닭을 향하고 있다. 원근법을 쓴 그림은 닭을 아기보다 몇 배는 큼직하게 보여준다. 그 큰 닭과 물그릇 옆에 보일 듯 말 듯 한 마리 개미가 있다. 오른쪽 맨 아래 구석이다. 이제 아기는 개미에게로 호기심이 옮겨간다. 시에서 언급되지 않았지만 개미는 마른 지렁이를 함께 옮기고 있다. 이로써 아기의 호기심에 더 그럴듯한 이유가 생겼다. 그렇지만 시간은 흘러 '넉 점 반'을 벗어나고 있는데도 그러리라고는 꿈에도 모르니 아기는 여전히 '넉 점 반, 넉 점 반'을 기억하며 붙잡고 있다. 이제는 아예 앉아서 구경한다. 그때 잠자리가 나타나 개미가 끌고 온 지렁이를 낚아채서 날아간다. 엉거주춤 선 아기는 호기심 때문에 다시 잠자리를 따라가지 않을 수 없다. 시에는 없는 이런 작은 사건의 그림 표현이 작가의 역량이 아닐 수 없다. 시가 그림을 만나면서 더 풍부해지고 살아나는 지점이다.

　이제껏 아기의 오른쪽 방향에 나타나 새로운 호기심을 일으키는 암호와 같았던 닭과 개미, 잠자리가 있었던 위치에 두꺼비가 한 마리 등장한다. 이 그림책의 묘미라고 할 수 있는 또 하나가 이것이다. 두꺼비가 아기를 어디로 이끌지 궁금한 독자에게 다음 그림은 규칙에서 벗어난다. 두꺼비는 제 갈 길로 가 버리고 아기는 잠자리를 따라 분꽃밭 속으로 들어간다. 이 부분에서 그림은 더 많은 이야기를 하고 싶어한다. 연애하는 학생과 그들을 놀리는 개구쟁이 친구들의 모습은 관습적으로 보면 드라마나 영화의 한 장면으로는 흔한 것이

••• 『넉 점 반』 ⓒ 글 윤석중 · 그림 이영경, 창비, 2004

다. 분꽃 속에서 흥얼거리며 혼자서 놀고 있는 아기의 모습을 왜 이러한 삽화와 나란히 그려 넣었을까. 다분히 어른 독자를 위한 장치로 보인다. 반면에 집에서 기다리고 있을 아기의 엄마를 상기시키는 어미 새는 상대적으로 아주 작게 숨기듯 그려 넣었다. 이 모든 것의 배경이기도 한 푸르른 풀밭으로 왼쪽 그림을 꽉 채웠다. 그와 아랑곳없이 아기는 이제껏 구경하거나 따라다니던 행동에서 더 나아가 분꽃을 따 입에 물고 니나니 나니나 흥얼거리며 최고조로 몰입한다. 그래서 이 장면은 실제적 배경을 두지 않고 환상적으로 표현되었다.

아기는 흐뭇한 표정을 엷게 지으며 해가 꼴딱 져서야 집에 온다. 온갖 구경을 실컷 하고 왔으니 내면이 꽉 차올랐을 것이다. 가겟집 영감님은 닭을 닭장에 넣고 하루 일과를 마친 여유로움으로 구복상회 앞에서 더위를 식히고 있다. 안경 너머로 아기를 흘깃 보는 그 모습에서 아기가 이제야 돌아온 것이 어처구니없다는 표정이다. 가겟집 지붕 위로 날다시피 돌아다니는 도둑고양이의 모습도 놓칠 수 없다.

아기는 분꽃을 따서 옷고름에 꽂고 양손에도 하나씩 쥐고 대문을 들어선다. 배경은 없애고 아기의 모습만 클로즈업시켰다. 그러고는 아기의 당당한 외침, 시 1연에서 보여준 엄마의 말을 잊지 않고 잘 기억했다가 그대로 옮긴다. '엄마 시방 넉 점 반이래.' '시방'이라니 어이가 없다. 하지만 아기는 이렇게 심부름을 '잘' 해낸 자신이 아주 자랑스럽다.

마지막 그림은 작가가 선사하는 자상한 선물이다. 엔딩 자막 뒤에 보여주는 친절한 자료화면처럼, 활짝 열어젖힌 대문 안에는 아기가 처음 나섰던 집안의 모든 것을 보여준다. 심부름 간 동생이 오는지 마는지 저녁밥 먹느라 여념 없는 개구쟁이 같은 두 오빠와 엄마 대신 이 아기를 업고 키웠을 듯한 큰언니와 젖먹이 막내에게 젖을 물린 채 '에구 이것아, 어딜 싸돌아다니다 이제 오누.'

『넉 점 반』 ⓒ 글 윤석중·그림 이영경, 창비, 2004

라는 듯한 얼굴로 마루에 나와 앉아 있는 어머니. 그 어머니 앞에 놓인 밥솥과 아기 몫으로 남겨둔 것으로 보이는 밥 한 그릇까지. 그 밥 한 그릇의 온기가 전해온다.

일반적인 그림책 구조대로 이 그림책도 시인과 그림작가에 대한 설명을 마지막에 덧붙였다. 그림작가는 작은 그림을 하나 더 건넨다. 수놓는 언니 앞에 호기심 어린 몸짓으로 바짝 다가앉은 아기의 모습, 그 앞에 떨어진 분꽃 셋도 빼놓지 않고 그렸다. 이렇게 아기의 호기심은 머무름이 없이 옮겨가고 이어지고 확장되어 간다. 그 넓이와 깊이만큼 아기는 성장할 것이다.

4.

윤석중의 시 「넉 점 반」은 길지는 않지만 이야기가 담겨 있다. 그 이야기 속에서 아기의 말과 행동이 빚어내는 아이러니는 유쾌하다. 더불어 그의 시가 시집 속에 끼여 있는 한 편의 시에서 나와 하나의 완결된 시 그림책이 되면서 더욱 확장된 의미를 갖게 되었다. 아기가 닭과 개미, 잠자리, 분꽃에 마음을 빼앗겨 몰입해 가는 과정을 단순한 호기심을 넘어서 아기의 경험이 확장되는 성장의 과정으로 그려냈기 때문에 풍부한 의미를 지닌 서사가 된 것이다. 여기에서의 성장은, 굵직한 서사적 의미를 지닌 경험이거나 힘겨운 갈등 상황을 겪고 이를 극복해 나가는 시기의 성장이 아닌 '시방'의 의미와 '넉 점 반'의 의미를 미처 알기 전, 그즈음에 그만큼의 성장에 대한 이미지이다. 그 중심에 '아기'가 있다.

내가 이만큼 어렸을 때, 이 아기처럼 자유를 한껏 누리면서 경험을 확장시켜 나가고 이를 통해 자아의 내면을 차곡차곡 채웠던가. 여유로이 주눅 들지 않은 당당함으로 나의 존재함을 만끽했을까. 그때는 비록 그렇지 못했을지라도 어른이 된 지금에서는 어렸을 때의 내 모습을 각색하게 된다. 『넉 점 반』의 아기처럼 귀엽고 오동통한 볼에 아장아장 걸으며 호기심 많고 천진난만한, 너무나도 사랑스러운 아기의 모습을 떠올리며 그것이 진정 나인 양 여겨지는 것이다. '예쁘지 않은 꽃은 없'는 것처럼 아기였을 때 사랑스럽지 않은 존재가 이 세상 어디에 하나라도 있을까. 그림책『넉 점 반』의 아기는 유년의 캐릭터로 우리를 참 행복하게 한다.

『영이의 비닐우산』ⓒ 글 윤동재 · 그림 김재홍, 창비, 2005

시와 그림이 만나
'삶'을 말하다

■ 박정아

1.

"엄마, 우산!"

친구네 놀러간다고 뛰어 나가던 아이가 집으로 다시 들어온다. 아무리 찾아봐도 우산이 없다. 참 신기하다. 그 많은 우산은 왜 매일 없어질까. 창고 앞에 쓰러져 있던 비닐우산 하나를 발견한다. 언젠가 지하철 앞에서 오천 원을 주고 산 우산이다. 비닐우산을 건네준 내게 아이가 얼굴을 찡그리며 '나 그냥 갈래!' 하며 돌아선다. 쿵 소리와 함께 닫힌 문을 보며 비닐우산을 툭툭 털어본다.

어릴 적 나무 손잡이가 달린 파란 비닐우산이 집에 있었다. 장맛비가 유난히 길었던 어느 여름이었던가. 오빠에게 우산을 뺏긴 나는 비닐우산을 들고 학교로 향했다. 파란 비닐우산 위로 떨어지던 빗소리가 어찌나 크게 들리던지. 가슴이 조마조마했던 그날을 아직도 잊을 수가 없다.

우리 가슴속에 살아있는 기억. 먼지를 털어내면 금방이라도 되살아날 것 같

은 느낌들. 윤동재의 시가 김재홍의 그림으로 다시 살아난 『영이의 비닐우산』은 케케묵은 먼지를 털어내면 다시 살아나는 우리의 정서가 들어있는 책이다. 시 그림책에서 나타날 수 있는 서사가 약한 단점을 극복한 이야기시로 조형적 리얼리티를 살려 한 편의 단편영화를 보는 듯한 잔잔한 서사를 만들어가고 있다. 영이라는 인물을 통해 소외와 나눔 그리고 거지 할아버지와의 교감을 통한 마음의 치유 혹은 희망을 전해주고 있다.

단순하지만 깊이 있는 표현과 내용, 아이들에게 읽어주기 좋은 운율적 구성, 읽고 나면 강하게 남는 이미지는 시의 장르적 특성이 된다. 이러한 시의 특성이 그림이라는 이미지를 만나 독자들에게 건네줄 수 있는 깊이는 기대 이상일 것이다. 자칫하면 상투적일 수 있는 소외, 나눔, 치유 혹은 희망의 축을 그림작가는 흙을 덧붙여 땅의 질감을 살리고 절제된 색을 써 독자로 하여금 담담하게 다가갈 수 있도록 인도하고 있다.

2.

『영이의 비닐우산』은 정사각형에 가까운 판형이다. 원에 가까운 이미지를 주는 이 판형은 독자의 시선을 덮개의 중앙, 즉 책의 '심장'으로 이끌며, 이 책의 친밀한 스케일과 초록색 비닐우산 위로 흐르는 빗물의 따듯함을 강조한다. 펼침면의 표지에는 찢어진 초록색 비닐우산을 전면에 내세우며 '영이의 비닐우산' 위로 초록색 빗방울이 떨어지고 있어 서정적인 느낌을 자아내게 한다. 책을 넘기면 면지에 비닐우산이 접혀 세워져 있는 장면이 있다. 땅의 지면은 흙을 덧붙여 질감을 살리고 회색조의 화면이 눈을 압도한다. 이 때문에 우리는 비닐우산이 서사를 이끌어가는 중요한 요소로 작용할 것임을 예측할 수 있다.

다시 책을 한 장 펼치면 창문을 이용한 이중의 프레임이 눈에 들어온다. 창

• • • 『영이의 비닐우산』 ⓒ 글 윤동재·그림 김재홍, 창비, 2005

아래로 보이는 동네. 창틀 위에 놓여 있는 깡통 안의 노란 꽃. 그리고 그 옆에 초록색 비닐우산이 세워져 있다. 전체적으로 어두운 색조의 속표지는 노란 꽃을 강조함으로써 독자로 하여금 영이의 집이 산동네이며 영이가 깡통에 노란 꽃을 피울 줄 아는 아이라는 것을 말해 주고 있다. 이러한 암시는 그림책의 서사를 이끌어가는 데 중요한 정보를 준다.

깡통과 초록색 비닐우산은 서사를 진행하는 데 중요한 복선으로 작용된다. '소외'된 사람들의 '나눔'을 통한 '마음의 치유 혹은 희망'이라는 세 축은 세 시퀀스로 나누어져 표현되고 있다. 각각의 시퀀스에 깡통, 초록색 비닐우산이 제시돼 영이와 거지 할아버지의 관계를 연결하고 있는 것이다.

첫 번째 시퀀스는 10면("영감태기, 영감태기 뒈지지도 않고.")의 하이라이트를 중심으로 '소외'의 처절함과 극단적인 면이 부각되고 있다. 그림작가는 희망과 성장을 의미하는 초록색 비닐우산을 쓰고 있는 영이의 시선을 따라 움직이며 거지 할아버지를 관찰하고 있다. 영이를 제외한 다른 인물을 회색조로 표현하고 색의 절제를 통해 외부 사람들과 고립되고 있는 영이를 보여줌으로써 영이 역시 소외된 아이라는 것을 말해주고 있다. 또한, 다른 아이들이 거지 할아버지에게 장난을 치는 장면에서 영이를 프레임을 뚫고 배치해 극단적인 고립감을 표현하고 있다. 이때 화면을 장식하고 있는 초록색 비닐우산을 쓴 영이의 노란옷의 채도를 높여 다른 인물과의 고립감은 최고조를 이루게 된다.

감정의 절제를 위해 그림작가는 영이의 앞모습보다는 뒷모습을 배치하고 앞모습의 경우에도 창에 비치는 희미한 표정을 보여줘 독자가 그 감정을 함께 체험할 수 있는 기회를 준다. 영이와의 연결고리인 찌그러진 깡통을 근접묘사(Close-up)하고 깡통에 초록색 띠를 둘러 독자가 영이의 방 창틀에 있던 깡통을

그 옆에 같이 잠들어 있는
푸그러진 깡통엔

• • • 『영이의 비닐우산』 ⓒ 글 윤동재 · 그림 김재홍, 창비, 2005

떠올릴 수 있게 한다. 깡통을 근접묘사한 뒤 영이와 다른 인물과의 고립은 더 강조된다.

'소외'의 증폭을 나타내는 영이의 감정 변화는 프레임 크기의 변화에서도 볼 수 있다. 작은 크기의 프레임이 커지면서 영이의 감정이 폭발하는 하이라이트 장면에서 프레임이 없어지며 꽉 찬 화면으로 직선의 내리꽂는 굵은 비의 선과 회색조의 땅이 전면에 보이며 첫 번째 시퀀스는 최고조를 이루게 된다.

무엇보다 이 작품의 묘미는 두 번째 시퀀스가 아닐까 한다. 소외된 사람들의 '나눔'을 나타내기 위해 변화가 필요한 두 번째 시퀀스에서 그림작가는 시점의 변화를 시도한다. 네 장면으로 구성된 이 시퀀스는 채도가 약간 높아진 땅을 전면에 내세우며 프레임의 크기가 점점 커지며 비닐우산을 전해주러 오는 영이의 모습을 물에 비친 그림자로 표현한다. 이 시점은 밑에서 올려다보는 시점(Worm's eye view)으로 거지 할아버지가 영이를 관찰하는 시점으로 전환된다. 조금씩 보이는 영이의 그림자는 영이의 부끄러움과 머뭇거림을 의미하며 프레임이 점점 커지며 뛰어가는 영이의 뒷모습에서 비로소 펼침면이 제시되는 것을 통해 거지 할아버지와 함께 느꼈을 감정의 교감을 경험하게 된다. 이러한 감정의 교감은 회색조의 땅이 초록색으로 물드는 것을 통해 다시 한 번 확인할 수 있게 된다.

잠들어 있는 거지 할아버지는 사실 잠들지 않았으며 영이를 내내 지켜보고 있었다는 그림작가의 해석은 시를 더욱 풍부하게 해준다. 이 때문에 첫 번째 시퀀스에서 제시된 아이들의 짓궂은 장난이나 문방구 아주머니의 독설은 더 뚜렷하게 독자에게 다가온다. 또한 이러한 설정은 세 번째 시퀀스의 '마음의 치유나 희망'과 자연스럽게 연결되는 장치가 되기도 한다.

세 번째 시퀀스에서 우리는 한결 밝아진 높은 채도의 그림을 엿볼 수 있다.

• • • 『영이의 비닐우산』 ⓒ 글 윤동재·그림 김재홍, 창비, 2005

다른 인물에게도 색을 입혀 영이의 고립감이 좁혀든 모습을 볼 수 있다. 영이는 여전히 프레임을 뚫고 아이들과 분리되어 있기는 하지만 채도는 낮아져 보는 이에게 한결 편안한 느낌을 준다. 그리고 벽 위에 꼿꼿이 세워져 있는 초록색 비닐우산이 근접묘사되어 한쪽 면에 제시된다. 그림의 크기는 점점 작아져 영이가 내려왔던 산동네 계단을 다시 올라가는 영이의 뒷모습으로 마무리된다. 그림의 밝기가 밝아져 신발주머니를 오른쪽으로 흔드는 영이의 동적인 모습을 표현해 책장을 덮는 독자들은 영이 마음이 조금은 편안해지고 치유되었을 것이라는 희망을 갖게 된다.

••• 『영이의 비닐우산』 ⓒ 글 윤동재·그림 김재홍, 창비, 2005

3.

시를 그림책으로 그린다는 것은 많은 한계점을 지니고 있을 것이다. 우선 시는 이미지가 강해서 시를 읽을 때 바로 떠오르는 장면이 그림작가의 상상력을 제한하기도 한다. 따라서 많은 시 그림책의 '그림'이 '글'을 그대로 따라가는 단점을 보이고 있는 것이 현실이다. 『영이의 비닐우산』은 이러한 단점을 극복하기 위해 글의 '잉여'가 될 만한 구절을 빼고 과거형을 현재형으로 고쳐 글과 그림이 중복되는 것을 견제하고자 고군분투했다. 채도의 변화, 시점의 변화, 시각(앵글)의 변화를 이용해 글과 그림의 대응관계를 상호보완의 관계로 끌어올리고 있다.

1면에서 '주룩주룩 비 내리는 월요일 아침'이라 표현하지만 그림에서는 기운 없이 계단을 내려오는 낮은 채도의 영이 모습을 보여줘 영이에 대한 정보를 주고 있다. 또한 4면에서 글은 '학교 가는 길에 영이는'으로 표현됐지만, 독자는 이미 제자리에 서서 거지 할아버지를 보고 있는 영이를 볼 수 있다. 11면에서 '거지 할아버지는 여전히 비를 맞으며 잠들어 있었다'고 제시됐지만 독자는 시각(앵글)의 변화를 통해 시점이 바뀌었으며 거지 할아버지가 잠들어 있었던 게 아니라는 아이러니를 경험할 수 있게 된다.

또한 시는 분절(문장이 완전하지 않은 글들)된 단위로 제시되기 쉬운데, 이때 글의 배치에 따라 이러한 분절은 속도감을 가속화하기도 하고 지연하기도 한다. 속도감의 가속이 심해지면 서사는 흐트러지며, 너무 지연되면 서사가 늘어지기 마련이다. 이 작품은 이러한 속성을 잘 활용하여 긴장감을 조절하는 데 전력을 다하고 있다.

일반적으로 사람들은 그림을 먼저 보고 글을 보게 되는데 글이 왼쪽 면에 배치되면 오른쪽 면의 그림을 보고 다시 왼쪽면의 글을 보고 다시 오른쪽 그림을 보게 된다. 이때 분절된 글은 문장이 완전해지기 위해 독자에게 다음 면을 넘겨보도록 추동하며, 그림은 정지해서 그림을 잘 보도록 강요한다. 이런 경우 글은 그림을 사이에 두고 다음에 오는 글과의 휴지(休止)를 갖게 되며 긴장감을 갖게 되는데, 이것으로 글을 읽는 속도감이 늦춰지는 것이다. 글이 오른쪽 면에 배치되는 경우는 이와 반대로 왼쪽 면의 그림을 보고, 오른 쪽 면의 글을 볼 때 분절된 글이 다음 장으로 넘어가도록 속도감을 줘 넘기는 속도가 가속화되는 것이다.

첫 번째 시퀀스에서 제시되는 '소외'라는 감정의 축은 독자가 천천히 빠져들어가야 하는 일종의 감정의 동화가 필요한 경우이다. 그러나 두세 번째 시퀀스에서 제시되는 '나눔'과 '치유'는 속도감을 갖고 빠르게 흐르는 감정이라 할 수 있다. 이에, 첫 번째 시퀀스는 글이 왼쪽 면에 배치되고 두세 번째 시퀀스 글은 오른쪽에 배치해 적절한 속도감을 조절하고 있다. 이러한 글과 그림의 배치는 속도감과 리듬감을 형성하며 시놉시스 상에서 그림과 그림과의 단절을 막는 구실까지 해내고 있다. 글이 그림 사이로 뚝뚝 끊기는 형태가 아닌 징검다리를 건너는 형태의 제시가 리듬감을 주고 있는 것이다.

이 작품의 빛나는 점은 무엇보다도 그림책에서 흔히 만나볼 수 없었던 리얼리티가 돋보이는 작품이라는 것이다. 그림작가가 유화를 써 현실적인 기법이 돋보이는 인상주의 양식으로 그림을 표현한 점은 이 작품을 빛나게 한다. 특히, 흙을 붙여 거친 질감을 살린 땅과 빗줄기, 거지 할아버지가 쓰고 있는 거적때기의 남루함, 비닐 소재의 특징을 잘 살려 비닐우산 속으로 보이는 영이의 모습은 리얼리티의 정점을 찍고 있다.

그러나, 이러한 노력에도 이 작품은 어린이 독자와 함께 숨 쉴 수 없다는 결정적인 한계를 지니고 있다. 영이라는 아이를 전면에 내세우고는 있지만, 아이의 탈을 쓴 어른처럼 쉽게 인물에 동화되기 힘들다. 소외나 나눔이 어린 독자에게 다소 어려운 소재임이 분명하다. 또한 윤동재 시인의 경험을 표현한 작품이라는 설명을 참고하면 1980년대 상황(깡통이나 비닐우산)은 요즈음 어린이들에게 쉽게 이해될 수 없는 상황이라는 것이다. 따라서 서사의 전면을 차지하고 있는 영이의 비닐우산이나 거지 할아버지가 벽에 세워두고 간 비닐우산에 대한 감정의 동화를 이끌어내기 어렵다.

작품으로의 몰입을 막는 또 하나의 장애는 시점의 변화에 있다. 앞서 말했듯이 그림작가는 두 번째 시퀀스에서 영이의 시점에서 거지 할아버지의 시점으로 시점의 변화를 시도했다. 이러한 시점의 변화를 감지해 내기 위해서는 시각의 변화를 알아야 하는데, 어린이 독자들에게는 어려운 문제다. 거지 할아버지의 시선으로 영이를 보고 있음을 찾아내지 못한다면 거지 할아버지와 영이의 교감을 이해하기도 어렵다. 이러한 문제로 어린이 독자는 거지 할아버지와 영이와의 교감을 느낄 수 없고 나눔이라는 두 번째 시퀀스의 축을 잡아내기 힘들다. 자연스럽게 세 번째 축인 치유나 희망도 함께할 수 없는 것이다.

어린이 독자들이 종종 이 책을 읽고 "이 언니(누나) 정말 착하다"라는 반응을 보이는 것은 아마도 이와 같은 한계에서 비롯된 것일 것이다. 어린이 독자들이 이런 판단을 하게 될 때 작가의 주제 의식이 무너지고 그저 '불우이웃을 돕자'라는 계몽성에 지나지 않은 작품이 되고 만다. 리얼리티가 이 작품의 생명이라고 볼 때, 계몽적인 작품으로 판단된다는 것은 극히 아이러니한 일이 아닐 수 없다.

4.

그럼에도 불구하고 『영이의 비닐우산』은 소중하다. 좋은 그림책에 대한 관심과 만들고자 하는 열의는 높으나 그림책 글작가가 턱없이 부족한 우리 현실에서 우리나라 동시를 찾아내고 우리 삶을 얘기하는 작품은 특별하다. 시로 그치지 않고 그림작가가 새롭게 해석하여 예술로 거듭난 이 작품은 오늘날 고립되고 소외된 삶을 살아가는 많은 사람들에게 새로운 화두를 던져준다. 우리 이웃으로 살아가는 또 하나의 소외된 인물들에게 고개를 돌리게 해준다.

시만이 가지고 있는 강한 이미지를 그림으로 그려 새로운 작품으로 거듭난 이 작품은 우리 시문학 고유의 운율과 이미지, 삶에 대한 성찰이라는 힘찬 물줄기를 그림책의 풍성한 자양으로 삼고 있다. 또한 그림의 방향에 있어서도 우리 자연, 우리 전통, 우리 생활을 모티브로 하여 우리만의 정체성을 나타내고 있다.

조금은 어려울지 모르지만, 어린이 독자도 이 작품을 읽어 내려가다 보면 마음속 한 귀퉁이에 숨겨놓았던 소외된 자신을 발견할 수 있을 것이다. 미국의 경험주의자들은 소외가 하나의 사회 심리학적 사실이라고 주장했다. 곧 소외란 무력감의 체험, 소외된 듯한 감정으로 상대적인 감정이라는 것이다. 교실 안에서, 가정과 사회에서 많은 아이들은 소외되고 고립된 채 살아가고 있다. 자신의 마음속에 잠들어 있는 그 감정을 깨우고 스스로를 다독이게 될 때 우리는 비로소 마음의 치유를 얻을 수 있을 것이다.

누구나 하나쯤은 자신만의 비닐우산을 들고 있지 않을까. 비록 초라하고 찢어졌을지라도 누군가에게 내밀 수 있는 자신만의 비닐우산을. 지금 비록 힘들더라도 오랜 시간이 흐른 뒤 자신의 비닐우산을 꺼낼 수 있게 하는 힘이 이 작품에 있다면 그것은 과찬일까. 케케묵은 먼지 속에서 먼지를 털어내고 다시금 이 작품을 꺼내볼 수 있게 하는, 그런 여운이 있는 『영이의 비닐우산』 같은 작품에 응원의 박수를 보낸다.

『쨍아』ⓒ 글 천정철·그림 이광익, 창비, 2008

죽음, 그 낯선 세계와의 마주침

■ 최은경

1.

산책길에 죽은 비둘기를 보았다. 다리가 잘려져 있고 몸도 찌그러진 채 널브러져 있었다. 갑자기 마주친 주검 때문인지 아이는 밤새도록 잠을 설쳤고 그뒤로도 혼자 잠드는 걸 무서워했다. 아이가 물었다.

"죽는다는 건 뭐예요? 끝이 무엇인가요? 죽고 나면 어디로 가나요?"

선뜻 대답이 떠오르지 않았다. 아이를 안고 눈을 맞추며 이야기했다.

"죽는다는 건 아주 자연스러운 일이란다. 이 세상에 누구든지 생명이 있는 그 모든 것은 죽지만 그것이 끝이 아니란다."

"왜요?"

"커다랗고 밝은 해가 저물면 저녁이 되듯이 가을이 끝나면 겨울이 시작되고 네가 자라 어른이 되면 엄마는 할머니가 되는 거지."

"할머니가 되면 죽는 건가요?"

"아니야. 그 전에 죽을 수도 있지. 할머니가 되고 나서 죽는 건 아주 어려운 일이란다. 살아남아 자기 몫을 다해야 할머니가 될 수 있거든."
"아, 그렇구나. 나이가 들어서 죽는다는 건 굉장히 어려운 일이구나."
"죽는다는 건 자기가 처음 태어났던 그 자리로 다시 돌아가는 거지."
"그 자리가 어디예요?"
"그 자리는 말이야……. 이 그림책을 보렴. 그림책 속에 비밀이 숨겨져 있단다. 어떤 비밀인지 알고 싶지? 이제 그림책 속으로 들어가 보자."

2.

그림책 『쨍아』는 내용이 무척 간단하다. 과꽃 밑에서 죽은 잠자리를 개미들이 분해해서 끌고 가는 것이 전부다. 그림 또한 짧게 한 번 보는 것으로 내용을 알 수 있다. 그러나 실제 상황을 보고 있는 것처럼 쓴 시[13]와 그림으로 보여 주는 쨍아의 장례 행렬이 굉장한 사건으로 느껴져 독자는 죽음이라는 낯선 세계를 새롭게 볼 수 있는 인식의 확장을 경험하게 된다. 그림책 『쨍아』는 '죽음'이란 주제를 무겁지 않게 풀어내기 위해 긴 설명을 피하는 대신 죽음 이후의 환생으로 주제를 확장하며 글과 그림은 조밀하게 엮였다가 나뉘어, 서로 다른 두 화음을 내며 진행된다. 글은 쨍아가 죽자 개미들이 와서 분해하는 과정을 장례행렬에 비유하고 있다. 먹고 먹히는 자연의 법칙을 인간의 '상례(喪禮)'라는 의례로 풀어내어 독자에게 죽음에 대한 새로운 시적 체험을 하게 한다. 한

- 13) 그림책 뒷부분에 1925년 『어린이』지 11월 호에 발표된 「쨍아」의 원문을 현행 맞춤법에 맞게 고쳐 싣고 있다. "뜰앞에서 쨍아가 / 죽었습니다. // 과-꽃 나무 밑에 / 죽었습니다. // 개미들이 장사를 / 지내준다고 // 작은개미 앞뒤서서 / 발을 맞추고 / 왕개미는 뒤에서 / 딸-랑 딸랑 / 딸-랑 딸랑 // 가을볕이 따뜻이 / 비초이는데 // 쨍아 장례 행렬이 / 길게 갑니다."

편, 그림은 글의 내용을 그대로 묘사하다가 중반부의 노란색으로 가득 찬 화면부터는 글과 달리 죽음 이후의 세계를 자신만의 독특한 시각으로 그려내고 있다. 텍스트인 글을 새롭게 읽어내어 글이 담고 있는 세계를 확장하면서 또 다른 그림의 세계를 창조하였다.

 이런 점에서 볼 때 그림작가에게 가장 필요한 것은 무엇일까? 무엇보다 중요한 것은 텍스트에 대한 해석 능력일 것이다. '글'이 아닌 '그림'으로 많은 걸 담아야 할 '그림책'의 특성은 바로 그림작가의 해석력에 뿌리를 두고 있기 때문이다.

 불끈불끈 자라던 힘이 멈추고 초록빛이 수그러진 가을 화단을 배경으로 쨍아의 죽음과 함께 개미들이 등장하여 쨍아를 분해하기까지 글은 어떤 군더더기도 없이 긴장감 있게 전개된다. 그림작가는 사건이 일어난 뜰을 판화로 간명하게 보여주고 글 배치를 왼쪽에서 가운데로 또 오른쪽으로 이동하거나 서서히 아래로 배치하여 리듬과 소리의 움직임을 적극적으로 표현한다. 시점의 변화를 통해 위에서 아래로 전체 뜰을 조망한 뒤 정면에서 다시 가장 낮은 자

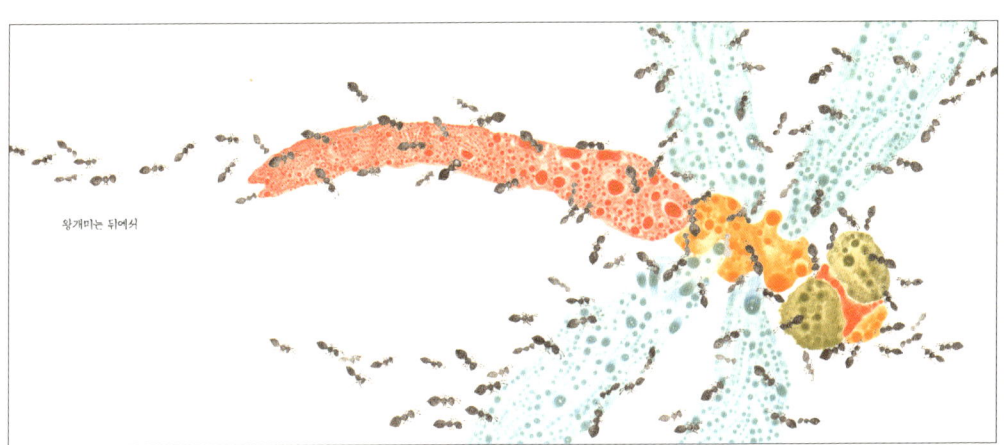

• • • 『쨍아』 ⓒ 글 천정철·그림 이광익, 창비, 2008

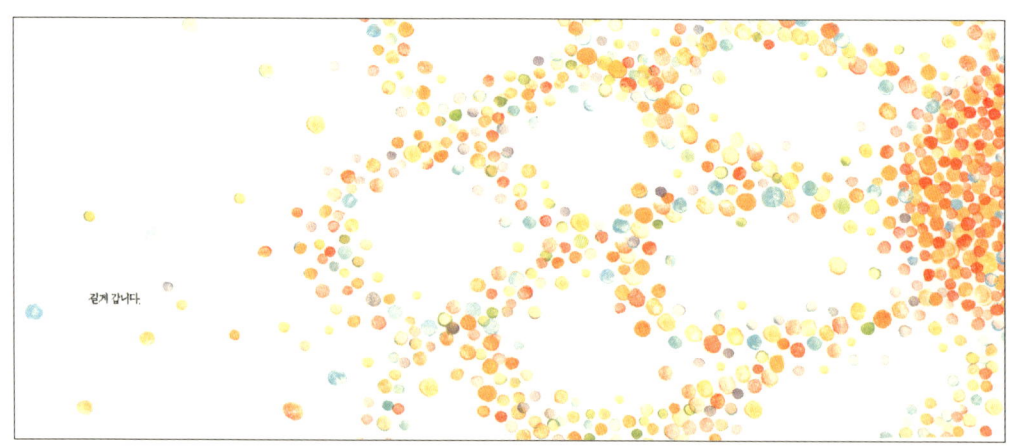

• • • 『쨍아』 ⓒ 글 천정철·그림 이광익, 창비, 2008

리로 이동하여 과꽃 아래 죽어 있는 쨍아에게 초점을 맞춘다. 쨍아의 몸 색깔과 비슷한 과꽃 그리고 화면의 여백은 쨍아의 죽음과 침묵을 그대로 드러낸다.

뒤이어 적막을 깨고 꼬리에 꼬리를 물고 등장하는 개미의 행렬은 마치 초상집에 모여든 사람들이 시키지 않아도 손발이 맞아떨어져 무슨 일이든지 척척 일을 추려내듯 활기참과 북적임을 보여준다. 이러한 움직임 속에서 개미에게 둘러싸인 쨍아의 몸은 화면의 오른쪽에 크게 배치되어 있고 찢어진 날개와 머리, 몸통과 꼬리까지 모노타이프 기법(Monotype, 한 장 판화)[14]을 써 무수히 많은 점과 돌기로 채워져 클로즈업된다. 이 점과 돌기는 이후 개미들에 의해 동그랗게 분해되는 쨍아의 모습이 억지스럽지 않고 자연스럽게 느껴지게 한다.

그림작가가 위와 같이 '죽음과 죽음 이후의 재생'이라는 주제를 선명하게 드러내기 위해 쓴 모노타이프 기법은 시의 간결함과 리듬을 표현하기에도 적

• 14) 아크릴 물감에 비누 거품을 섞어 유연하게 찍어낸 쨍아의 모습은 한 장 판화의 기법을 유감없이 보여준다.

절하다. 설명을 생략하고 감정을 절제하는 판화에는 배경이 되는 뜰은 물론이고 개미와 쨍아와 햇볕까지 모든 등장인물이 포함된다. 감자, 무, 지우개로 도장을 찍어 신비롭고 율동적인 흐름 속에서 자신의 역할을 하나하나 수행해 가도록 하고 있다. 지우개로 눌러 찍은 다음 더듬이와 다리를 정확하게 그려낸 개미의 모습도 쨍아가 분해되는 과정에서 점점 단순화되고 옅게 표현되는데 이 또한 판화로 표현하기 적절한 기법이다. 이러한 그림의 변화는 사건을 전개하고 시간의 흐름을 느낄 수 있게 한다. 그리고 원문[15]의 느낌을 살리기 위해 그림책의 제목과 본문의 글씨체를 옛글씨를 모아서 만든 집자본[16]을 사용하여 'ㅈ'과 'ㅅ'을 꺾어 써서 원본의 멋스러움을 살려내고 있다.

이외에도 그림작가는 글에서 표현된 소리를 담기 위해 원문을 변형하여 '딸-랑 딸랑'을 세 번이나 반복하여 표현하고 있다. 점점이 분해되는 이미지를 통해 '딸-랑 딸랑'거리는 요령(搖鈴)소리와 딸랑거리면서 쉼 없이 가는 개미의 움직임이 겹쳐지면서 독자는 마치 그 자리에 서서 그 사건과 소리를 보고 듣는 것 같은 느낌을 받는다.

글에서 다루는 '죽음'이라는 주제를 확장하여 '죽음 이후의 재생'이라는 변주가 시작되는 지점에서 그림작가는 색조의 변화를 통해 새로운 이야기를 펼쳐 보인다. 새로운 이야기는 한 치의 틈도 없이 온통 노란색으로 가득 찬 화면에서 시작된다. 명도의 차이를 거의 느낄 수 없을 정도로 빽빽하게 들어찬 노란빛은 고흐의 그림에서 볼 수 있는 거대한 태양의 광휘처럼 초월적인 느낌이 아니라 하얀 앞마당에 점점이 뿌려지는 따스한 가을볕의 익숙함으로 다가온다.

글의 진행을 볼 때 서서히 이야기가 마무리되어 가는 지점(13화면)에서 그림

- 15) 1925년 『어린이』지 11월 호에 발표된 원문의 활자체는 그림책 마지막장에 수록되어 있다.
- 16) 1950년 국제문화관에서 인쇄한 고전도서 『옹고집전』 활자본을 본떠 썼다.

은 다시 새로운 반전을 시도한다. 쨍아가 햇빛을 받아 노란빛과 붉은빛, 푸른빛의 둥근 점들로 섞여 커다란 동심원을 중심으로 돌고 돌아 선을 이루고 다시 새롭게 과꽃의 형상으로 태어나는 것을 보여주고 있다. 그림작가는 시인이 본 쨍아의 긴 장례 행렬을 우리 조상들의 죽음에 대한 생각[17]으로 확대하여 시그림책의 내포와 외연을 확장시키고 있다.

'길게 갑니다. 길게 갑니다. 길게 갑니다'로 반복 변형된 글은 여전히 가고 있는 개미들의 행렬 표현이지만 그림에서는 점과 선의 해체와 통합 그리고 집중의 과정을 거치며 삶의 막이 내려진 곳에서 시작되는 죽음의 세계가 자연의 순리에 따라 새롭게 진행되고 있음을 담담하게 보여준다.

3.

글자 없이 여백으로 처리된 마지막 화면은 한층 파릇해진 잎사귀와 꽃잎들 위로 지금 막 바람이 불어 작은 점들이 흩어지기 직전의 순간을 그려놓았다. '바람이 분다. 가을바람이구나. 쨍아도 좋은 곳으로 갔겠지. 과꽃이 더 활짝 피었네'라고 느끼는 순간 독자는 죽음에 대한 공포에서 벗어나 처연하고 아련함을 느끼게 된다.

그림책 『쨍아』에서는 비슷한 형태의 그림들이 서로 다른 의미로 연결되어 있다. 독자는 연상과 추리를 통해 새로운 이야기를 발견할 수 있다. 그림을 좀 더 자세히 살펴보자. 그림책 표지에서 위로 날아오르던 쨍아는 다음 장면에서 유유히 앞을 향해 날아다니다 속표지에서 땅을 향해 낮게 비행을 한 뒤 마침

• 17) 우리 조상들은 생명을 아주 폭넓게 생각하여 모든 생명은 하나의 뿌리를 두고 있다고 생각했고 계절이 순환하듯 생명도 순환하여 죽으면 다른 생명의 옷으로 갈아입는다고 생각했다. 「그림책 『쨍아』가 만들어진 이야기」, 『쨍아』, 창비, 2008.

••• 『쨍아』 ⓒ 글 천정철 · 그림 이광익, 창비, 2008

내 죽음을 맞게 된다. 이런 표현은 작은 곤충의 죽음이라도 갑작스러운 것이 아니라 제 할 일을 다한 모습으로 우리가 모르는 사이에 '스스로 그러하게 됨[自然]'을 세밀하게 보여주고 있다.

그림작가는 뜰이라는 일상 공간에서 우연히 마주친 순간을 영원한 시간성으로 재해석하여 쨍아의 죽음을 생명의 또 다른 모습으로 표현하고 있다. 그리하여 그림은 서사를 획득하고 독자에게 죽음 저 너머를 상상할 수 있는 확장된 체험을 불러일으킨다. 이렇듯 주제에 대한 새로운 해석은 글과 그림 사이에 틈을 내고 의도하지 않게 그 변화의 틈새를 읽어내야 하는 적극적인 독해를 요구한다. 독자가 그림의 서사를 읽어내고 스스로 답을 구할 수 있을 때 개미의 행진에서 과꽃으로 환생해 가는 의미를 읽어낼 수 있다는 말이다. 하지만 그림책을 읽는 어린 독자들의 평균 연령을 생각해보면 결코 쉽지 않은 일이다.

이것은 그림책이 어린이문학의 범주를 벗어나 모든 이들에게 읽힐 수 있는 독자의 확대와 주제의 심화로 볼 수 있다. 하지만 주독자인 어린이의 눈높이를 생각한다면 그림작가는 좀 더 생생하고 어린이다운 상상력으로 화면을 채워야 하지 않았을까? 화면 가득 생동감을 몰고 다니던 개미가 사라진 그 자리에 햇볕과 여백만이 가득 차 있다. 원래 한해살이 풀인 키 작은 과꽃을 올망졸망한 곤충의 눈으로 보아 '과꽃나무'라 했던 어린 시인[18]의 눈이 그림에서는 사라지고 만 것이다. 그리고 또 다른 주제를 강화하기 위한 장치로 쓰인 색조의 대비는 단 한 장면으로 끝나고 이어지는 화면에서는 앞에서 보여주던 표현이 더 단순한 방법으로 재현되고 있다. 이러한 이미지의 재현은 그림에 대한

• 18) 시인 천정철은 1925년 열네 살 아이로 안국동에 살았다는 기록이 『어린이』지에 실려 있다.

아쉬움을 남긴다. 시에서 보여주었던 죽음과 햇볕의 대비나 정적과 소리의 대조를 좀 더 밀고나가 죽음이란 낯선 세계에 마주친 어린 독자가 겪었을 조마조마한 감정의 떨림과 당김과 멈춤을 끝까지 충만하게 느낄 수 있었으면 하는 바람을 갖게 한다.

4.

삶과 가장 가까이 있는 것은 바로 죽음이다. 생의 봄날인 아이들에게 죽음은 낯설고 한없이 먼 이야기일 수 있다. 하지만 죽음에 대한 경험이나 기억은 아이들에게 성장의 고통과 함께 꼭 거쳐 가야하는 통과의례다.

지금 우리 아이들의 곁을 채우고 있는 것이 무엇인지 생각해보면 가슴이 답답하다. 딱히 시골이 아니면 살아있는 것들을 직접 만날 수 없다. 생명을 만나지 못하면 죽음에 대한 경험도 이해할 수 없다. 그렇다면 살아있는 것을 만나기 위해 지금, 여기에서 아이들과 함께할 수 있는 일은 무엇일까? 문을 열고 뜰로 나가 시인처럼 몸소 겪어보는 것이 아닐까? 어린 시인이 뜰에서 쨍아의 죽음을 물끄러미 바라본 것처럼 오늘 하루 가만히 흔들리는 나뭇잎과 반짝이는 햇살 아래서 죽은 비둘기를 안타깝게 여길 수 있는 느림과 멈춤의 시간을 겪는다면 아이들은 스스로 온전한 이치를 깨달을 수 있을 것이다.

아이가 잡았던 손을 놓고 제 발로 세상을 향해 걸어가는 모습을 떠올려 본다. 무한한 호기심과 말랑말랑하게 열린 몸의 감각으로 만나는 모든 경험들은 삶의 흥미를 제대로 찾아가는 성장의 과정이다. 그 길에서 죽음이란 낯선 세계와 마주쳐 온갖 질문과 공포로 아득할 아이들에게 이 그림책을 보여주고 같이 놀아보자. 아이들은 그림책이 보여주는 죽음 너머 새로운 탄생의 세계를 통해 평안함을 느끼며 책장을 덮을 것이다. 작은 꽃과 벌레들이 얽히고설켜 살아가는 이야기를 읽으며 장례 행렬의 북적임과 즐거움을 느끼기도 하고 죽음에 대한 두려운 기억을 새로운 경험으로 재구성해 갈 것이다. 그 곁에 "쨍아는 어디로 갔을까?" 물어주는 어른이 있다면 아이는 마음 놓고 편히 잠들 수 있을 것이다. 비록 판도라 상자가 열릴 때부터 삶은 어두움으로 가득 차 있다는 걸 알게 된다 하더라도.

셋째 마당

글이
그림을
만나다

「골목에서 소리가 난다」ⓒ 그림 정지혜·글 김장성, 사계절, 2007

사라지는 것을 연민하다

■ 김권호

1.

왜 이 그림책을 고른 걸까. 주제도 아이들에게 어렵고, 그림도 80년대 민중미술처럼 너무나 재현적이라 지금의 감각으로 보면 무겁고 답답하다. 그럼에도 이 그림책의 자력에서 쉽게 풀려나지 못하고 있다. 어쩌면 요즘 그림책의 편향적 경향인 가벼움에 대해서 억지를 부리고 싶은지 모르겠다. 아이들을 자유롭게 하는 코드도 필요하지만, 자신의 가치와 태도에 대해 성찰할 수 있는 문제의식 또한 필요하다. MB정부 이후 우리 앞에 펼쳐지는 암울함을 보아도 그렇다. 어린 존재 역시 이 구조 안에서 같이 휘둘리며 살아간다. 그런데도 어쩌자고 삶의 문제에 대해 이야기하는 그림책을 찾기가 이렇듯 어렵게 되었는지. 낄낄거리고 웃거나, 별거 아닌 주제를 '웰메이드'한 세련으로 치장한 것에 감탄하는 게 고작이다. 세상이 개발과 발전이라 생각하고 달려가는 방향이 정녕 올바른 것인지에 대해 묻고 생각하는 기회 자체를 어른들의 자기검열에 의

해 제공받지 못하고 있다. 설사 그 주제가 너무 거대서사라서 어려운 관념이라 할지라도 다만 그 그림의 정서로, 그 감각으로 마음에 잠깐의 스치는 바람을 만들어낼 수만 있다면 그것만으로도 소중한 씨앗이 되지 않았을까. 예술의 몫이라는 게 본디 그런 게 아닐까. 당장은 이해 안 되어도 내 마음을 훑고 지나가는 어떤 바람 같은 것. 언젠가 다시 불어와 선명해지는 그런 것. 이 그림책은 재개발로 없어지는 달동네와 그 골목에 담겨 있는 소리의 사라짐을 통해 우리가 잃어버리지 말아야 할 것이 무엇인지 감각으로 느끼게 한다.

2.
골목에서 들려오던 온갖 소리의 상실이 어디서 비롯하는지 드러내기 위해 이 그림책은 이중 서사 구조를 택한다. 글과 그림의 서사가 각기 다른 길을 가면서도 부분에서 만나 조화를 이루는 구조다. 큰 흐름에서 글작가는 골목에서 들리는 소리를 추적하고, 그림작가는 재개발로 사라질 달동네 공간을 그려낸다. 부분에서 글과 그림은 만나는데, 글이 전달하는 소리를 표현하기 위해 그림은 소리가 들려옴직한 공간을 찾는다. 어느 부분에서는 그 간극이 커서 쉽게 연결되지 않는 장면이 있기도 하다. 글은 '졸졸졸 다박머리 꼬맹이 실오줌 누는 소리'라고 묘사하고, 그림은 막다른 골목집 문 앞을 그린 장면이 그런 것인데, 글과 그림의 연결을 위한 실마리가 원체 적어 독자가 실감으로 접근하기는 어렵다. 그렇다 해도 그 온갖 소리라는 것이 달동네 골목이라는 공간이 없다면 발생하기 쉽지 않다는 점에서 사라지는 소리와 철거될 운명의 달동네의 결합은 적절했다. 만약 골목에서 나는 소리를 단순히 그림이 충실히 재현하는 식이었다면 성인 취향의 회고조 추억담 이상이 되지 못했을 것이지만, 그림 서사를 철거될 달동네를 오르는 것으로 선택해 이 그림책은 현재적 삶과 밀접하게 관련된 주제의식으로 확대될 수 있었다. 여전히 재개발은 우리 사회의 첨예한 계층 대립이 일어나는 생생한 현실의 문제이기 때문에 그렇다. 글은 소리를 전달하고, 그림은 공간을 표현한다. 평면에 소리를 공간화하려는 시도다. 이런 시도 자체가 그 성공 여부와 상관없이 그림책에서 쉽게 만날 수 없다는 걸 먼저 염두에 두어야 한다. 물론 소리를 그림책에 끌어들이려는 노력은 이미 『노란 우산』이나 『백구』 같은 작품이 더 적극적으로 시도했고, 음악 CD를 같이 제공하기까지 했지만 아무래도 매체간의 통합은 그림책 본연의 성격과는 거리가 멀 수밖에 없다. 그런 점에서 소리를 온전히 평면에 공간화하려는 시도는 그림책 한계 안에서 최대치까지 자신을 끌어올리려는 도전의식으로 주목받을 가치가 있다.

또 주제와 통하는 장치로서 눈여겨보아야 할 것은 그림작가의 시각이 아이 레벨(eye level)을 좀처럼 벗어나지 않는다는 점이다. 눈을 위로 아래로 살짝 움직이기는 하지만, 펼침면으로 된 본문 전체가 모두 아이 레벨을 유지한다. 정상에서 내려다보는 마지막 장면조차 눈높이를 고집한다. 높은 곳에서 내려다보는 앵글을 끝까지 택하지 않는다. 이쯤 되면 뭔가 고집스런 이유가 있을 터이다. 당연하게도 그건 평등한 시각이다. 리얼리즘의 지향이다. 그것의 극단적인 고집은 역시 마지막 장면의, 필연적으로 높이 올려다봐야 하는 아파트조차 눈높이에서 볼 수 있는 만큼에서 잘라버린 것에서 드러난다.

게다가 이 장면은 면지가 접혀 있는데, 펼치면 오른쪽으로 3/4이 더 늘어난다. 최대한 수평의 시각을 늘린 것이다. 접혀 있는 부분을 펼쳤을 때, 그림은 이미 이사 가서 폐허가 되어가는 집을 보여주고, 그 위에 글은 "사·라·져·간·다"로 박혀 있다. 펼치기 전에는 느낄 수 없었던 그림 위쪽 아파트들(수직지향)은 펼치는 순간 전투군단처럼 이 달동네(수평지향)를 포위하고 압박하

●●● 『골목에서 소리가 난다』 ⓒ 그림 정지혜·글 김장성, 사계절, 2007

는 위압적 모습으로 보인다.

그림의 이 분명한 대비만으로도 주제는 뚜렷해지는데, 글은 한층 더 주제를 강화한다. 문장은 시적인 정서를 주기 위해 글자마다 분리되어 전달되는 듯 보이지만, 실제 그림과 연결해서 보았을 때 글자가 한 자씩 분리되어 떨어져 있는 것은 마치 이 공간이 글자처럼 하나하나 분리되어 붕괴될 것 같은 느낌을 준다. 그리고 다시 그림을 살펴보다 그림책 접지 부분에서 약간 내려온 지점에 작게 그려진 아이를 발견하게 되는데, 펼침면의 폐가는 그 아이가 왜 우는지에 대한 어떤 실마리 구실을 한다.

그렇다면 이 그림책은 사람들이 생각하듯 다만 추억 속으로 사라져버리는 소리를 다룬 그림책일 뿐만 아니라 시물을 바라보는 하나의 뚜렷한 관점을 아이들에게 보여주는 그림책이다. 어떻게 바라보는 것이 민주주의적 시각인지, 미학이 사물을 평등하게 바라보는 방식은 어떤 것인지에 대해 분명하게 알려준다. 그런 점에서 이 그림책의 내용과는 상관없이 그림작가의 시각만으로 이 작가가 재개발의 문제를 어떻게 바라보고 있는지 어렵지 않게 짐작할 수 있다. 『나의 사직동』(보림, 2003)이 피해가는, 우리 사회에 분명히 존재하는 재개발의 비민중성을 사회학적 개념이 아니라 하나의 시각으로 보여줄 수 있게 되는 것이다. 따라서 이 그림책을 이해할 때 가장 먼저 주목해야 하는 것은 이 시각의 문제일 수밖에 없다.

주제를 강화하는 또 다른 장치로 그림작가는 사진 촬영 방식의 수법을 숨기지 않고 드러낸다. 이 그림책은 굳이 규정하자면 다큐멘터리 그림책이다. 첫 장부터 다시 살펴보면 달동네로 들어가는 큰길 입구에서부터 꼭대기까지 사진을 찍으며 올라가는 화자의 움직임을 어렵지 않게 눈치챌 수 있다. 유화로 그려진 장면은 사진을 보고 그렸음을 숨기지 않고 골목의 어떤 순간을 포착하

• • • 『골목에서 소리가 난다』 ⓒ 그림 정지혜 · 글 김장성, 사계절, 2007

고 있으며, 글 또한 사진을 찍는다는 걸 일부러 드러낸다. 삼거리슈퍼 의자에 앉아 있는 어르신들이 하는 말은 "어이, 잘 좀 찍어 봐!"이고, 4장면에서는 아예 글 화자가 "애들아, 잠깐만, 사진 한 장 찍을래?"라고 수작을 걸고, 아이들은 "아줌마, 사진 보내줄 꺼예요?"라고 대답한다.

수평 구도로 이어지다가 좁은 골목길의 느낌을 주기 위해 왼쪽, 오른쪽을 검정색 바탕으로 처리한 수직 구도의 장면도 그런 사진의 느낌을 고스란히 전달한다. 그림은 단절되어 자꾸 멈칫거리고 사진처럼 바라보게 한다. 글과 그림작가가 모두 왜 이런 장치를 일부러 드러내는가, 아마추어같이 교묘하게 감추어야 할 것을 연결의 흐름조차 끊어지게 왜 이런 식으로 보여주는가. 굳이 해명하자면 다큐멘타리적 장치이기 때문이다. 독자가 그림책이 전달하는 서사에 몰입해 끌려 다니지 않고, 객관적 거리를 두면서 비판적 성찰을 하거나 새로운 인식에 도달하기를 바라는 브레히트적 소외효과 장치인 것이다. 동화 같

• • • 『골목에서 소리가 난다』 ⓒ 그림 정지혜 · 글 김장성, 사계절, 2007

은 이야기가 아니고, 꾸며낸 이야기도 아닌 현실에서 벌어지는 일이라는 것을 딱딱하게 드러내려는 의도이다. 같은 이유로, 사진의 언어와 그림책의 언어가 서로 다름에도 사진을 유화로 옮긴 듯한 인상을 주는, 그림이 사진같이 느껴지는 이 서투름은 작가의 기능적 서투름이라기보다는 오히려 다큐적 강조로 이해할 수 있다. 결국 이런 방식의 고집은 현장성을 드러내면서 사물을 있는 그대로 그려내려 하는 기록의 욕망이면서 독자의 적극적이고 객관적인 읽기를 유도하는 나름의 장치로 해석가능하다.

그렇다면 글의 첫머리에서 답답하고 무겁다고 표현했던 유화라는 매체를 그림작가가 선택한 이유도 뚜렷해졌다. 민중 지향, 사실 지향, 다큐 지향이다. 이 그림책의 그림은 80년대 민중미술의 신학철, 손장섭, 황재형의 어떤 그림을 떠올리게 한다. 그 시절 그림의 특징은 사실주의 기법으로 노동자, 농민의 고난과 좌절을, 그럼에도 포기할 수 없는 그들의 소박한 꿈과 희망, 그리고 분노를 화폭에 담았다. 이 그림책에 그려진 풍경은 삶의 정서를 다루고 있다는 점에서 그 시절 그림과 주제나 그 기법 면에서 큰 차이점을 발견할 수 없다. 리얼리즘 정신의 고집이라고 표현할 수밖에. 그것은 어쩌면 신자유주의 시대를 살아가는 우리에게 어울리지 않는 낡은 감각인 것 같지만, 이제는 사람들에게 외면받는 거친 운동권의 표현방식인 것 같지만, 여전히 풍부한 활력이 담겨 있는 현장성을 표현하는 유효한 방식이기도 하다. 해서 그 시절에 자주 그렸던 벽화에서 보았던 어떤 장면을 이 그림책에서 떠올리는 건 자연스러운 일이다. 대개 벽화는 달동네 공부방 벽면에 그려졌고, 정승각이 그림책을 내기 전에 주로 했던 작업도 달동네 벽화 그리기였다는 걸 상기해 보면 더 뚜렷해진다. 재현적 방식으로 그림을 그린 이유 또한 분명해졌다. 현장의 정조를, 그 활력을, 어떤 뚜렷한 지향을 전달하기에 더할 나위 없이 적합한 매체(유화)와 방식(재현 형식의 그림)인 것이다. 예컨대 본문의 다섯 번째 펼침면에서 나타난, 벽의 두터운 마티에르[19]는 이 달동네 골목의 운명을 암시하듯 회색 정조를 표현하면서도 크게 웃는 여자아이의 활력을 보여주며, 그 바로 앞 장면의 사내아이들이 포즈를 취하고 찍은 사진 그림은 하나같이 밝은 웃음의 아이들을 보여주어 희망을 포기하지 않고 있다. 어두운 색깔 안에서도 이렇게 꿈틀거리는 아이들만의 역동은 유화라는 매체를 썼기 때문에 더 강렬하게 표현될 수 있는 것이다.

• 19) 재료(材料) 또는 재질(材質)이라는 뜻이었으나 미술에서 기법상 심미성과 관련있는 말로 쓰이게 되었다. 수채화·동양화·유화는 각기 그 화면의 재질감이 다르므로 그 아름다움을 회화적인 효과로 선택할 수 있다. 화면의 마티에르는 패널, 캔버스, 종이, 기타 재질에 따라서 변화가 있는데, 특히 유화는 물감의 성질상 두껍게 또는 얇게 칠할 수 있고, 터치를 살려서 질감을 갖게 하는 등 칠하는 방법에 다양하게 변화있는 짜임새로 효과를 얻을 수가 있다. 따라서 마티에르는 화가가 재료의 성질에 충분히 익숙해진 뒤에야 자유자재로 구사할 수 있는 기술이다. 화가가 호소하려는 의도가 미적으로 처리되어 있는 것이라고도 할 수 있다. 특히 현대 회화는 이전에 비해 훨씬 개성이 뚜렷하고 다양해져서 표현 및 기법상 마티에르가 필수적인 요소로 쓰인다. 마티에르는 화가뿐 아니라 감상자에게도 중요하다.

그럼에도 아이들이 이 그림책의 진정에 다가가기에는 어려움이 많다. 진정을 전달하는 기술이 아이들의 본성을 파악하고 적정선에서 구사되었다고 보기 어렵기 때문이다. 작가가 아이들을 바라보는 관점은 매우 희망적이지만 뒤표지가 아이들이 어깨동무하고 찍은 사진으로 마무리된 것만 보아도 이 작품이 다만 소리나 공간의 상실에 대한 어른스런 관념을 전달하려는 것만이 아니라는 걸 알 수 있다. 아이다운 활력이 아무래도 부족한 것이 사실이기 때문이다. 아이들의 본질적 속성에는 시끄러운 소음이나 움직임이 포함되어 있다. 그런데 이 그림책은 소리를 다루고 있으면서도 매우 정태적이고 관념적이어서 그림만으로 소리를 느끼기에는 어려운 점이 너무 많다. 글이 표현한 소리를 그림의 공간은 제대로 담아내지 못한다. 그저 배경만 제시하고 있을 뿐 온전히 그 소리는 독자의 적극적인 개입 없이는 들을 수 없다. 어린 아이들에게 그런 이상적 독자로서의 능력이 있을 리 만무하다. 글을 그대로 재현하는 것은 아니라 할지라도 역동적인 아이들의 움직임을 포착하여 골목이라는 공간의 활력을 충분히 표현할 수 있음에도 그것을 그려내지 못했다. 사라지는 소리라는 틀에 고정되어 벗어나지 못했기 때문이다. 그림의 배경 인물들도 아이들 중심으로 이루어졌어야 하는데, 종이상자 접는 할아버지, 넋 놓고 바깥에 혼자 앉아 있는 할머니와 같은 인물이 한 장면의 연출로 표현되는 것도 다 그 탓이다. 적어도 이것이 아이들을 위한 그림책이라면 그런 고려는 더 적극적이어야 했다. 게다가 화자의 움직임을 감지할 수 있는 장면과 장면의 연결은 매개물이 적어 지나치게 분절되는 느낌을 준다. 이야기 양식에 익숙한 아이들에게 그런 분절이 소외효과로 자리하기보다는 지루함으로 자리할 가능성이 높다. 어차피 이 그림책이 아이를 중심에 두었다면 다큐적 드러냄을 포기하는 대신에 움직임의 흐름이 자연스럽게 연결될 수 있도록 장면마다 소품이나 장치를 단서로 남기는 것이 효과적이지 않았을까. 결국 상실의 느낌을 살리는 것이 주제와 관련된 중요한 초점이라면 그림 서사의 흐름이 빠르게 마지막 장면의 접힌 부분까지 움직이고, 그 장면에서 오래 시각이 머물며 생각할 수 있도록 구성되는 것이 효과적이지 않았을까. 오랜만의 작가의 귀한 주제의식이 아이들의 본성에 가 닿지 못하여 외면당할까 걱정되어 하는 말이다.

3.

용산 참사로 다시금 확인하게 된 것이지만, 아파트가 공권력인 시대를 우리는 살아간다. 공권력은 아파트로 돈을 벌고자 하는 자본의 욕망을 대리한다. 그 욕망은 달동네를 밀어내어 온갖 삶의 소리를 없애면서 가난한 자를 그들의 영역 밖으로 내몬다. 재개발의 문제를 사회학적 상상력으로 그린 작품으로 이미 『난장이가 쏘아올린 작은 공』, 다큐멘터리 영화 『상계동 올림픽』 등이 있지만, 이 그림책의 의의는 재개발의 문제를 사라지는 소리의 문제로 접근해 그 소리의 상실이라는 정서적 접근을 시도했다는 것이다. 당연하게도 삶의 소리와 달동네 골목이라는 공간의 상실은 다만 그것만의 상실이 아니라 최소한의 인간다움을 누리며 사는 삶의 상실을 의미한다. 그런 상실의 느낌은 우리가 만들어 가야 하는 세상이 결코 아파트라는 수직 지향의 세계관이 아니라 달동네의 수평 지향의 세계관이어야 한다는 것을 소리 없이 강변한다. 그림작가는 아파트를 욕망하는, 자본을 욕망하는 이 그림책을 읽는 독자, 특히 아이보다 먼저 읽고 검열할 어른 독자들의, "만족과 여유 속에서 편안해하고 있는 그들의 마음을 뒤흔들어 놓고자 하는"[20] 계몽을 여백 안에 숨겨두었다. 존 버거는 예술이 그 지점까지 나아가지 못한다면 예술의 향유는 매우 덧없는 것이라 했다. 그것들은 주제를 강화할 여러 가지 목적으로 선택된 장치들이 엮어

놓은 구조물들 안에서 정서적으로 느낄 수밖에 없는 것이라 어린 독자가 실체를 파악하기는 쉽지 않다. 그러나 "외로운 자는 소리에 민감하다."[21] 했던가. 어쩌면 저물녘 사라지는 소리와 곧 사라질 달동네를 상실의 정서로 느끼는 것만으로도, 외로움과 쓸쓸함의 바람이 잠깐 스칠 수 있도록 건드려주는 것만으로 이 작품의 몫은 충분히 다했다고 볼 수 있겠다. 살면서 그 상실의 정서를 더 정교하게 추적하고 그 이후를 바라보는 것은 온전히 독자의 몫이기 때문이다.

- 20) 존 버거, 『본다는 것의 의미』, 동문선, 2000년, 109쪽.
- 21) 고재종, 「달밤에 숨어」 부분, 『그때 휘파람새가 울었다』, 시와시학사, 2001년, 32쪽.

『라이카는 말했다』ⓒ 글·그림 이민희, 느림보, 2007

라이카에게 보내는 송가

■ 박억규

1.

우리에게 우주는 어떤 이미지로 그려질까? 깜깜한 암흑의 세계 혹은 별빛이 밝게 빛나는 환상의 세계? 몇 해 전 우리나라 최초의 우주인 탄생은 우주에 대한 관심을 한층 증폭시켰고, 2009년엔 많은 사람들이 TV 앞에서 나로호 발사에 두 손을 모았다. 비록 실패로 아쉬움은 더했지만, 이제 우주는 다분히 공상의 대상에서 현실의 대상으로 다가오고 있다. 하지만 아직도 우주는 도전의 대상이고, 넘어야 할 많은 과제를 안고 있으며, 막연한 기대와 가능성이 전제된 미지의 대상이다.

그럼 우리 아이들에게 우주는 어떤 모습으로 자리매김하고 있을까? 학교에서 상상화 그리기대회를 하면 아이들은 공룡의 세계, 거인국, 땅속, 물속 세상 등을 주제로 삼는다. 하지만, 모든 학년에서 빠지지 않고 등장하는 것은 다름 아닌 우주 공간이다. 그 그림들에 비추어 보면 아이들에게 우주는 상상의

세계이며 희망의 세계, 꿈의 세계로 여겨진다. 아이들의 상상화 속 우주 세계는 로켓을 타고 여행을 하며, 우주복을 입고 광활한 공간을 떠다니며, 가끔 외계인을 만나기도 한다. 아이들은 이런 우주를 상상하면서 어쩌면 한 번도 가보지 못한 우주를 마음에 두고, 언젠가 현실로 다가올 미래를 품고 있는지도 모른다.

『라이카는 말했다』는 그들과 똑같은 희망을 품고 마음껏 상상의 날개를 펼친 이야기다. 그리고 그 희망과 상상은 약자에 대한 애정과 문명에 대한 경계도 함께 품고 있다. "라이카는 작은 우주선 안에서 외롭고 쓸쓸하고 무서웠을 거예요. 희망이 있는 곳에 기적이 있었으면 좋겠어요. 강한 쪽보다는 약한 쪽에 말이죠." 작가는 그림책 작가이기 이전에 천문우주과학을 전공했고 밤하늘의 별을 보며 놀았다고 한다. 『라이카는 별이 되었다』이후 최근 발표한 『별이 되고 싶어』에서도 인간의 삶과 죽음을 별에 기대어 생명의 순환으로 이야기했다. 아마도 작가가 밤하늘의 별을 노래하면서 마음 깊이 담아 두었던 대상이 '라이카'는 아니었을까? 그래서 그의 첫 작품으로 우주 미아가 된 라이카를 선택했던 것은 아니었을까?

라이카(Laika)는……

지구에 살고 있는 생물 중 처음으로 우주여행을 한 러시아의 강아지입니다.

1957년 11월 3일, 러시아는 두 번째 인공위성 스푸트니크 2호(Sputnic 2)를 발사했습니다.

거기에는 승무원이 타고 있었지요, 바로 라이카예요…….

여러 행성과 인공위성, 우주선과 외계 생물체가 그려진 면지를 살짝 넘기면 저작권 페이지에 나오는 라이카에 대한 소개 글 일부다. 『라이카가 말했다』는 사실에 의거한 팩션(Faction) 정보를 우선 제공한다. 사실 라이카는 이미 개정된 초등학교 1학년 교과서에도 소개되었다. 교과서 지문에서도 인간을 대신한 동물, 그래서 그의 희생과 고마움을 기리기 위해 동상을 세우고 잊지 않고 있다는 내용이다. 독후 활동으로도 '우주에 대해 궁금한 것을 생각해 보고, 친구들과 이야기'를 나누는 활동으로 이어진다. 계몽적이고 밋밋한 교과서의 한계를 넘어서지 못했고 사고 활동의 중심에서도 라이카는 살짝 비켜서 있다. 물론 그림책 면지에 소개된 라이카도 사실(fact)을 다소 예쁘게 포장하여 설명한 면이 없지 않다. 당시에는 인공위성을 대기권으로 진입시키는 게 우선이었다. 우주로 보낸 인공위성을 다시 지구로 회수하는 기술까지는 투자할 여력이 없었다. 결국 라이카의 운명은 처음부터 정해져 있었던 것이다. 문명의 이기심은 결국 모스크바의 떠돌이 강아지 라이카를 우주의 떠돌이 강아지로 내던졌던 것이다. 작가는 우주로 떠밀려진 라이카에 대한 연민과 사랑을 우리에게 건네고 있는 것이다.

2.

라이카는 두 개의 마디(sequence)로 이루어져 있다. 첫 번째 마디는 최초로 우주로 간 라이카와 가가린의 소개로 시작된다. 우주로 간 가가린은 돌아와 영웅이 되고, 역사가 되었다. 그로 말미암아 인류는 앞다투어 우주선을 발사하고 우주를 탐색한다. 하지만 라이카는 사라지고, 버려지고, 잊혀진다. 두 번째 마디는 버려진 라이카 이야기다. 우주를 떠돌던 라이카는 새로운 행성(뿌그별)의 욜라욜라와 그의 동료들을 만나고 지구의 대표가 된다는 내용이다.

하지만 두 마디의 서사가 병렬적으로 나란히 진행되어 전체적인 결합이 견고하지 못해 결국, 주제 전달이 잘 되지 못했다. 라이카의 시점, 인간으로 대표되는 가가린의 시점, 뿌그별의 시점이 마지막까지 나란히 진행되어 이야기의 초점이 흐릿하고, 라이카를 중심축으로 서사가 하나의 구심점으로 모이지 않아 주제를 전달할 무게 중심을 찾기가 어렵다. 독자의 시선과 감정은 라이카를 향해 이동하다가 현실문명을 보여주는 지구의 우주기지국과 우주선의 연혁을 보면서 감흥이 흩어지게 된다. 첫 번째 마디와 두 번째 마디로 서사가 이동하는 과정에 현실과 상상의 연결고리가 자연스럽지 않은 것이다. 작가의 세심한 배려와 의도가 오히려 독자의 긴장을 앗아가는 역효과로 작용하였다.

그림책의 글과 그림은 독립적으로 자신의 이야기를 하면서 동시에 두 서사고리가 서로 우위에 있지 않고 자연스럽게 엮일 때 아이들의 마음을 쥐고 펼 수 있다. 이는 곧 그림책 읽기의 상상력과 연결된다. 아쉬운 부분은 인정하더라도 '라이카'에 대한 작가의 애정 어린 시선은 그림책 속에 고스란히 담겨있다. 그 시선은 우리 아이들에게 상상력을 자극하기에 충분하며, 삶의 경험치를 높여 성장을 위한 밑거름 구실을 하기에 충분하다.

라이카는 1957년 11월, 가가린은 그로부터 4년 뒤, 1961년 4월에 서로 다른 이름의 최초라는 명성을 얻는다. 비록 최초라는 수식어는 덧붙이지 않았지만 그림책 첫 장에 그들 둘은 특별히 기념이라도 하듯 촘촘한 사진 액자에 나란히 등장한다. 하지만 먼저 눈이 가는 라이카의 표정과 다음에 이어지는 가가린의 표정은 극히 상반된다. 이는 첫 번째 마디 내내 일관되게 제시되는 표정과 분위기다. 알 수 없는 상황에 처한, 근심스럽고 두려운 표정의 라이카와 다부지고 희망에 찬 가가린의 표정은 뒤에 이어질 이야기를 짐작케 한다. 또한 가가린은 우주복을 입은 안전한 상태로 묘사된 반면 라이카는 신호 장치가 부착된 의자 모양에 고정되어 밀폐된 공간에 갇혀, 답답함과 압박감이 느껴진다. 고정물을 힘껏 움켜진 손이며, 축 늘어진 귀, 처진 눈은 라이카의 심정을 대변한다. 게다가 액자 상단 양쪽에 영정 리본을 연상케 하는 파란색 띠는 라이카의 앞날을 의미하는 동시에 희생자에 대한 애도의 표현이다. 이는 작가의 내면을 자연스럽게 드러낸 장치이며, 보는 이로 하여금 시선이 오래 머물게 한다. 또 그 시간적 지체는 엄숙함마저 감돌게 한다. 다음 면은 4년의 시간 공백이 있음에 불구하고 둘은 나란히 우주를 유영한다. 작가는 이 시간 차이를 무시하고 둘을 같은 공간에 제시함으로써 라이카와 가가린을 대비시켜 한층 극적인 장면을 연출한다. 우리의 시선을 라이카에서부터 서서히 가가린의 쪽으로 유도하여 라이카를 더욱 고립되고 잊혀지게 한다. '우주는 아름답지만, 외로'운 라이카는 몸을 웅크리고 자기가 떠나온 지구를 응시한다. 반면, 상대적으로 크게 묘사된 가가린은 '파란 빛'의 지구를 이야기하지만 −주체와 객체, 능동과 수동, 자발과 타의의 감정을 대신하듯 − 그의 눈은 지구가 아닌 우주를 향하고 있다. 펼침면(4, 5면)에서 라이카와 가가린은 지구를 공유하고 있지만, 다음 면에서는 이도 허용하지 않는다. '지구를 한 바퀴 도는 감격의 순간'에 지구는 가가린의 차지이고, 라이카는 '아름답지만 배' 고픔에 고통을 겪어야 한다. '우주는 아름답지만 텅 비'어 있어 고립된 외로움에 눈물을 흘리는 그 순간에도 '새로운 역사가 시작'된 지구에서는 세계인의 축제와 환호가 울려 퍼진다. 옆으로 넓게 펼침면 왼쪽 구석에 조용히 눈물 흘리던 라이카는 다음 장에서는 이야기에서 완전히 배제된다. 흰 바탕에 단 두 줄로 '가가린은 영웅입니다. 그러나, 라이카는 아무도 기억하지 못합니다'라고만 되어 라이카의 부재가 더 극대화된다. 반면에 지구 위에 우뚝 솟은 가가린의 금빛 동상은 라이카의 존재와는 대조적이다.

다음 장으로 넘어가서는 이야기의 흐름이 끊어진다. 인류가 앞다투어 우주

● ● ● 『라이카는 말했다』 ⓒ 글·그림 이민희, 느림보, 2007

선 발사에 열을 올리는 상황을 통시적으로 제시하고자 했으나 정보 그림책을 보는 듯하다. 앞에서 일관되게 그려진 단순한 그림의 형태는 복잡하고 자세해지며, 로켓의 이름과 국가, 발사연도가 딱딱한 고딕체로 제시되어 한참 진행된 서사의 긴장감을 반감시키는 아쉬움이 있다. 비록 팩션에 초점을 맞춰 사실적인 부분을 제공하려는 의도였으나 글과 그림의 서사과정이 자연스럽지 못하며, 우주역사관을 관람하는 아이들도(12, 13면) 이에 무관심한 듯 독자의 몰입을 방해한다. 어쩌면 이런 무관심 속에서도 인류는 끊임없이 우주선 발사에 열을 올리고 있다는 역설적인 상황을 제시하고자 했을지도 모르겠다. 그리고 앞다투어 우주선을 보낸 인류는 우주의 소식을 기다린다. '사람들은 귀를 활짝 열어 놓'고 미지의 소식을 들으려 하나, '우주는 아무 대답이 없다.' 하지만 라이카를 대변하듯 집집마다 강아지들만이 대답 없는 우주를 향해 소리친다. 그 강아지들은 모두 라이카가 떠나간 우주의 그 별로 시선이 향한다.

그 시선을 따라 이야기는 두 번째 마디로 이어진다. 새롭게 등장하는 뿌그인 역시 라이카, 가가린과 비슷한 형태의 등장 구조를 취한다. 기념비적인 액자 사진으로 등장해서 호라 1호를 타고 우주로 향한다. '지구는 파란 빛'이나 '뿌그는 노란 빛'이다. '우주는 아름답지만, 외롭고, 배가 고프고, 텅 비어' 있는 반면 그들의 '우주는 깜깜하지만, 희망이' 있다. 그리고 '기적이 있'다. 라이카나 가가린이 홀로 여행을 떠난 반면, 뿌그인은 동료들이 함께한다는 차이가 있다. 그래서 그들은 외롭지 않다. 라이카는 호라 1호를 타고 노란 빛의 별 뿌그에 도착한다. 가가린이 받은 열광적인 환호 못지않게 뿌그인은 라이카를 반긴다. 가가린이 우주의 역사를 연 최초의 지구인이 되었듯이 라이카는 뿌그별에 도착한 최초의 지구인이 되었다. 그들이 곧 지구를 찾아올 것이라는 기대로 이야기는 마무리된다. 라이카는 말한다. '나는 지구 대표 라이카입니다.'

라이카의 발언은 결국 우리들에게 던지는 질문이다. 이제, 곧 지구를 찾아올 뿌그인이 친구로 생각하는 이는 도대체 누구일까? 인간이 정말 지구의 대표일까?

3.

우주는 곧 과학이라는 등식이 자연스럽게 성립한다. 우주는 알 수 없는 곳이며 복잡하고 미묘한 규칙에 따라 운동하고 있으며, 그 끝이 없음은 인간의 시공간 개념으로는 쉽게 이해하기 어려운 대상이다. 그래서 우주에 관한 책이라면 이 역시 과학책, 정보지식 책이라는 등식이 성립되기 십상이다. 표지에서 가장 먼저 눈에 들어오는 것은 제목이다. 다행히 까만 배경에 흰색으로 또박또박 쓰인 '라이카는 말했다'가 '라이카의 우주여행', '우주로 떠난 라이카'가 되지 않았음은 다행스런 일이다. 그 제목 옆으로 눈을 살며시 감은 개가 우주선을 타고 어디론가 향하고 있다. 그가 곧 라이카임을 짐작할 수 있으며 라이카라는 다소 특이한 이름은 작품에 대한 궁금증을 더하게 한다.

『라이카는 말했다』는 새롭다. 드물게 우주를 서사 그림책의 대상으로 했다는 의미에서, 현대의 역사적 사실을 그림책의 이야기로 재창조했다는 의미에서 새롭다. 이 기발한 상상력의 그림책은 많은 기교를 부리지 않고 감성을 차분히 조정하여 글과 그림으로 내보인다. 그 첫 번째 장치는 간결함이다. 별의 움직임을 몇 번의 붓질로 표현한 듯한 우주의 모습이며, 얼굴 형태로만 표현된 우주복을 입은 가가린의 우주 유영 장면, 우주를 향한 인류의 도전을 암시하는 우주통신장치(14, 15면), 우주인의 모습 등은 실제적인 부분이 생략되었으나 의미를 전달하기에는 충분하다. 또 그림 곳곳에 여유 공간을 많이 두어 그림이 혼란스럽지 않다. 기존 그림책에는 드문, 진한 검은색의 배경은 작품 전반에 걸쳐 전개된다. 하지만 곳곳에 여러 행성을 점이나 별모양으로 표시하여 단조롭거나 삭막하게 느껴지지 않는다. 즉 이 간결함과 행성의 불규칙적인 리듬은 그림의 가독성을 높인다.

두 번째 장치는 글의 간결함이다. 글과 그림의 관계를 진주 목걸이에 비유할 때 글은 줄 역할을 잘 해내고 있다. 글은 두드러지게 전면에 드러내지 않고 한 줄 홑문장으로 서사를 진행한다. 글 위치도 획일적이지 않다. 그림이 글의 손을 살며시 잡고 다니듯 글과 그림을 하나로 묶어 대상에 대한 감정이입이 효과적으로 전달될 수 있도록 하였다.

마지막 장치는 큼직큼직하게 그어지는 원형 구도이다. 그림책 대부분의 장면에서 둥근 원 형태의 곡선이 그려진다. 별의 흐름을 나타내는 동작선, 우주통신장치며, 뿌그인의 형체며, 호라 1호의 모양이며 거의 모든 장면에서 부드러운 곡선이 존재한다. 심지어는 다닥다닥 붙은 직사각형의 집(16, 17면)에서조차 전체적으로 큰 원이 그려진다. 이런 구도는 그림책을 읽는 동안 안정감을 주며 감정을 조절하는 효과로 작동하는 데 큰 구실을 한다.

◦ ◦ ◦ 『라이카는 말했다』 ⓒ 글·그림 이민희, 느림보, 2007

그림의 전체적인 표현방식은 유화로 밑바탕을 검게 칠하고 그 위에 인물과 사물을 붙이는 찢어 붙이기 방식이 주조를 이룬다. 이런 표현 방식은 배경과 대상을 분리된 듯 보이게 한다. 하지만 이 분리는 단순히 어우러지지 못함의 분리가 아니라 우주를 유영하는 대상이 우주공간에 떠다니는 장면을 좀 더 사실적으로 표현할 수 있는 효과적인 선택이다.

색을 부리는 능력도 뛰어나다. 앞서 언급했듯 유화를 쓴 깜깜한 배경은 우주의 깊이와 무게감을 표현하기에 충분하다. 배경을 제외한 대부분은 삼원색인 빨강, 노랑, 파랑이 중심을 이룬다. 차가운 느낌의 파란색은 라이카와 지구를 묘사하는 부분에, 따뜻한 색인 노란색과 빨강색은 가가린과 뿌그별에 많이 나타난다. 10색상환을 중심으로 차가운 파란색의 계통도 지구는 초록색에 가깝게, 라이카는 남색쪽에 가깝게 표현함으로써 평화로움과 고립감으로 대비시켰다. 하지만 라이카가 뿌그별에 도착하였을 때는 지구의 색인 따뜻한 파란색을 되찾는다. 물론 까맣던 우주도 파란색으로 물들면서 지구의 이미지를 확연하게 드러낸다. 반면 힘과 열정, 기대와 희망의 느낌을 주는 따뜻한 계열의 색은 가가린과 뿌그별, 뿌그인이 많이 차지한다. 특히 뿌그별이나 욜라욜라는 강렬한 노란색과 빨강이 화면을 차지하면서 따뜻하고 정감있게 다가온다. 노란색은 미래에 대한 희망과 더불어 정(情)의 색으로 구현되기 때문이다. 호라 1호가 펼침면의 반 이상을 차지하며 지구로 향하는 마지막 장면에서 보석을 박아 놓은 듯이 반짝이는 눈부신 노란색 우주선은 그 빛을 살짝 잃어버린다. 이는 채도가 약해진 호라 1호와 상반되게 꽁무니에 뿜어져 나오는 빨강, 파랑, 노란색의 강렬한 불꽃은 지구로 향하는 희망적인 미래를 기대하게 한다.

••• 『라이카는 말했다』 ⓒ 글·그림 이민희, 느림보, 2007

4.

　1957년 소비에트 연방이 스푸트니크 1호 발사에 성공하면서 미국을 비롯한 서구 자본주의 국가에서 겪은 과학기술・교육 부문의 충격을 스푸트니크 충격(Sputnik srisis)이라 말한다. 하지만 2002년 가려졌던 진실이 세상에 나오면서 우리는 두 번째 스푸트니크 충격을 겪는다. 지상 1,600km 상공을 여행하던 라이카가 지속적으로 건강한 생체신호를 보내왔으며, 일주일 뒤 독극물이 든 마지막 식사를 먹고 편안하게 숨을 거두었다는 기사는 거짓이었다는 것이다. 진실은 발사 당시 움직일 수 없도록 온몸이 묶여 있던 라이카는 발사 순간 엔진 굉음과 진동으로 겁에 질려 발버둥쳤고, 심장 박동수가 3배로 증가하였으며, 발사 직후 단열재가 떨어져 나가면서 실내 온도가 40℃ 이상 상승하여 결국 발사 5시간 뒤 더 이상 생명의 신호를 보내오지 않았다는 것이다. 슬프게도, 스푸트니크 2호는 인간의 우주비행을 확신할 수 있는 계기를 마련하기 위한 실험(!)이었다. 동반자라는 sputnik의 뜻과 상관없이 어느 누구도 감히 동반하지 않은…….

　앞으로도 오랫동안 우주는 어른들에게도 우리 아이들에게도 여전히 미지의 세계이자 희망의 메시지를 담고 있을 것이다. 상상화 그리기에 꾸준히 주인공으로 등장할 것이며 과학 역시 꾸준히 발전할 것이다. 하지만 생명에 대한 존중과 겸손함을 간과해서는 안 될 일이다. 우리는 과거 개발과 발전이라는 이름으로 인간 중심 역사를 이루어 왔다. 그러한 역사는 지금도 진행 중이며, 사회의 많은 부분에서 발전과 공생이라는 합의점을 찾고자 혼란스러운 경우를 종종 볼 수 있다. 하지만 무엇을 위해 무엇의 일방적인, 암묵적인 합의는 더 이상 지속되어서는 안 된다. 비록 라이카의 희생으로 우리는 우주를 좀 더 잘 알 수 있는 역사적인 계기를 마련하였으나, 오늘의 역사는 과거의, 라이카에게 빚을 지고 있는 셈이다. 그래서 『라이카는 말했다』는 뛰쳐나갈 수도 없는 답답한 공중에서 힘겨운 마지막 숨을 몰아쉬었던 라이카에게, 문명의 이기심으로 사라져 버린 모든 이들에 바치는 송가(頌歌)이며, 현재의 문명이 놓치고, 버리고, 듣지 않고, 보지 못한 것들에 대한 반성이기도 하다.

『황소 아저씨』ⓒ 글 권정생 · 그림 정승각, 길벗어린이, 2001

불우한 이웃과 더불어 사는 삶

■ 김영주

1.

　그림책은 표지를 보면 전체적인 이야기를 알 수 있는 경우가 많다. 책 앞표지는 소가 구유 속에서 남은 여물을 챙겨 먹는 생쥐를 아주 사랑스럽게 바라보고 있고, 뒤표지는 여러 생쥐들이 소의 몸 여기저기에 기대어 잠이 든 모습으로 편안함을 느끼게 한다. 표지만 봐도 따스한 시선을 느낄 수 있는데 황토빛이 주는 은은함과 어둠이 그저 까맣지 않고 푸르른 색이어서 '새앙쥐'가 더 도드라져 보인다. 텍스트에서 준말인 '생쥐'로 쓰지 않고 '새앙쥐'로 나타내어 우리말을 살려 쓰고 있는 점도 돋보였다. 그 '새앙쥐' 이미지가 한층 더 친근한 것은 황소의 테두리 색과 같기 때문에 통일감을 느끼게 해주고 있어서다. 더구나 앞표지에서 황소 눈 안에 그려진 생쥐를 보면서 웃고 있는 듯한 표정이 황소이지만 수소보다는 암소 느낌을 더 주고 있다. 황토색 표지는 어릴 적 황토 흙의 냄새까지 기억나게 하는 친화성 때문에 호감을 더 가게 한다. 볏짚,

볏단, 흙벽, 외양간, 황소의 바탕 주조가 농촌의 논밭을 떠올리게 하고 있어서 붉은빛 황소와 보랏빛 생쥐가 도드라지면서도 서로 조화를 이루고 있다. 거기에 더해진 선명한 붓 터치도 색채를 돋보이게 하는 탁월한 선택이라고 생각한다. 이런 소재의 친근성과 더불어 전통적인 색상인 황토색이 주는 푸근함은 '황소 아저씨'의 눈매만큼이나 온순하고 따스한 촌사람들의 순박함을 떠올리게 한다.

나에게 황소가 친근한 까닭은 소 외양간 옆에서 살아본 적이 있기 때문이다. 교사로 발령난 첫해 가을을 외양간 옆 사랑채에서 자취를 했다. 그래서 소 눈이 얼마나 예쁜지 안다. 더구나 황소가 아니라 암소일 때는 그 자태가 다르다. 그때 볏짚이 얼마나 구수한 냄새가 나는지 알 수 있었고, 새끼를 낳고 기를 때와 늦봄에 새끼가 팔려나갈 때 울부짖던 모습도 고스란히 기억하고 있다. 그 커다란 눈에 눈물이 맺혀 흐르고, 며칠을 밥도 먹지 않으며 슬퍼하던 어미 소를 보면서 모정이라는 것을 생각하게 했다.

소가 먹는 여물은 늦가을이 되면 김이 모락모락 나서 보기에 먹음직스럽다. 『황소 아저씨』는 내게 그런 인연이 있어서 그런지 남다르게 생각되었고, 우리 아이들에게 읽어줬을 때 아이들이 무척 좋아했다. 우리 아이들은 소를 가까이에서 볼 기회가 거의 없다. 할머니 댁이 시골인 경우라도 소를 기르는 집이 많지 않고, 더구나 누렁소를 기르는 집보다 젖소를 기르는 집이 더 많기 때문이기도 하다. 아이들이 얼마나 좋아하던지 학급 학예회에 이 작품을 연극으로 올리면서 소 탈을 만들고, 옷을 지어서 커다란 몸을 드러내며 연기했던 녀석도 떠오르고, 쥐 가면을 쓰고 동작 연습을 하느라 부지런히 소를 넘나들며 굴러 넘어지던 아이들의 깔깔거림도 귓가에 울려 퍼진다.

2.

 이 그림책의 특징은 어둠이 그저 까맣거나 절망적인 것이 아님을 알려주는 듯한 '한밤중 색깔'일 것이다. 보통 아이들은 밤이면 무서움을 먼저 떠올리는데 이 그림책은 오히려 그런 밤에 이렇게 따스한 관계 맺음을 할 수 있다는 것을 보여주고 있기 때문이다. 한밤중 색깔이 점점 푸른색으로 더해가며 포근함을 증폭시키며, 주조색으로 쓰인 푸른색과 황토색이 어둡지 않고 서로 보색을 해주고 있어 통일감과 일관성을 주고 안정감을 느끼게 해준다. 이 '한밤중 색깔'이 낯이 익어서 무엇 때문일까 생각해보니 빈센트 반 고흐의 작품 속에서도 이런 푸르른 밤의 빛깔이 있다. '별이 빛나는 밤'은 그중에서 가장 도드라지고, '해바라기' 시리즈 중에서 시든 해바라기를 배경으로 쓴 푸르른 빛도 죽어가고 있으나 끝이 아님을 그 특유의 푸르름으로 보여주고 있어 '한밤중 색깔'이 주는 희망과 밝음의 메시지를 읽을 수 있다. 색깔이 주는 느낌은 보는 사람마다 달라질 수 있지만, 전체적인 느낌이 엉뚱하게 달라질 수 없게 하는 것은 주조색이 주는 일관성 때문이다. 배경이 되고 있는 '한밤중'이라는 시공간은 통일성을 줄 수 있는 여지를 만들어 주고 있다. 이에 덧붙여 시공간이 주는 '고요'와 '은밀'함을 주조색인 파란색으로 변주시키고 있는 점이 놀랍기만 하다. 이러한 주조 색깔의 효과는 황소와 생쥐에 대한 이미지를 규정할 뿐만 아니라 주조 색이 있다는 이유 하나만으로 작품에서 중심 메시지의 무게를 보태어 보여주고 있다.

 또 한 가지 부드러움을 느끼게 하는 곡선 처리는 고드름마저 날카롭거나 차갑게 느껴지지 않게 하는 마술을 부리고 있다. 어느 장면 하나 곧게 날카롭게 처리된 곳이 없다 보니 이런 둥그런 터치가 포근함과 따스함을 배가시켜주고 있다. 외양간의 지붕 선은 그대로 이불로 폭 싸고 있는 듯한 형상이다. 그 속에 있으면 어떤 추위가 몰아쳐도 견딜 만하게 그려져 있다. 더구나 황소 등허리에 감싸고 있는 가마니 포대는 짚단 냄새가 풍겨 가슬거리지만 따뜻한 포대기 같아서 부드러움을 한껏 더해 주고 있다. 둥그런 동굴 입구, 황소의 둥근 눈, 구유의 길쭉하나 둥그스름함, 생쥐의 둥근 귀, 황소의 커다랗고 둥그스름한 등허리까지 너무도 익숙한 부드러움이다. 조지프 슈바츠가 '연속적 서술'이라고 한 기법이 황소의 움직임을 중심으로 잠자는 전체 모습에서 등허리만 보였다가 꼬리가 있는 엉덩이 부분으로 이어진 뒤 잠 깬 황소의 찡그린 전체 표정이 나온다. 8면까지는 황소가 '연속적 서술'로 묘사되고 있는 점도 생쥐의 출현을 위한 상황적 배경으로 충분하게 제시하고 있다.

메르세데스 가프론(Merecedes Gaffron)은 그림책 속에 시선 커브(glance curve)가 존재한다고 주장하면서 그림책을 볼 때에는 그림을 왼쪽 아래부터 보기 시작해서 오른쪽 위로 시선을 옮기고, 맨 처음 보는 인물과 우리를 동일시하는 경향이 있기 때문에, 많은 그림책이 주요 캐릭터를 왼쪽 아래에 놓고 그들과 대립되는 캐릭터를 오른쪽 위에 놓는다고 하였다. 이를 근거로 그림을 보면 왼쪽 아래에는 글이 자리 잡고 있어서 그림이 의미하는 것이 무엇인지에 대한 충분한 해설을 하고 있다. 생쥐가 얼굴을 내미는 장면은 왼쪽 위에 배치되어 있어서 텍스트를 보완해 주고 있다. 생쥐가 살금살금 황소 엉덩이를 기어 올라가는 장면은 발자국 흔적까지 남기고 있어 매우 조심스러운 움직임을 표현하고 있다. 뒤이어 꼬리에 후려쳐져 공중으로 날아가는 생쥐와 떨어져 이마를 쓰다듬는 눈 풀린 생쥐가 계속 왼쪽에 배치되어 있다. 더구나 생쥐와 황소의 대화가 왼쪽에 배치되고 있어서 커다란 황소와 아주 작은 생쥐의 대비가 극명하고 텍스트의 의미를 돋보이게 해준다. 등 뒤로 오르내리는 생쥐와 생쥐 동생들이 황금색을 두르고 그려진 그림은 생쥐의 귀여운 캐릭터 장점을 그대로 살려놓았다. 동생들도 데리고 와서 먹으라고 허락하는 장면에서는 황소가 왼편에서 아주 커다란 눈으로 생쥐를 돌아보며 웅크리고 있어 그 표정만으로도 인자함을 풍기고 있다. 더구나 생쥐 동생들을 만났을 때 한 면 가득 펼쳐진 황소의 얼굴은 이 그림책에서 대미를 장식하고 있는 표정으로 그 자체의 생생함이 살아 있다. 그리고 오늘부터 같이 자자고 청하는 황소의 눈길도 큰 덩치에 어울리지 않은 귀여움이 물씬 풍겨 두 면 가득 그려졌지만 그렇게 큰 느낌이 들지 않는 것도 황소를 둘러싼 주변의 생쥐 때문이다. 이렇게 작아지다가 마지막 장면에서 같이 자는 장면에서는 웅크리고 잠든 모습이 점점 작아진 그림 크기와는 달리 감동을 배가시키는 효과를 주고 있다.

● ● ● 『황소 아저씨』 ⓒ 글 권정생 · 그림 정승각, 길벗어린이, 2001

3.

　글과 그림의 배치 관계를 살펴보면, 그림이 보여주는 첫 장면은 달빛과 외양간인데 고즈넉함과 더불어 예수가 탄생한 날 밤의 풍경이 연상된다. 외양간과 마구간의 이미지가 겹쳐지는 것은 황소의 커다란 사랑이 마치 한없이 작은 생쥐를 대하는 모습 때문이었다. 자신과 같지 않은 처지이고, 굳이 도와줄 필요가 없는데도 베푸는 모습이 비슷하다고 느꼈기 때문이다. 이는 글과 그림의 배치로 그 효과가 아주 크게 다가왔다. 특히 생쥐에게 동생들과 같이 실컷 먹으라고 하는 장면부터는 오른쪽 위에 글이 배치되어 그림에 더 집중하도록 하고 있다. 황소가 어떤 표정으로 허락하고 있는지, 생쥐 동생들은 고드름 세수를 어떻게 앙증맞게 하는지, 황소 아저씨가 생쥐 동생을 만났을 때 반갑고 놀라워서 눈이 커지는 장면은 의당 황소의 표정에 초점을 맞추고 있다. 이렇게 글과 그림의 배치 관계를 살펴봤을 때 가장 호소력 있는 텍스트를 꼽으라면 두 장면이다.

"그랬댔니? 그럼 얼른 구유 안에 있는 거 가져가거라.
동생들이 기다릴 테니 내 등때기 타넘고 빨리 가거라."
"아저씨, 참말이어요?"
"그래그래, 참말이잖고." (장면 1)

　다음날, 새앙쥐 남매들은 추녀 밑 고드름을 녹여 눈곱도 닦고, 콧구멍도 씻고, 수염도 씻었어요.
"언니, 내 얼굴 예뻐?"
막내둥이가 물었어요.
"에그, 왼쪽 볼에 코딱지 묻었다. 좀 더 씻어라."
막내둥이는 얼른 코딱지를 씻었어요. (장면 2)

위 장면 1에서는 생쥐가 아주 작게 그려져 있고 황소도 어리둥절한 모습으로 약간 화난 표정으로 맞서고 있어서 그림으로는 생쥐를 용서하거나 허락할 것처럼 보이지 않는다. 그렇게 이게 뭔가 하는 뚱한 낯빛인 황소가 생쥐의 사정을 듣고는 금방 허락하는 장면에서 위기감이 곧바로 해소된다. 그리고 '그랬댔니?', '등때기', '참말이잖고'에서 느껴지는 정감어린 사투리 말투가 무뚝뚝한 황소 그림과 잘 어울릴 뿐만 아니라, 그런 황소가 쉽게 허락을 하는 모습이 더 큰 마음씨를 돋보여주고 있다. 더구나 대화체로 군더더기 없이 실감을 빠르게 전달하고 있다.

위 장면 2를 가장 좋아하는 까닭은 슬픈 해학이 깔려 있기 때문이다. 태어난 지 얼마 안 된 생쥐들이 엄마를 잃고 음식을 가져다주는 큰 생쥐 덕분에 황소 아저씨를 만나러 가는 장면이다. 엄마가 없어 보살핌을 받을 수 없는데도 슬픔에 젖어있지 않고 저렇게 행동할 수 있는 것은 여럿이 함께 있기 때문이다. 혼자 있는 외로움이 아니기 때문에 엄마 잃은 슬픔을 저렇게 잊고 궁금해하지 않을 수 있었던 것 아닐까. 특히 '코딱지' 이야기는 어릴 때 누구나 한 번쯤 해봤음직한 행동이 아닐까. 그림 자체만으로는 해학성을 읽을 수 없는데, 텍스트 때문에 그림이 더 살아났다.

이 그림책의 가장 큰 미덕은 글과 그림이 조화롭게 서로 보완하고 있어서 텍스트를 살리거나 그림을 살리면서 전체적인 하모니를 이루고 있다는 점이다. 처음 부분에서 황소의 솔로로 상황 설명을 해주고, 생쥐가 나타나면서 이중주로 이끌어가다가 생쥐 남매들의 등장으로 코러스로 마무리되는 합창곡처럼 느껴지기 때문이다. 생쥐 한 존재의 목소리로는 별달리 아름다울 수 없다고 하더라도 황소와 함께한 생쥐들의 합창은 묵직한 환희를 느끼게 해주기 때문이다. 작은 목숨에 대한 존엄을 이렇게 절묘하게 노래할 수 있는 것도 글이

••• 『황소 아저씨』 ⓒ 글 권정생 · 그림 정승각, 길벗어린이, 2001

주는 힘이라면 그것을 주제 색으로 통일감 있게 보여주어 상상을 더할 수 있도록 여지를 만들어주고 있는 그림 또한 나무람이 없다. 여기서 보여주는 작가 정신은 큰 힘을 가진 이들이 이런 작은 목숨조차 헤아려 나눠주고 베풀어서 함께 어우러져 살아가야 한다는 묵시록이다. 그래서 책을 다 보고 나면 가슴이 따뜻해지고, 인상 깊은 장면을 들춰서 다시 찬찬히 보게 된다. 그리고 생각하게 한다. 나는 과연 얼마나 작은 목숨들에 대해 고민했고 도와주었는가, 하고 말이다. 반성적 성찰을 그림책 한 권으로 웅변적으로 말할 수 있는 것이 또한 그림책이 갖고 있는 매력일 것이다.

그리고 또 하나 배경에 담긴 이미지 효과다. 틀로 가두지 않은 열린 바탕은 주인공의 시공간적 상황을 드러내주고 있다. 그래서 깔고 있는 지푸라기와 벽 색깔을 동일하게 해 더 큰 여운을 주기도 한다. 소가 잠든 장면, 생쥐가 얼굴을 내미는 장면에서도 과감하게 황소의 등만 슬쩍 보이고 나머지는 모두 여백 처리를 해서 거리감과 공간감을 확보하고 있다. 생쥐가 황소 등으로 올라가는 장면에서의 오른쪽 여백은 외양간의 공간적 여유를 보여주고 있으며, 생쥐가 날아가는 장면조차도 밝은 색을 써서 떨어져 나가는 생쥐의 운동감을 극대화하고 있다. 떨어져 머리를 비비는 생쥐를 중심으로 사방에는 커다란 여백이 있어 황소가 지켜보고 있는 시각의 거리를 드러내어 집중하도록 하고 있다. 생쥐가 등을 밟고 구유로 내려오는 장면도 생쥐를 작게 그려 얼마나 멀고 먼지를 대비시켜 주고 있고, 과감하게 한 면 가득 바탕색만으로 표현된 장면에서는 의미를 재구성하거나 이미지를 창조하도록 상상적인 자극을 주고 있다. 텅 빈 공간에는 텍스트 외에는 그려져 있지 않아 여백의 미를 충분하게 살리면서 텍스트의 중요도를 재강조하고 있는 것 등이 크게 두드러져 보인다.

4.

 이 작품은 구제역 때문에 소를 포함한 가축들이 300만 마리 이상 살처분되어 매몰되고 있는 즈음에 다시 보게 되어서 그런지 더 의미가 깊다. 어쩌면 우리는 황소만도 못한지 모른다. 작은 목숨에 힘을 보태어 더불어 함께 살아가는 황소를 보면서 더 그런 생각이 든다. 인간의 탐욕으로 자연스럽게 자라야 할 가축을 가두고 먹이로만 생각했기 때문에 이러한 일이 빚어진 것이다. 인간이 돌보아 주지 않아도 자연 방목을 하면 그들 또한 건강하게 살 수 있고, 서로 공존하면서 세상을 더 윤택하게 만들 수 있다. 인간의 욕심만 버린다면. 그리고 좀 더 공생적인 관계를 유지하고 배려하는 마음만 있다면 실천이 그리 어려운 일은 아닐 것이다. 그럼에도 금전적 이익을 계산하고 내 배를 불리기 위해 다른 목숨들의 처지야 어찌 되건 말건 신경을 쓰지 않는 것 자체가 구제역을 잉태시키고 있다. 이를 벗어나기 위해서라도 육식보다 채식 중심으로 식습관을 바꿔야 한다는 생각을 하게 되었고, '짐승만도 못한 인간'이 되지는 말아야겠다는 깨달음을 이 책에서 얻었다.

 주변을 돌아보면 얼마나 악착같이 '내 것'을 하나도 내어놓으려고 하지 않는가. 그런 모습은 아이들의 생활 속에서도 고스란히 드러나는 경우가 점점 더 많아지고 있다. 이는 남에게 무엇인가를 베풀면서 어물거리는 것은 낭비이고 손해라는, 어른들로부터 주입된 의식이 자리 잡고 있기 때문이다.

 '황소 아저씨'는 생쥐와의 관계 속에서 그 어린 생명을 자기가 먹던 음식으로 배불리 먹일 뿐만 아니라 추위 속에 떨지 말고 자신의 품속까지 내어주는 부분이 없었더라면 그저 음식 나눠먹은 이야기로 감동이 반감되었을 이야기였다. 남은 음식 좀 나눠먹을 수 있지라고 생각하게 할 뻔했던 것을 자신의 품까지 내어놓으므로써 구유 속의 음식보다 더 큰 사랑을 실천으로 보여준 것이 독자들에게 더 큰 감동을 주는 것 같다. 아이들에게 읽어주고 느낌 나누기를 했을 때에도 아이들은 그런 '황소 아저씨' 마음을 읽어내고는 '착하다'라고 하면서, 그 착하기 때문에 가질 수 있는 행복한 모습을 마지막 장면에서 어우러져 잠든 생쥐들의 표정 속에서 찾을 수 있었다. 심지어는 아이들이 생쥐를 길러보고 싶다고 할 정도였고, 작은 목숨에 대한 귀함과 동등함을 읽어낼 수 있었다. '황소 아저씨' 같은 마음씨를 닮고 싶다고 느낄 때 우리 아이들 영혼은 고결하고 고난에 굴하지 않는 힘을 쌓아갈 것이다.

『엄마 까투리』ⓒ (사)권정생어린이문화재단·김세현, 낮은산, 2008

삶을 끌어주는 힘

■ 탁동철

1.

　날아가는 새를 보며 행복한 사람이 있고 노래를 부르거나 여행을 떠나며 행복한 사람이 있다. 떨어지는 꽃, 또는 술 마시는 소리를 아름답게 느끼는 사람이 있다. 자기 삶을 끌어가는 것은 사람마다 다르다. 하지만 근본을 찾아 들어가면 어떤 공통되는 지점이 있다. 편안함, 부드러움, 따뜻한 것, 씨앗을 감싸고 있던 것, 첫 느낌. 그건 엄마 몸이다. 엄마 몸의 느낌이다. 머리가 아니라 몸에 저장되어 있는 최초의 기억이다.

　엄마 몸과 분리되어 세상 밖으로 나왔지만 아직 '인식'이라는 것이 자라지 못한 시기의 느낌 또한 몸에 저장된 기억이다. 말로 표현할 수 없는 것, 탄생의 근원에 가까운 것, 숨결, 냄새, 체온, 포근함 따위. 엄마와 닿아 있었던 그 모든 기억은 한 인간이 살아가는 내내 찾아가지려 하는 사랑이라든가 진실이라든가 하는 것의 밑뿌리가 된다.

엄마 몸에 대한 기억은 맨 밑바닥에서 어떤 알 수 없는 느낌으로 남아있지만 아버지에 대한 기억은 그보다 위에 자리 잡고 있다. 오감이 열리고, 자기 감각으로 둘레 사물을 해석하기 시작하면서부터는 몸 대신 머리가 기억을 저장한다. 머리가 기억을 저장하면서부터 아버지가 나타난다. 아버지는 '몸'이 아니라 '몸짓'으로, '느낌'이 아니라 '생각'으로 만나게 된다. 나 역시 아버지는 일, 행동 따위의 '몸짓'으로만 남아 있다. 아버지의 팔베개, 밤길에 업혔던 아버지의 등, 지게 소쿠리에 나를 올려놓고 논에 일 가시던 아버지. 이것들은 적어도 내가 걸음걸이를 하게 된 뒤, 자기 판단을 가지게 된 이후의 추억일 것이다.

『엄마 까투리』는 엄마의 사랑을 보여주는 이야기다. 엄마 몸에 대한 기억이 어린 새끼들을 키워내고 있는 이야기다. 아버지는 처음부터 안 나온다. 새끼들이 기억하는 것은 '몸짓'이 아니라 '몸'이며, 새끼들을 살게 하는 힘은 둘레에 있는 누군가의 손길이 아니라 현실 공간에서 사라져 눈에 보이지 않는 엄마 몸이다.

엄마 꿩은 자식을 위해 한없이 헌신한 권정생의 어머니다. 꿩 병아리는 엄마한테 받은 사랑의 기억으로 세상을 살아갈 수 있었던 권정생 자신의 이야기다. 화가 김세현은 권정생의 이야기를 자기 세계로 끌어들여 또 다른 이야기를 그려내고 있다. 글과 어울리며 때로는 벗어나며 엄마의 사랑 이야기, 사랑 받은 기억으로 성장하는 아기들의 이야기를 풀어내고 있다.

2.

날이 따뜻하다. 나뭇잎은 파랗게 돋고 꿩이 새끼를 친다. 봄비가 내려 흙에 물기가 촉촉하다. 물은 풀을 기른다. 풀싹은 기지개를 펴면서 가랑잎을 들고 일어난다. 겨우내 젖은 채 눈에 눌려 착 가라앉아 있던 가랑잎이 덜렁 들리면서 버석버석 마른다. 이때가 위험하다. 풀은 불을 부른다. 불씨만 있으면 크게 번질 수 있다. 물이 풀을 길렀고 풀은 불을 부르고. 이래서 물, 불, 풀은 한통속이다. 강원도의 큰 산불은 대개 이맘때쯤 난다. 작가 권정생은 나뭇잎이 나오고 풀 잎사귀가 빼록빼록 돋아나고 산이 불타고 꿩이 새끼 치는 때를 정확하게 짚어내고 있다. 화가 김세현은 불과 풀의 부적절한 관계를 날카롭게 잡아서 그려내고 있다.

불이 났다. 나무가 타고 있다. 개구리 멧돼지 노루 토끼가 달아나고 있다. 엄마 까투리와 꿩 병아리들도 급하게 달아나고 있다. 이들이 밟고 있는 것은 금빛 테두리를 두르고 있는 풀 잎사귀다. 가도 가도 풀이 뒤따르고, 가도 가도 풀이 펼쳐 있다. 풀에서 벗어날 길이 없는 엄마는 제 몸으로 새끼들을 보듬어 안고 그 자리에서 죽기로 작정했다. 그 순간 풀은 붉은색 테두리로 바뀌어 불이 되었다. 풀 잎사귀는 불 잎사귀가 되어 엄마한테 다가오고 있다. 불 잎사귀는 점점 많아지다가 마침내 불화살이 되어 사방에서 엄마한테 달려들고 있다.

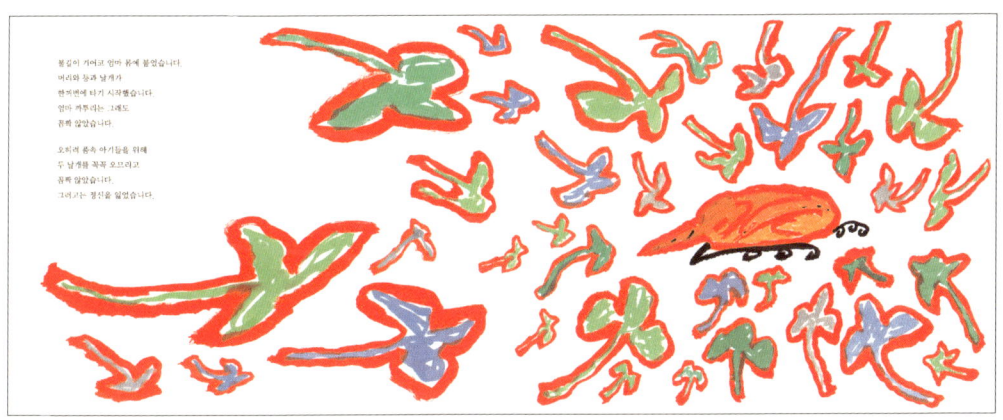

••• 『엄마 까투리』 ⓒ (사)권정생어린이문화재단 · 김세현, 낮은산, 2008

엄마가 죽고 엄마 몸속에 들었던 새끼들은 다시 살아났다. 불은 다시 풀로 바뀌어 새끼들의 놀이터가 되어주고 있다. 까맣게 탄 엄마 몸이 비에 젖고 바람에 쓸려 사라지고 난 뒤 엄마 대신 새끼들을 품어주고 있는 것도 풀이다. 웅크리고 죽어간 엄마 몸의 모습 그대로, 무덤 같은 모습으로, 산 같은 모습으로 풀 잎사귀들은 새끼들을 품어주고 있다.

풀은 불이 되었다가 화살이 되었고, 불은 다시 풀로 되돌아가 아이들의 놀이터가 되기도 하고 이불이 되기도 한다. 온갖 모양으로 바뀌지만 결국은 새끼들을 키워주는 '엄마 몸'이 되는 것이다. 옳고 그른 것, 좋고 나쁜 것은 고정되어 있지 않다. 불화살 앞에, 절망 앞에 고꾸라지기도 하고 절망으로 바닥을 다져서 딛고 앞으로 나아가기도 한다. 아픔 속에서 허우적거리기도 하고 상처가 자신을 키우는 힘이 되기도 한다. 눈에 보이는 현상은 한없이 바뀐다. 그러나 희망으로, 밝음으로 끌어가는 '긍정'의 뿌리는 한 가지에 닿아 있다. 중심은 하나다. 엄마 몸.

3.

불을 피해 엄마와 아기들이 도망치고 있다. 검은색 나무줄기들이 그 앞을 막고 있다. 먹물을 찍어 한 번에 쫙쫙 그어 올린 선은 험한 산줄기를 닮았고 가파른 바위 절벽을 닮았다. 흰 바탕에 검은색 줄기는 흑백 대비에서 오는 긴장감을 주고 있다. 살길이 있을까 없을까. 뚫려있는 곳은 하늘뿐. 가도 가도 검은 나무다.

나무는 억압이고 속박이다. 엄마가 불길에 놀라 날아올랐을 때 검은 나무는 하늘 끝까지 오른다. 수직구도로 공간을 가득 메워 숨이 막힌다. 그곳에는 살길이 없다고 엄마를 잡아당기고 있다. 엄마는 어쩔 수 없이 다시 새끼들 있는 곳으로 내려왔다. 바닥에서 죽자고 내려오는 순간, 숨 막히게 서 있던 나무들이 대번에 사라졌다. 나무 대신 편안한 여백이 자리한다. 새끼들 있는 밑바닥이 삶의 길이라고 한다.

엄마는 또 다시 날아오른다. 날아올랐다가는 다시 내려오고 날아올랐다가는 다시 내려온다. 살아있는 목숨으로서의 생존 본능과 어미로서의 자식에 대한 보호 본능이 갈등하고 있다. 피, 뼈, 살의 본능과 모성이 싸우고 있다. 이쪽도 아프고 저쪽도 아프다. 선택해야 한다. 쉬우면 거짓이다. 어려워야 한다. 삶과도 싸워야 하고, 죽음과도 싸워야 한다. 검은 나무는 날아오른 어미의 몸을 붙잡겠다는 듯 오히려 줄기가 위쪽으로 올라갈수록 굵어지기까지 한다. 하늘 끝까지 따라간다. 몸을 포기하라고 한다. 포기할 수밖에 없다. 엄마는 죽을 수밖에 없다. 살겠다고 가는 곳은 죽음의 길이고, 죽겠다고 가는 곳은 살 길이다. 엄마는 불 바닥에 내려와서 새끼를 품어 안았다. 죽음으로써 영원히 사는 길을 택했다. 검은 나무는 절망이다. 그리고 희망은 절망 속에 있다.

엄마 까투리가 달리고 있다. 눈에 눈물이 있다. 이 책의 그림은 눈물의 그림이다. 눈물의 색깔은 불에 탄 재의 색깔이다. 검은 먹물에 투명 물을 떨어뜨린 색깔이다. 엄마는 도망치기를 멈추고 새끼들을 품었다. 눈물로 새끼들 몸을 적신다. 불이 가까이 왔을 때 엄마 몸은 붉은색 테두리가 된다. 붉은색은 뜨겁다. 자식을 지키기 위한 엄마의 사랑은 뜨겁다.

새카맣게 타버린 엄마 몸은 누비이불이 되었다. 화려한 색깔의 자투리 천 조각이 규칙 있게 배열되어 있다. 새끼들은 엄마 이불 속에서 포근히 잠든다. 열흘이 지나고 한 달이 지나며 새끼들은 깃털이 돋아나고 날개가 자랐고, 반대로 엄마 몸은 비에 젖고 바람에 쓸려 점점 모습이 변하더니 까맣게 남은 뼈대마저 부서져 버렸다. 결국 엄마 몸은 사라지고 냄새만이 남았다. 화가는 형

●●● 『엄마 까투리』 ⓒ (사)권정생어린이문화재단·김세현, 낮은산, 2008

태가 사라지고 그리움만 남은 자리를 흙의 색깔, 냄새의 색깔로 표현하고 있다. 이불을 수놓았던 천조각도 스러졌다. 스러진 자투리 천 조각 대신 새끼들이 그 자리를 채워 다시 이불이 되었다. 새끼들이 수를 놓아 원래의 엄마 몸이 되었다. 새끼는 그렇게 엄마를 그리워하며 살아간다. 엄마는 그렇게 새끼들 속에서 숨 쉬며 살아간다. 포근했던 두 날개, 엄마 냄새는 지금을 살아가는 새끼들의 몸에 저장되어 있는 현실이다. 성장의 밑뿌리다. 감싸주는 것, 탄생의 근원, 엄마 몸과 가까운 것들만이 목숨을 성장시키고 진보시킬 수 있다.

환상 속에 나타난 엄마는 제법 자란 병아리들을 등에 태우고 큰 발을 내딛어 마구 내달린다. 자유다. 얼마나 밟고 싶은 땅인가. 얼마나 누리고 싶은 해방인가. 미친 불길과 굳어버린 질서에 저항한 엄마의 꿈이 만들어낸 세상이다. 엄마의 냄새가 남아있는 세상이다. 엄마의 세상이다. 아이들은 더욱 뛰어야 하고 뒹굴어야 하고 예의가 없어야 하고 누려야 하고 날아올라야 한다.

4.

글은 너무도 분명하다. '산불, 산골짜기 다복솔 아래, 거세지는 바람, 상수리나무, 사흘쯤 뒤, 아랫마을 박서방 아저씨, 골짜기 퍼덕' 같은 말에서 보듯 시간의 흐름에 얹혀 사건과 장소가 또렷하게 드러나고 있다. 여기에 비해 그림은 상징성이 강하다. 나무인지 풀인지 꿩인지 분간이 어려울 정도로 사물을 단순화 시켰다. 잘한 일이다. 불타는 엄마 몸이나 까맣게 부서져버리는 몸을 구체의 그림으로 그렸다면 독자들은 고통스러워서 고개를 옆으로 돌리게 되었을 것이다. 화가는 구체의 장면을 추상으로 표현함으로써 독자를 안심시키고 있다. 또한 간결하고 상징적인 그림으로 '엄마 까투리' 이야기를 단순히 꿩 이야기가 아닌, 꿩을 포함한 세상 모든 목숨들의 이야기로 넓혀가고 있다.

엄마의 죽음이란 이야기 소재는 너무나 무겁다. 반면 그림은 가볍다. 화려한 색깔과 다양한 형태 변화로 글의 무게를 덜어주고 있다. 엄마 몸은 새끼들을 덮어주는 누비이불이 되었고 새끼들을 키워주는 냄새가 되었고 자연이 되

••• 『엄마 까투리』 ⓒ (사)권정생어린이문화재단 · 김세현, 낮은산, 2008

었다. 그림은 빗물에 바람에 스러져간 몸을 과거의 까만 비극이 아니라 현실의 화려한 잔치, 앞날의 꿈틀거리는 생명력으로 바꾸어내고 있다.

화가 김세현은 단순한 그림 속에 많은 의미를 담고 있다. 잎이 불이 되고 몸이 되는 그림이나 까맣게 탄 엄마 몸이 화려한 이불이 되는 장면에서 보듯 그림은 철학을 담고 있다. 선의 세계, 도의 세계를 보는 듯하다. 오래 씹어서 천천히 의미를 맛보게 하는 그림이다. 그렇기 때문에 확 다가오기보다는 한 겹 벽이 있는 느낌이 들기도 한다.

5.

엄마가 죽고 사흘 뒤, 사나운 불길이 휩쓸어 숯과 재만 남은 숲에 하얀 물체 둘이 있다. 까만 밤에는 하얀 귀신이 나와야 정신이 번쩍 나듯, 까만 숲에 하얀색은 눈길을 확 잡아끈다. 바닥에 있는 것은 타버린 엄마 몸, 서서 내려다보고 있는 것은 나무꾼 박서방이다. 하얀색은 이야기를 뒤집는다. 이제부터는 죽어가는 엄마 이야기가 아니라 다시 살아나는 엄마 이야기다. 이제부터는 박서방이 이야기를 끌고 간다. 세상에 묻혀 있는 온갖 가슴 아픈 사연이며 뜨거운 사랑 이야기를 되살려서 들려주는 이가 박서방이다. 권정생이다.

까투리 새끼를 보고 있는 박서방은 커다란 괴물 모습이다. 이건 새끼들의 눈으로 본 박서방이다. 자신들한테 무슨 짓을 할지 알 수 없는 시커멓고 커다란 물체. 새끼들을 위해 무언가를 하는 순간 박서방은 진짜 괴물이 된다. 먹을 것을 던져줘도, 머리를 쓰다듬어 줘도 괴물이다. 박서방은 꿩 새끼들이 불쌍하다고 집에 데리고 와 키울 수도 있었다. 엄마의 사랑을 박서방의 사랑으로 바꿀 수도 있었다. 하지만 그건 인공이다. 또 다른 질서고 폭력이다. 자신의 손이 드러나면 이미 '사랑'이 아니다. 그냥 다가가고 보아줄 수 있을 뿐, 자기 자신을 잊어야 한다. 다행스럽게도 박서방은 아무것도 한 일이 없다. 아무것도 한 일이 없기 때문에 가장 위대한 일을 해낸 것이다. 이래서 새끼들을 놀라게 했던 괴물은 원래의 마음 착한 아저씨로 되돌아갔다는 이야기.

『미친개』ⓒ 글 박기범 · 그림 김종숙, 낮은산, 2008

너의 눈을 바라보는 동안

■ 정영숙

1.

노르웨이에서 발생한 연쇄 테러 용의자가 뉴스에 나온다. 노란 머리를 참 곱게도 넘겨 빗었다. 양복을 입은 사진을 보니 멀끔하게 생겼다. 테러가 발생한 캠프에서 살아남은 사람들의 인터뷰 모습을 보니 대부분 이슬람계 유색 민족이다. 사망자를 나타내는 숫자는 자꾸 늘고 있지만, 공개되지 않은 사망자는 이미 세 자리 숫자를 넘겼을 것이라고 한다. 극단으로 치닫는 이념이 밖으로 표출되어 죄 없는 사람들을 희생시키고 노르웨이를 피바다로 만들었다. 그는 그저 죄가 있는 대상을 원한 것은 아니었을까. 현실의 원인이 그것인 양, 그것만 없어지면 해결될 것이라는 잘못된 신념. 테러가 무서운 이유는 그것이다. 무차별 폭력의 결과로 일어나는 희생을 당연한 것으로 받아들이고 마는 것.

비단 테러뿐만이 아니다. 지금 내가 텔레비전을 보며 잠깐 생각에 잠겨 있는 이 순간에도 세계 곳곳에서 벌어지고 있는 전쟁, 사이버 마녀 사냥, 집단따

돌림 등은 일부의 이기심 속에 하나의 대상을 목표로 잡아 그 희생으로 응어리를 풀어버리려고 하는 몸부림으로 보인다. '고개를 갸웃하던 이들도 끝내는 그런가 보다 하고 고개를 끄덕이게' 만드는 분위기는 누군가의 도움을 받기 힘든 몰아가기를 만들고, 남의 불행이 나의 행복이 되어버리는 아이러니가 되어버린다. 세상이 힘들어질수록 귀를 닫아버리고 자신의 이야기만 하는 사람들이 늘고 있다. 자꾸만 살아있는 것에 눈을 마주치는 법을 잊어버리며 살아간다.

그럼에도 작가 박기범은 움츠린 채 살고 있는 떠돌이 개와 눈을 마주치고자 한다. 작가는 그 개의 눈을 통해 세상을 바라보기 위해 김종숙 화가와 손을 잡았다. 비 오는 밤의 속초 바다같이 짙게 파도치는 김종숙 화가의 그림 속에서, 글이 어떠한 모습을 드러내고, 재료와 형태, 선과 그림이 어떻게 드러나고 있는지 살펴보고자 한다. 거짓과 제정신으로 사느니 진실과 미친 채로 사는 게 낫다는 말이 이 책을 읽는 동안 내내 나를 부끄럽게 만들었다.

2.

『미친개』는 가로가 긴 판형이다. 이 판형은 인물을 특별한 공간 속에 자리잡을 수 있게 해준다. 인물과 환경의 관계에 초점을 맞추고 배경을 세부 묘사함으로써 인물을 해석하는 거리두기의 태도를 우리에게 요구한다. 그림책은 표지를 통하여 그림의 겉모습 자체의 감정, 태도뿐 아니라 내면의 감정과 태도를 반영하게 되는데 이 작품은 표지에 세로로 낙인처럼 찍혀 있는 '미친개'라는 제목이 강렬하게 개를 누르고 있다. 눈빛이 보이지 않는 개의 움츠린 그림자가 유난히도 길어 보인다. 표지를 넘긴 면지는 앞의 그림자가 이어진 것 같은 짙은 먹색을 택하고 있어 앞으로 작품이 보여줄 전체적인 분위기를 예측해 볼 수 있게 한다. 한 장을 더 넘겨보면 판권과 속표지가 있는데 이는 앞의 면지와는 다르게 흑색의 한지 느낌의 종이를 써 추억의 회상 같은 느낌을 준다. 그 추억이 따뜻하게까지 느껴지는 것은 '미친개'라는 가로로 된 제목 아래 전혀 어울리지 않는 그림 때문이다. 총을 들고 있는 사람이 시선을 맞추려 몸을 웅크리고 웃으며 손을 내밀고 개는 꼬리까지 흔들며 혀를 내밀고 그 사람과 눈을 마주쳐 웃는 그림이다. 표지가 겉모습의 감정과 태도였다면 속표지의 모습은 작가가 희망하는 내면의 감정과 태도를 드러낸 것으로 보인다. 글과 그림이 서로 상반되지만 주제를 더욱 뚜렷하게 하는 이러한 관계를 굴절 관계라고 한다. 이 그림책의 끝 장면까지 다시는 볼 수 없는 직접적인 희망의 메시지가 잠시 꿈처럼 지나가고 있는 셈이다.

본문을 넘기면 표지에서 보았던 개가 갈비뼈를 앙상하게 드러난 채 쓰러질 듯 서 있다. 물을 함뿍 머금은 그림자는 개의 무의식을 넘어 다음 장으로 넘어가 어두운 배경 속에서 독자에게 속삭이는 것같이 이야기는 시작된다. 김종숙 화가는 붓이 머금은 물기의 정도로 내용 전체를 진지하게 압도하고 있다. 이

••• 『미친개』ⓒ 글 박기범·그림 김종숙, 낮은산, 2008

와 같은 흑백 그림은 대상을 객관으로 보게 하고 극단적인 대조적 성향을 보이며, 선이 더욱 명확해지고 강력하게 움직이는 묘사를 가능하게 한다. 억제하는 색이 없기에 이 작품에서 선은 음영을 통해 깊이를 얻게 되어 힘과 활동성 있게 인물을 묘사하고 있다. 처음 동물을 그린 그림이라 걱정이 많았다는 작가의 말이 믿기지 않을 정도로 수묵화로 그린 개는 선을 통해 움직임의 속성이 부여되어 사납기도, 곱기도, 예민하기도, 안타깝기도 한 다채로운 모습을 보여주고 있다. 비단 개뿐 아니라 외각선과 음영선의 표현으로, 무리지어 개를 괴롭히는 인간에 대한 표현을 요약하여 제시한다. 기오르기 케피스는 '선의 연속은 주의를 끌며, 눈의 추적 운동을 강화한다'고 하였다. 선을 따라가면서 눈은 움직이고 사물이 길 위에 있는 것처럼 작동한다는 것이다. 인간과 개의 대립이 절정에 달해 서로를 향해 공격하는 장면을 보면, 정점에 도달하기 직전의 동작을, 쓰러지는 인물과 공중에 뛰어 올라있는 개로 묘사했다. 이로 인해 독자는 스스로 결론을 상상하고 움직임을 창조할 수 있게 되었다.

  화가는 판화를 통해 배경을 만들 때에 선으로 전경의 감정을 뚜렷이 표현하였다. 자신에게 누명을 씌우는 또 다른 인물인 고양이도 살아가려면 어쩔 수 없었다는 것을 이해하고, 제 힘으로 주린 배를 채울 줄도 알며 분노를 다른 대상에게 표출하지 않는 법도 알고 있는 개. 그에게 찍혀버린 낙인처럼 판화로 표현된 빗줄기는 울부짓던 개와 하나가 되어 쏟아져 내린다. 얇은 조각칼로 길게 파낸 빗자국이 송곳처럼, 서러움처럼 쏟아진다.

  개의 일상을 표현할 때에, 같은 캐릭터가 같은 화면 안에서 다양한 포즈를 취하는 연속적 서사 방법을 선택하였는데 이때 작가는 왼쪽에서 오른쪽 위로 타고 가는 시선 커브를 보여준다. 즉, 아이들의 시선인 아래쪽에서 어른의 시선인 위쪽으로 올라가는 움직임 형태를 하고 있는 것이다. 더욱이 프레임을 쓰지 않고 그림 주변에 여백을 두어 독자의 참여를 요구하고 있으며 서사가 진행될수록 점점 클로즈업되는 개의 모습은 격해지는 인물의 감정에 독자가 집중하여 이입하게 하는 효과를 주고 있다. 일반적으로 그림책에서의 근접묘사(close-up)는 앞표지나 뒤표지를 제외하고는 드문 경우라고 페리 노들민은 말하지만 화가는 여러 번의 근접묘사를 통해 인물의 표정을 보여주고, 서사가 진행될수록 독자를 인물과 동일시되게 만든다.

3.

이 책은 글보다 그림이 먼저 독자의 시선을 압도하는 그림책과는 좀 다르다. 글과 그림이 대칭적이다. 심지어 그림 없이 글만으로 두 쪽을 채운 곳도 있다. 이러한 경우 그림은 논란의 여지를 만들 수 있다. 낸시 에콤 버커트의 『백설 공주와 일곱 난장이』처럼, 이것이 그림책이냐 삽화가 있는 이야기책이냐의 논란에 빠질 수 있다는 것이다. 이 경우에는 단순히 내용 설명을 명확히 해주기 위해 쓰이는 설명으로서의 그림인지 서사가 있는 연속적 그림인지를 생각해보아야 한다. 먼저, 나는 『미친개』가 그림책이라고 말하고 싶다. 이 책 속의 그림은 단순히 글의 내용을 돕기 위해 쓴 장치가 아니라 글과 그림의 상호작용으로 상승효과를 만들어 냈다고 생각하기 때문이다. 마리아 니콜라예바와 스콧은 이야기를 진행시키는 과정에서 글과 그림이 담당하는 비중에 따라 그림책을 분류하는데, 글을 중심으로 이야기를 서술하는 그림책과 그림이 이야기를 서술하는 그림책이 그것이다. 그렇지만, 『미친개』 속의 서사는 어느 하나 글이나 그림 한쪽에 지나치게 비중이 쏠리지 않고 양자가 서로 어우러져 새로운 서사를 만들어내고 있다. 글만을 읽어도 서사는 진행되고, 그림만을 쫓아가도 서사는 진행된다. 두 개의 서사가 연속적으로 만들어낸 담론은 독자들에게 새로운 의미를 명료화시켜 작가가 전달하고자 하는 메시지를 분명하게 한다.

좋은 그림책이란 글이 말할 수 없는 것을 그림이 이야기하고 그림이 말할 수 없는 것을 글이 이야기하는 그림책이다. 상상력이 제한되는 것이 아니라 상상력을 증폭시키는 그림이야말로 작가가 말하고 싶은 메시지를 독자가 자신의 의미로 받아들이는 데 큰 영향을 미칠 수 있다. 이와 같은 시선에서 보면 『미친개』는 좋은 그림책이다.

먼저 글을 살펴보자. 목소리의 분위기를 나타내주는 어조는 들려주는 투다. '빼앗기고, 쫓겨나고, 끝없는 경쟁에 내몰려 끝내 본성을 지켜 살아 내기가 어려운 세상이지만, 부디 우리 아이들이 씩씩하고 평화롭게 살아갈 수 있기를 바라는' 작가의 마음을 미친개를 통해 들려주고 싶어서였을까. 만약에 이 묵직한 메시지를 담고 있는 이야기가 건조한 서술형의 어조를 띠고 있었다면 아이들에게 다가가기는 지금보다 어려웠을 것으로 생각된다. 마치 할머니처럼 누군가가 들려주는 어조가 그림과 내용을 좀 더 부드럽게 융화시켜주는 구실을 한다. 좀 글이 많은 이 그림책에서 글은 그림이 표현할 수 없는 '달포 남짓', '사흘 밤낮 동안' '더 먼 곳까지' '읍내에서 조금 떨어진 곳' 등의 시간의 흐름과 장소의 변화를 나타내며, 비가 오면 목청을 다해 울부짖는 서글픈 울음과 음식을 찾아 절실하게 킁킁대는 개의 소리를 기울어진 글자체를 통해 표현하고 있다. 두려운 마음인지 서러운 마음인지 그림으로 다 표현할 수 없는 개의 정서와 동네 사람들의 변해가는 관념 역시 글을 통해 속도감 있고 실감나게 묘사된다. 더욱이 색감을 표현할 수 없는 수묵화의 한계를 '맑고 파란 하늘' '고운 잿빛' 같은 표현으로 보완하고 있다. 특히 배가 고파 '샛노랗게 보이는 달'의 '노란 국물'을 받아먹는 상상을 하는 부분에서는 미각과 시각,

인물의 정서까지 물씬 느낄 수 있다.

하지만 이미지가 주는 강렬함은 글 속에서 충분히 나타날 수 없었다. 그렇기에 그림이 그것을 보충한다. 짧은 문장으로 다 설명할 수 없는 개의 이미지, 몇 개의 선으로도 표현해 내는 풍경과 개를 바라보는 원 거리 샷(Long shot)과 근 거리 샷(Up shot)의 시선은, 위에서 미리 언급한 여백의 효과와 함께, 작품 속 대상을 객관화시켜 바라보기도 또는 가장 가까운 곳에서 동질화되어 바라보기도 하게 한다. 일반적으로 슬픔을 상징하는, 머리를 떨군 개는 서사가 진행됨에 따라 점차 고개를 들고, 울부짖기 시작한다. 글에서 볼 수 없는 이러한 개의 행동 변화는 그 안에 내재된 반항과 서글픔, 분노 등이 표정과 함께 그림에서 드러난다. 개가 발을 떼며 하늘에 대고 분노의 울음을 토해내는 가운데 어디로 가야하는지 모르는, 글은 이야기하지 않지만 개는 고개를 돌려버리고 눈을 감은 듯 걸어간다. 세상과 차마 눈 마주칠 수 없다는 듯이 말이다. 글에서는 그림자에 대한 언급이 없는데, 그림 속 개에게는 그림자가 있다. 흑과 백의 수묵화가 빛과 그림자처럼 뚜렷한 음영으로 표현되는데, 표지부터 길게 존

••• 『미친개』 ⓒ 글 박기범·그림 김종숙, 낮은산, 2008

재하던 개의 그림자는 중반부터 약해지고 없어진다. 즉, 인간과 대치 상태가 깊어가면서 그림자의 존재는 더욱 미약해진다. 빛이 있어야 그림자도 있다. 개에게 희미하게나마 존재했던 빛이 사라졌던 것일까. 인간을 밟고 선 그때에 스스로 그림자가 되어 버린 듯 커다랗게 개를 뒤덮어 버린 시커먼 그림자. 그림이기에 표현할 수 있었던 장면이기도 하다.

전지적 작가 시점으로 진행되는 글과 그림의 서사는 독자에게 인물과의 거리를 한층 좁혀 주었다. 그림책 이야기의 리듬은 글이 이끄는 서사와 특정한 순간에 머무를 것을 요구하는 그림의 서사 때문에 앞으로 가다가 멈춰 서고, 앞으로 가다가 멈춰 서는 지속적인 움직임을 지니고 있다. 때문에 호흡의 길이를 적절히 조절하기 위하여 작가는 행갈이로 휴지를 갖고, 점차적으로 가속도가 붙어가는 글의 서사를 보여준다. 동시에 그림을 통해 잠시 개의 경험에 의미를 부여할 수 있는 시간을 주고 있다. 특히 후반부로 갈수록 많아지는 근접묘사에 의한 개 신체의 절단은 화면에 다 담을 수 없는 그 감정의 확장에 의미를 둘 수 있다.

슈바르츠는 글과 그림의 상호작용을 '일치'와 '일탈'로 나누었다. 『미친개』는 위의 설명에서 알 수 있듯이 글과 그림이 부족한 부분을 서로 보완해주는 일치의 측면에서 부연과 보충, 교차 전진(사슬이 번갈아가며 연결된 것처럼 글과 그림이 번갈아 가며 이야기를 진행시키는 것)을 적절히 썼으며, 속표지에서 볼 수 있는 것처럼 일탈에 해당하는 굴절 관계를 넣는 등 그림책 기법을 적절히 썼다.

한편, 사건의 전개를 위한 급한 우연성이 작품의 아쉬움으로 남는다. 살아내기 위해 어떻게든 먹으려던 개가 사람들을 떠난 곳에서 벌레와 열매를 먹고 통통하게 살이 올랐다는 전개는 리얼리즘에 금을 내고 현실감을 떨어뜨린다. 비록 자연 속에서 본성이 살아난다는 작가의 의도는 알겠지만, 책을 한 장씩

• • • 『미친개』 ⓒ 글 박기범 · 그림 김종숙, 낮은산, 2008

넘겨가는 어린 독자들에게는 고개를 갸우뚱하게 하는 진행이기도 하다.

그림에서 굳이 아쉬운 부분이 있다면 바로 21쪽에 개가 '바람이 살랑거리는 시원한 나무 그늘' 아래에서 쉬고 있는 장면인데, 네 다리를 쭉 펴고 혀까지 빼어문 모습이 쉬고 있는 모습이기보다 죽어 있는 것 같은 느낌을 준다. 그런데 다음 장의 글과 그림은 이 개가 튼튼하고 보기 좋은 모습으로 변화하여 이미지의 이질감이 느껴진다. 마찬가지로 개가 굶주림을 견디는 장면에서, 43쪽에 달을 보며 앉아 있는 강아지의 뒷다리는 앞다리보다도 짧게 묘사되어 좀 불편해 보이는 인상을 주고 있다.

4.

그림에도 불구하고, 명백한 글과 명확한 그림은 단단하게 작품을 어우르고 있다. 비단 개 이야기로 끝나지 않는다는 걸 알기에 슬프지만 강한 글, 쓰러질 듯하지만 쓰러지지 않는 그림으로 우리와 눈을 마주치며 달리고 있는 것이다. 산다는 것, 빗줄기 속에서 다시 질긴 목숨 이어 분노에 차 있으나 복수에 차 있지 않은 서글픔에 가득 찬 눈망울, 가장 가깝고 낮은 곳에 있는 존재를 대표하여 나타낸 이야기, 잔인한 인간들의 본성 속에 숨어 있는 알레고리를 아이들이 놓쳐버릴까 걱정이 되기도 한다. 아이들에게 세계를 보여주고 선택의 기회를 주는 것이 동화의 역할이라면, 이 작품이야말로 어린이들을 낮은 곳을 향하여 눈 마주치는 경험을 건네줄 충분한 작품이다. 표지부터 드러나는 글과 그림의 분위기에 그저 압도당하여 중심을 잃지 않고, 모든 것들이 희망을 위한 고통이었음을 이해하기를 소망한다.

  개의 눈, 사람의 눈, 살아있는 것들의 눈. 명암으로 표현되는 흑백의 그림과 억센 붓끝에서 건조한 듯 축축한 듯 움직이는 질긴 삶. 여백을 통해 대상을 객관화하고 묘사의 거리를 조정하며 감정을 몰입하게도 하는 구도. 단단한 주제를 중심에 잡고 있는 글 작가와 날개를 달아 바닥을 치고 오르게 하는 그림작가가 그려낸 이 한 권의 책은, 깊이 있는 그림책의 새로운 울림으로 자리매김할 수 있을 것이다. 두 사람이 만들어내는 다음 작품을 벌써 오래 전부터 기다리고 있다.

넷째 마당

옛이야기 그림을 얻다

『백두산 이야기』ⓒ 글·그림 류재수, 보림, 2009

백두산 이야기

■ 강삼영

1.

내가 우리 아이들만 할 때 어떤 그림책을 읽어 보았을까. 아무리 생각하고 또 생각해봐도 지금과 같은 그런 그림책을 봤던 기억이 없다. 그즈음 1970년대에 나는 책을 읽지 않았다. 틈만 나면 동무들과 어울려 산으로 바다로 돌아다니기 바빴다. 한쪽 구석에 쪼그리고 앉아 책을 읽는 것은 새침 떠는 여자아이들이나 하는 짓이라 생각했다. 독후감 숙제를 하기 위해 어쩔 수 없이 읽었던 몇 권의 책과 셜록 홈즈와 괴도 루팡이 나오는 탐정소설이 내 어릴 때 독서의 전부였다.

내가 글을 알기 전에도 재미있게 볼 수 있는 지금과 같은 그림책이 내 손 가까이 있었다면 어땠을까. 요즘 아이들처럼 재미있게 책을 들여다봤을까. 커다란 그림책을 펼쳐들고 도서관에 뒹굴고 있는 나 자신을 상상해 본다. 하지만 아쉽게도 1970년대 내 손에 쥐어진 것이 그림책이라면 번역본일 게 분명

하지 싶다. 우리나라 작가가 펴낸 우리 그림책을 자신이 처음 읽은 그림책으로 기억하는 성인이 있다면 지금 몇 살쯤 되었을까.

오늘날 그림책 화가들은 벽화나 옛그림의 형식을 빌리곤 한다. 『백두산 이야기』에도 고구려 고분벽화와 하회탈의 원형을 따온 장면이 보인다. 하지만 옛 벽화를 내가 읽은 첫 그림책이라고 말하는 것은 쉽지 않다. 일본에는 두루마리로 된 그림책이 예부터 있었다고 한다. 이리저리 생각을 하다 절 회벽에 그려진 '심우도'[22]가 떠올랐다. 하지만 이것도 중국에서 넘어온 그림이라고 하니 우리 그림책의 원형이라 하기는 어렵겠다.

88년, 그러니까 87 민주화 항쟁 다음 해, 올림픽이 있었던 그 해, 『백두산 이야기』라는 그림책이 나왔다. 여자중학교 교사로 근무하던 류재수 선생이 직접 글과 그림을 써서 펴낸 책이다.

2.

이 책은 무겁다. 두텁게 덧칠된 유화 그림 25장으로 이야기를 끌어가고 있다. 유화 자체가 무거운 느낌을 주기도 하지만 흙색과 검정색과 같은 무거운 색을 주색으로 쓰기도 했다. 더구나 이야기의 실감을 더하기 위해 물감을 두껍게 칠한 뒤에 긁어내거나 손가락으로 그린 듯한 그림도 많다. 우리 민족사의 무게를 작가가 그대로 떠안고, 이를 아이들에게 전하고 싶은 마음이 컸으리라. 광주의 아픔을 딛고, 민주화를 일궈낸 민족의 자신감을 백두산 이야기를 통해 아이들에게 주고 싶은 작가의 마음이 드러난 것이 아니겠는가.

•22) 선의 수행단계를 소와 동자에 비유하여 10단계로 그린 그림과 글이다. 심우도 혹은 십우도는 본래 도교의 팔우도(八牛圖)에서 유래된 것으로 12세기 중엽 중국 송나라 때 곽암선사(廓庵禪師)가 두 장면을 추가하여 십우도(十牛圖)를 그렸다고 한다.

그림책의 모든 그림은 마주 보는 두 쪽이 하나의 화면이다. 그래서 가로로 긴 화면이 된다. 작가는 긴 화면으로 백두산 신화의 장엄한 파노라마를 표현하고자 했다.

이 책은 작은 이야기 세 개가 모여서 『백두산 이야기』를 만들어 낸다.

첫 번째는 1번에서 8번까지로, 혼돈의 세상이 안정되는 과정을 나타낸다. 그리고 두 번째는 9번에서 18번 그림까지로, 외적이 침략하고 백두거인의 도움으로 이를 이겨내는 과정을 그리고 있다. 세 번째는 19번에서 25번까지로, 가뭄을 이겨내는 과정을 백두산에 천지가 생기는 이야기로 드러내고 있다.

표지를 넘겨 제목이 나온 첫 장을 보면 검은 흙빛의 거인이 크게 엎드려 있다. 어두워 보이기는 하지만 거대한 힘이 느껴지기도 한다. 그리고 오른쪽에 책 제목이 쓰여 있는데 아주 힘찬 필체다. 거인과 백두산의 관계를 암시하는 장면이다.

한 장 더 넘기면 신화가 펼쳐진다. 세상이 처음 생기는 화면은 마아블링 기법으로 혼돈과 어두움, 파란 새벽의 기운을 나타내고 있다. 처음에는 검정과 붉은색으로, 두 번째 장에서는 검정과 파란색을 주로 썼다. 제주도 창세기 신화 "천지왕 본풀이"[23]로 백두산 이야기를 시작하고 있다. 제주도 설화로 백두산 이야기를 시작하는 것은 틀림없이 한민족의 통일을 아이들에게 말하고 싶은 작가의 마음을 숨김없이 드러낸 것이다.

• 23) 태초에 천지는 혼돈이었다. 하늘과 땅이 서로 맞붙어 있고 암흑과 혼합으로 휩싸여 있었다. 이 혼돈 천지에 개벽의 기운이 돌기 시작해 하늘과 땅의 경계가 생기고 만물도 생겨나기 시작했다. 그러나 천지의 혼돈이 완전히 바로잡힌 것이 아니었다. 하늘에 해도 달도 두 개이고 초목이나 새, 짐승도 말을 하고 사람과 귀신의 구별이 없었다. 도저히 혼란을 잡을 방법이 없자 소별왕은 형인 대별왕에게 도와달라고 했다. 마음 착한 형은 이승에 내려와서 혼란을 정리해 갔다. 천근의 활과 천근의 살을 준비해서 하늘에 떠 있는 두 개의 달과 해를 각각 하나씩 떨어뜨리고 초목과 새, 짐승이 말하는 것은 송피(松皮) 가루로 눌렀다. 〈인터넷 다음, 문화원형백과사전, http://culturedic.daum.net/〉

첫 이야기에서 가장 눈에 띄는 화면은 백두거인이 천근 활과 천근 화살로 해 하나를 바다 속으로 떨어뜨리는 것이다. 세상이 생기는 두 번째 장면부터 이 화면까지 독자가 책장을 넘기며 가장 먼저 보는 왼쪽 면에는 글이 나왔다. 글을 아는 독자는 작가의 뜻대로 그림을 한번 힐긋 보고 글을 읽었을 것이다. 하지만 이 화면에는 글이 없다. 작가는 이 그림에 독자가 집중하기를 바라고 있는 것이다. 그 앞쪽은 흑룡거인이 손가락 열 개로 우악스럽게 해를 움켜쥐는 화면이다. 흑룡거인이 등장하는 화면에는 왼쪽에 긴 글이 있고 흑룡거인의 모습은 가운데를 조금 걸쳐서 오른쪽에 그려 있다. 거인의 손과 이글거리는 해를 화면의 위쪽에 둠으로써 불안감을 증폭시키고 있으며, 독자들은 흑룡거인과 동일시하기보다는 적대감 같은 느낌을 갖게 된다. 흑룡거인은 검지만 청동 빛이 돈다. 손톱은 날카롭고 주름은 직선이다. 해는 붉고 둥글다. 불꽃이 만들어 내는 모양도 곡선이다. 서로 호응하지 않고 배척한다.

　백두거인이 활을 들고 나오는 화면과 대응하는 글은 앞쪽에 미리 제시해 버렸다. 우리는 오롯이 그림에 집중할 수 있다. 검고 흙빛인 거인의 손과 활을 가로지르는 팽팽한 활시위에서 어떤 힘과 긴장감이 전해진다. 그리고 이어 독자의 눈은 바다로 떨어지는 해와 가운데에 꽂혀 있는 화살을 본다. 그러다 손가락으로 그린 듯 울렁거리는 파도를 보면서 다시 거인의 주먹을 보다 보면 우리는 어느새 거인과 동일시가 된다. 그리고 처음에 느꼈던 긴장감이 풀어지면서 대단한 일을 해내고 난 다음의 안도감이 느껴지기도 한다. 거인의 피부와 활에 달린 장식, 화살의 날개, 해의 불꽃, 그리고 파도의 무늬가 통일성 있게 리듬을 만들어 낸다. 그러면서 우리는 백두거인의 눈높이에서 그림 전체를 다시 한 번 보게 된다.

　두 번째 이야기에서 흑룡거인의 왼쪽 발이 나오는 화면은 몹시 충격적이다.

그림이 무겁게 우리를 짓누르고 있다. 독자는 마치 개미가 된 듯하다. 우리는 저절로 아래에서 위를 올려보게 된다. 독자들은 빨리 글을 읽고 다음 장으로 넘겼으면 싶다. 그런데 글은 오른쪽 가운데에 자리 잡고 있지만 눈에 잘 띄지 않는다. 더구나 거인의 청동 발톱이 자꾸 시선을 붙잡는다. 발톱이 칼날처럼 무섭다. 앞에 나온 백두거인의 살갗이 둥근 무늬라면 흑룡거인의 피부는 발톱처럼 가로로 그렸다. 배경의 사선과 뚜렷하게 대조를 이루고 있다. 배경과 어울리지 않는 점령군의 느낌이다.

　이어지는 그림에서 작가는 피난을 가는 많은 사람들을 배경으로 고통 당하는 조선 사람의 얼굴을 가까이서 보여준다. 고통을 외면하지 말라는 작가의 뜻이다. 땅에 뿌리를 박고 있는 고목의 뒤틀림이 고통을 형상화하고 있고 나뭇가지는 피난을 떠나는 사람들과 같은 방향으로 끝도 모르게 이어지고 있다. 이 고통은 곧 백호로 변한 백두거인이 청룡으로 변한 흑룡거인을 응징하는 장면에 가서야 해소된다. 청룡의 살갗을 파고든 백호의 발톱과 불이 붙은 듯한 이글거리는 눈이 역동성을 더해준다. 왼쪽 아래 청룡이 입을 벌리고 불을 뿜

●●● 『백두산 이야기』 ⓒ 글·그림 류재수, 보림, 2009

고 있고, 백호는 오른쪽 위에서 청룡을 응징하고 있다. 만화적 기법으로 빠른 움직임을 보여주고 있다.

침략자를 물리치고 평화가 찾아왔다. 하지만 시간이 지나고 다시 재앙이 일어난다. 이번에는 가뭄이다. 앞에서 흑룡거인이 죽으면서 사막이 만들어졌다는 것과 관련이 있어 보인다. 어둠의 그늘은 그렇게 우리가 잊을 만하면 다시 찾아온다. 작가는 하늘과 땅을 반으로 갈라 하늘과 땅 모두가 메말랐다는 걸 말하고 있다. 들에 서 있는 곡식이나 어둡게 서 있는 인물이 대칭을 이루며 같은 분위기를 전해 준다. 특히 글이 쓰여 있는 아래쪽은 진짜 흙을 섞어 그려 깊게 갈라터진 땅을 실감나게 보여주고 있다.

고통을 이겨내는 힘은 희망이다. 기우제를 지내는 장면에서는 다시 밝아진다. 이 장면이 전체 화면에서 가장 밝은 색을 많이 쓴 그림이다. 이 장면에도 글이 없고, 장면과 대응하는 글은 앞쪽에 쓰여 있다. 힘들지만 다들 어울려 춤을 춘다. 북을 치고 사자탈을 쓰고 흥겨운 판을 벌인다. 백두산에 얽힌 노래를 믿고 있다는 뜻이다. 그림 전체가 둥글게 어우러진다. 가운데 내리쬐는 해를 중심으로 동심원을 그리고 있다. 독자는 땅과 같은 높이에서 백성들과 어울리며, 놀이판의 한가운데서 역동성과 흥겨움을 느낀다. 그리고 그 흥겨움은 화폭을 벗어나 더 큰 판을 창조하고 결국 하늘과 땅이 하나가 된다. 기대했던 대로 백두산은 불을 토해내고 그 힘으로 먹구름이 몰려오고 비가 쏟아진다. 하늘을 올려다보며 마음껏 웃음을 토해내는 아이와 어른, 황소의 모습이 통쾌하다. 비가 그친 뒤로 백두산에는 천지가 생긴다. 장엄한 백두산이 이제야 제 모습을 드러낸다.

류재수는 그림책 한 권을 통해 민족의 통일, 민족의 중심, 민족의 웅대한 기상을 아이들에게 건네고 있다. 외적을 물리치고 난 다음에 이어지는 그림 석

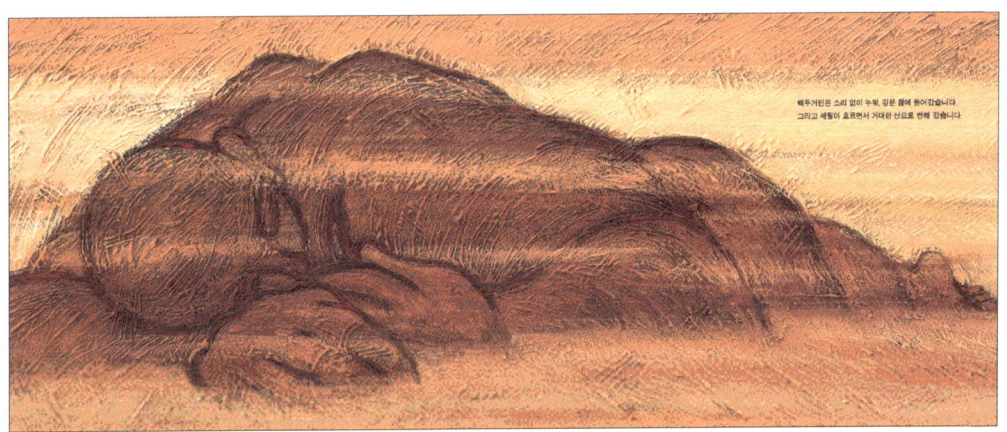

••• 『백두산 이야기』 ⓒ 글·그림 류재수, 보림, 2009

장은 온통 흙빛이다. 이는 백두거인의 손과 몸이 만들어낸 것이다. 백두거인의 손은 부처의 손처럼 부드럽고 몸은 웅장하기 그지없다. 머리부터 발끝까지 굵은 선이 부드럽다. 이어지는 백두산은 거인이 오랜 시간 그 자리에 있었다는 것을 증명한다. 백두거인이 백두산으로 변했다고 말하고 있다. 흑룡거인을 물리치고 벌판에 누워 잠을 자는 장면을 보면 거인의 얼굴, 손가락, 발가락도 보인다. 앞에서 활을 든 손만 보고 거인의 전체 모습과 크기가 궁금했던 아이들은 아마 이 장면에서 큰 만족을 느꼈을 것이다. 굵은 선 덕분에 양감이 풍부하게 느껴진다. 아주 안정된 삼각형 구도다. 무슨 일이 있어도 다시는 움직이지 않을 것처럼 든든하다.

그런데 이상하게 약간 허전한 마음이 든다. 잠들어 있다는 말은 깨어 있지 않다는 말이다. 거인의 표정에서도 그런 분위기가 느껴진다. 그리고 그런 분위기는 백두산을 바라보고 있는 사람들의 모습에 그대로 나타난다. 조선 사람들이 얼마나 백두산을 생각하고 기대고 살아오고 있는지 보여준다. 왼쪽 아래를 채우고 있는 사람들이 바라보는 그곳이 백두산이 있는 곳이다. 이어져 백두산의 거대한 모습이 드러난다. 우리는 앞쪽에 있는 사람의 눈길을 그대로 따라가 하늘 위에서 백두산을 한눈에 볼 수 있는 기회를 잡는다.

3.

『백두산 이야기』는 무거운 책이다. 이야기의 내용도 무겁고, 그림도 무겁다. 책 자체도 아이들이 펼쳐보기 힘들 정도로 무겁다. 더구나 뒷부분에 신화에 대한 강연 글이 실려 무거움을 더해주고 있다. 작가는 하고 싶은 말이 참 많았다. 그래서 민족주의 이데올로기를 숨김없이 드러내고 있다. 하지만 그림책다운 그림책 한 권 없던 시절, 작가는 마치 자신이 그 모든 책임을 짊어지고 있다고 여겼다. 누군가는 가야 할 그 첫걸음을 무겁게 내딛었다. 그런 책임감이 그림책의 주제뿐만 아니라 기법까지도 무겁게 만들고 있다. 하지만 작가는 역사의 무거움을 이겨내고 2001년 글 없는 그림책『노란 우산』을 펴낸다. 같은 사람이 펴낸 그림책이라고 보기 어려울 정도로 아주 다르다.『노란 우산』은 아주 가볍고, 경쾌하다. 아이들에게 어떠한 이야기도 강요하지 않는 자유로움이 있다.

   동화와 마찬가지로 그림책도 시대를 반영한다.『백두산 이야기』는 1980년대를 그대로 드러내고 있다. 우리 아이들에게 너무 많은 것을 주려고 해서, 조금 무겁고 거부감이 느껴지기도 하지만 우리는 그곳에서 시대를 읽고, 아이들에게 시대를 전해주려는 힘찬 노력을 공유한다.『백두산 이야기』는 그렇기에 충분히 가치 있는 그림책이다.

『방귀쟁이 며느리』ⓒ 글·그림 신세정, 사계절, 2008

억압당한 내면의 통쾌한 분출, 그 힘의 위력

■ 최은희

1.

눌린 용수철은 반드시 튀어 오른다. 억압에는 저항이 있듯. 그리고 억압하는 힘이 강하면 강할수록 맞서는 힘의 위력이 커지듯 눌린 용수철 역시 더 높이 더 강하게 튀어 오른다. 국가 권력이 휘두르는 엄청난 힘에 민중의 삶이 밑바닥까지 쫓겨 내려가 억압당하고 있는 요즘, 힘들고 고통스럽지만 그래도 희망의 끈을 놓지 않는 것은 역사에 대한 믿음이다. 돌이켜보면 역사는 억압당한 목숨들이 눌리고 눌리다 용수철처럼 튕겨 올라 힘과 권력으로 편성된 질서를 파괴하고, 새롭게 재편성하며 조금씩 진보를 거듭해 오지 않았던가? 억압에 대한 저항의 본능적인 힘을 믿기에 엄혹한 겨울의 초입에서도 여전히 봄을 노래할 수 있는 것이다.

억압에 대한 저항처럼 사람에게는 의지로는 통제할 수 없는 본능이 있다. 아무리 의지로 통제하고 억압하려 해도 반드시 생겨나는 현상이 있기 마련이

다. 그 가운데 내 몸에서 일어나지만 몸의 주체인 내가 도저히 어찌해 볼 수 없는 일이 있다. 성숙한 여자들이 한 달에 한 번씩 치르는 달거리도 이런 현상이다. 이는 내가 하고 싶다고, 또는 하기 싫다고 어찌해 볼 수 있는 일이 아니다. 그리고 또 하나, 『방귀쟁이 며느리』에 나오는 '방귀'가 그렇다. 몸속에서 온갖 음식이 섞이고 소화되는 과정에서 생긴 가스가 몸 밖으로 빠져 나와야 하는 것이 방귀다. 참는다고 없어지는 것이 아니라 몸속에서 또아리를 틀고 있다가 결국은 밖으로 나와야 없어지고 마는 방귀. 통제할 수 없는 방귀 때문에 난처한 일을 겪어본 사람은 안다. 뱃속 가득 가스가 차올랐을 때의 그 견디기 힘든 고통을. 의식적으로 누르고 눌러도 도저히 사라지지 않아 안절부절 못하게 만드는 그것의 정체가 만만치 않음을 몸으로 알고 있다.

여기 방귀를 유난히 많이 뀌는 여인네가 있다. 옛이야기인 「방귀쟁이 며느리」는 적어도 사흘에 한 번씩은 시원하게 방귀를 뀌던 처자가 시집을 가서 방귀를 뀌지 못하면서 생기는 일을 이야기하고 있다. 여자는 조신해야 한다는 사고가 지배하던 사회에서 방귀를 참던 며느리는 드디어 일상생활을 원활하게 하지 못할 정도까지 이른다. 시름시름 앓는 며느리의 병이 다름 아닌 방귀 때문이란 것을 안 시아버지는 방귀를 뀌도록 허락한다. 그러나 방귀를 참았던 시간이 길었던 까닭에 한 번 뀌기 시작한 방귀는 온 집안을 풍비박산 낼 정도로 그 위력이 대단하다. 결국 친정으로 쫓겨 가던 며느리는 길에 있는 높이 솟은 청실배 나무에 달린 배를 먹고 싶어하던 비단 장수와 놋그릇 장수에게 방귀를 뀌어 배를 따준다. 그 보답으로 비단과 놋그릇을 받고, 집으로 돌아와 잘 먹고 잘사는 것으로 이야기는 끝을 맺는다.

제목만 보고도 읽는 이에게 호기심을 갖게 하는 『방귀쟁이 며느리』. 그런데 책에서 말하는 방귀가 단지 생물학적인 방귀로 읽히지 않는다. 이를 좀 더 재미있고 풍요롭게 읽기 위해 몇 가지 잣대를 들이대려 한다. 『방귀쟁이 며느리』에서 글과 그림은 어떻게 만나고 어떤 무늬(인물의 내면)를 만들고 있는가? 옛이야기를 다시 쓴 작가의 상상력과 옛이야기라는 음식은 과연 어울리는 그릇에 담겨 있는가? 또 그림은 인물의 내면을 어떻게 표현하고 있으며, 읽는 이에게 어떤 서사로 읽히는가? 그리고 마지막으로 텍스트가 갖고 있는 한계가 무엇인지 짚어보고자 한다.

2.

『방귀쟁이 며느리』는 신세정이 그림과 글로 다시 쓴 옛이야기다. 옛이야기는 오랫동안 전승되면서 표층적 의미와 심층적 의미를 지니게 되었다. 따라서 옛이야기를 다시 쓸 때 놓치지 말아야 할 바는 이런 의미가 명확히 전달될 수 있도록 기본 골격을 훼손하지 않아야 한다는 점이다. 즉 옛이야기의 특징인 직선적인 플롯, 명료한 이야기, 초반의 갈등과 단호한 결말, 등장인물 묘사의 최소화, 직선적이고 분명하며 토착적인 언어, 이야기를 짓고 향유하던 이들의 가치관, 분명하지 않은 시간과 공간 배경이 유지되어야 한다.

『방귀쟁이 며느리』는 이런 점에 충실하다. 인물에게 일어나는 사건이 시간의 흐름에 따라 자연스럽고 명료하게 펼쳐지고 있으며, 글의 처음 부분은 방귀를 뀌지 못해 생기는 갈등과 문제가 극단으로 드러나고 결말 부분에서는 명쾌하게 해결된다. 아울러 이야기를 끌고 나가는 등장인물에 대한 묘사는 그림으로 보완하여 보여주며, 전라도 정읍 사투리로 이야기를 들려준다. 그리고 방귀를 가부장제 사회에서 억눌린 여성의 내면으로 상징하고 있으며 이런 일은 시간과 공간의 구체성을 갖지 않아도 권위와 억압이 존재하는 곳이라면 여전히 발화의 유효성을 지니고 있음을 확인할 수 있다. 자, 이제 이야기로 전승되던 '방귀쟁이 며느리'가 그림이라는 매체와 어떻게 만나고 어떤 이야기를 새롭게 들려주는지 만나러 가보자.

'한 처자가 있는디 참 고와'로 시작되는 글은 전라도 정읍 사투리다. 자연은 구성하고 있는 생물종이 다양해야 풍요로우며 끈질긴 생명력을 유지할 수 있다. 언어로 구성된 사회 역시 마찬가지다. 하나의 언어를 중심에 두면 그밖의 언어는 배제 당한다. 언어를 배제한다는 것은 그 언어를 바탕으로 생성된 문화와 쓰는 이들의 삶을 배제한다는 의미이다. 따라서 다양한 언어로 구성된 사회는 서로 다른 존재를 인정하고 개개의 특성을 존중하고 있음을 드러낸다. 옛이야기는 전승되는 지역의 문화와 가치에 따라 조금씩 변형을 이루고 있다. 그런데 전승되던 옛이야기가 읽는 문학으로 바뀌면서 대부분 표준말로 쓰여 졌다. 그러다 보니 옛이야기의 말맛을 바탕으로 주어지던 풍성한 말의 아우라가 서울 중심의 표준말로 재편되면서 모두 사라졌다. 이는 우리 사회의 편향된 가치를 그대로 보여주는 증거이다.

그런데 『방귀쟁이 며느리』에는 잊혀지고 있던 전라도 말맛이 오롯이 살아 있다. '~뭣이냐?', '~그라요.', '~쓰간디?', '~계시요, 잉!', '~혓소?', '~그럴라요?', '~쪼깨 비켜서시요, 잉.', '~갈라 주시오.'를 소리내어 읽으면 말꼬리가 촉촉 늘어지는 은근한 맛이 그대로 살아난다. 그래서 글을 읽는 것이 아니라 마치 구수한 이야기를 들려주고 있는 듯한 느낌이 든다. 이는 듣는 이 역시 마찬가지일 게다. 까닭은 입말투의 글이 옛이야기의 특성을 고스란히 살리고 있기 때문이다.

전라도 말로 펼쳐지는 글과 함께 만나는 그림은 글에서 드러내지 않는 주인공의 내면이나 사건을 중심으로 또 다른 서사를 만든다. 글은 동네에 소문이 자자할 정도로 방귀를 잘 뀌는 처자가 있다고만 말한다. 그런데 그림은 글이 말하고 있지 않는 이야기를 보여준다. 시든 모란꽃잎을 들고 있는 처자 둘레에 분분히 날리는 매화꽃잎과 부러진 가지, 그 위에 앉아 있던 한 쌍의 새가 땅으로 곤두박질치는 장면이 그려져 있다. 이는 속표지에서 보여준 그림과 대비하면 무엇을 의미하고 있는지 훨씬 명확하게 읽을 수 있다.

속표지에 그려진 그림의 처자는 머리를 곱게 땋아 내린 채 왼쪽으로 고개를 살짝 틀어 부끄러운 듯 쑥스럽게 웃고 있다. 오른쪽이 양(陽)을, 왼쪽은 음(陰)을 의미하는데 사람으로 치면 양은 남자를 음은 여자를 뜻한다. 그러니 고개를 왼쪽으로 튼 처자는 음기가 충만해진 처자가 어딘가에 있을 반쪽을 기다리고 있음을 암시하는 것이리라. 그리고 처자는 소리를 낼 때야 비로소 자신의 존재를 드러낼 수 있는 종을 손에 들고 서 있다. 자신의 존재를 드러내고 싶은 처자의 내면이 종을 통해 보인다. 또 처자 둘레에는 부부 금슬과 풍요를 상징하는 모란꽃이 다투듯 피어 있고, 곁에 있는 나비와 새도 쌍쌍인 것을 보면 은밀한 기다림을 꿈꾸는 마음을 읽을 수 있다. 처자 둘레에서 은은하게 피어나는 색동무늬의 그림에서 느껴지는 알 수 없는 에너지 역시 짝을 그리워하는 설렘으로 읽힌다. 읽는 이와 정면으로 초점이 마주치는 처자는 묻고 있는 것 같다. '당신은 혹 내 낭군님이 누군지 알고 있나요?' 살짝 올라간 입꼬리와 초승달처럼 웃고 있는 눈이 그렇게 말하는 듯하다.

비록 부끄러움을 타고 숫기 없는 모습이지만, 우울함이나 슬픔이라곤 찾아보기 어렵던 처자가 첫 화면에서는 전혀 다른 모습으로 등장한다. 시들어 버린 모란꽃처럼 기대하기 어려운 부부 금슬, 쉬지 않고 종알대던 새가 곤두박질치듯 나락으로 떨어지는 위기, 흔적조차 없이 사라진 종. 이 모든 것이 처자의 앞날이 암울해질 것을 암시해 준다. 그렇지만 앞에서 말한 것처럼 글은 그림에서 드러나는 어떤 정보도 언급하지 않는다. 이처럼 글은 철저히 사실적인 진술만을 고집하고 있다. 그러면 글과 그림이 서로 다른 이야기를 하면서 작품을 풍요롭게 만드는 것을 몇 화면을 통해 들여다보자.

'사흘마다 한 번씩 시원하게 뀌어야지, 그렇지 않으면 견딜 수가 없지. 하지만 이건 비밀이여 비밀'이라고 쓴 글과 만나는 그림을 보자. 노랑 저고리에 다홍색 치마를 입고 조신하게 앉아 수를 놓고 있는 처자의 뒤로 자유분방한 내외가 그려져 있다. 김득신의 「야묘도추」를 패러디한 그림에는 육두문자를 퍼붓는 듯한 걸걸한 아낙을 피해 도망가다 넘어진 서방이 보인다. 격식이나 체면을 벗어던진 내외의 모습에서 훈훈한 사람 냄새가 난다. 생기 넘치는 에너지가 느껴진다. 액자를 보듯 나무틀 안에 그려 논 그림은 이처럼 처자가 지향하는 내면을, 드러내지 않는 본성을 보여주고 있다. 창이나 문은 대개 인물의 내면이나 판타지 공간을 보여줄 때 쓰이는 장치이니 그렇게 보는 것도 무리는 아니다. 그러니 수를 놓으면서도 눈은 온통 그림 쪽을 바라보는 것으로 그린 것이다.

활기차고 에너지 넘치던 처자가 시집가는 화면이다. 글은 '근디 이웃 마을 부잣집 외아들이랑 혼담이 오가더니 이 처자가 그 집으로 이사를 가게 되었네'라고 말한다. 그런데 그림을 보면 어둡고 암울한 내면이 읽힌다. 나무틀로 드러낸 내면세계와 그를 둘러싸고 있는 우울을 의미하는 푸른색은 채도가 낮아 처자의 내면에 드리운 우울의 정도가 어느 정도인지 말하고 있다. 인물의 심리 상태를 드러내는 입꼬리와 눈꼬리가 축 처진 채 뒤를 돌아보는 처자의 시선이 머무는 곳에는 더 이상 소리를 낼 수 없는 종만 뎅그러니 놓여 있다. 이는 밝고 화사하던 처자의 내면이 시집을 가면서 우울하고 어두운 내면으로 바뀌는 것을 뜻한다.

벙어리 삼 년, 귀머거리 삼 년, 장님 삼 년이라는 매운 시집살이를 해야 했던 사회에서 자기가 하고 싶은 일을 거침없이 하던 처자가 결혼을 한다는 것은 곧 나를 죽이는 일이었을 것이다. 이야기에 나오는 방귀는 글자 그대로의 방귀라기보다는 억압당하는 내면의 소리와 욕구를 빗댄 것일 게다. 적어도 사흘에 한 번씩은 자기가 하고 싶은 말이나 하고 싶은 일을 거침없이 하며 살아왔던 처자가 그 모든 것이 금기시되는 곳으로 간다는 것은 권위적인 가부장제 구조에서 욕구를 억압당하며 살아야 한다는 의미이다. 생각만 해도 숨이 막히고 가슴이 답답해지는 일이니 처자의 얼굴에 근심과 우울이 배여 있는 건 당연한 일 아닌가?

이밖에도 방귀를 참으며 사는 며느리가 그려진 화면은 서로 다른 장면을 점진적이고 연속적으로 보여주면서 시간의 흐름과 인물의 내면 상태를 적나라하게 표현한다. 방귀를 참는 게 얼마나 힘들고 고통스러운지, 자잘한 일상생활을 견디지 못할 정도로 어떻게 지쳐 가는지 선명하게 드러낸다. 아마도 현

••• 『방귀쟁이 며느리』 ⓒ 글·그림 신세정, 사계절, 2008

대 의학으로 보면 며느리는 우울증이 걸린 게 분명하다. 그러나 글에서는 뽀얗고 곱던 며느리 얼굴이 누런 메줏덩이처럼 변해간다고 간략하게 말할 뿐이다. 정도와 깊이에 대해 결코 말하지 않는다. 다만 글이 비워 놓은 틈과 여백을 그림이 대신 메우고 채워준다. 또 며느리와 식구가 함께 있는 화면을 보면 그림을 통해 인물의 심리 상태와 식구들과의 관계가 어떠한지 좀 더 분명하게 알 수 있다. 며느리가 외롭고 소외된 목숨이라는 것은 앉아 있는 자리 배치에서 드러난다. 시아버지와 시어머니, 그리고 앳된 신랑은 보료 하나에 모두 같이 있다. 그런데 며느리는 화면의 왼쪽 귀퉁이에 혼자 앉아 있다. 건널 수 없는 강처럼 두 장면의 간격이 아득하다.

또 며느리가 뀌는 방귀의 위력이 얼마나 대단한지는 글자의 크기를 크게 하여 레이아웃으로 처리함으로써 드러낸다. 이때 그림은 식구들이 바람에 날려가거나 까마득히 솟은 배나무의 배가 우수수 떨어지는 모습으로 나타난다. 생산을 가져오는 방귀의 위력을 표현할 때 며느리는 마치 춤추는 한 떨기 꽃처럼 보인다. 며느리 둘레에 있는 색동무늬의 에너지가 마치 살아 꿈틀거리는 생명의 힘으로 비쳐진다. 이처럼 첫 번째 방귀는 억눌렸던 힘이 파괴로 드러나고, 두 번째 뀔 때는 다른 사람이 간절히 먹고 싶은 것을 구해주는 생산과 창조의 방귀로 변화한다. 억눌렸던 내면의 힘이 상황에 따라 다른 구실을 하는 것이다.

이처럼 『방귀쟁이 며느리』는 책장을 넘길 때마다, 새로운 화면이 펼쳐질 때마다 그림이 끊임없이 이야기를 들려준다. 더불어 이야기가 풍성한 그림에 전라도 사투리의 착착 달라붙는 말맛이 더해지면서 좀 더 커다란 서사를 만들게 되는 화학적 반응이 일어난다. 글은 대화나 방귀 소리를 표현한 의성어로 이야기의 상황을 입체적으로 드러내지만 그림으로 화면에 표현된 사실에 대해

• • • 『방귀쟁이 며느리』 ⓒ 글·그림 신세정, 사계절, 2008

서는 침묵을 지킨다. 그래서 그림은 글이 드러내지 않은 인물의 심리나 방귀에 대한 새로운 해석을 표현하는 데 집중한다. 이렇게 둘은 서로 다른 길을 가면서도 멀리서 보면 같은 곳을 향해 걸어가고 있다. 결국 글과 그림이 서로에게 거리를 두면서도 따로 또 같이 상호작용을 하여 이야기를 풍성하게 해 나간다.

3.

이제 옛이야기 '방귀쟁이 며느리'를 『방귀쟁이 며느리』 그림책으로 담아내기 위해 선택한 그릇을 살펴볼 차례다. 예술은 형식과 내용이 서로를 규정짓는다. 된장찌개는 뚝배기에 끓여야 제격이고, 스파게티는 넓적한 접시에 담아야 돋보이듯. 내용에 따라 어울리는 형식이 있고, 또 형식이 무엇을 담아야 할지 규제하고 있다. 그럼 옛이야기를 어떤 그릇에 담아야 어울릴까? 그림책으로 담아낼 때 그림을 그리는 재료는 무엇이 어울리고, 또 판형은 어떠해야 하며, 기법은 어떤 것이 가장 효율적인가 찾아낼 때 비로소 진가를 발휘할 수 있다.

『방귀쟁이 며느리』는 옛책과 동일한 방식으로 제작되었다. 우선 그림책 방향이 오른쪽에서 왼쪽으로 전개되고 있다. 이는 왼쪽에서 오른쪽으로 전개되는 대부분의 그림책과 다른 점이다. 그런데 우리나라나 일본, 중국의 옛책은 모두 오른쪽에서부터 이야기가 전개되는 방식이었다. 물론 일본 그림책은 여전히 이런 방식을 취하고 있다. 그림책은 근대의 산물이지만 옛이야기라는 전근대적인 문화를 담아내기에 가장 적합한 방식으로 옛책의 제작 기법을 따랐다. 익숙하지 않은 방법이지만 그릇에 담겨질 내용을 보면 잘 어울리는 방식이다. 서사의 전개 방향뿐만 아니라, 글도 세로쓰기로 했으며, 서체도 예스러운 판목각형을 선택하였다. 또한 책등에 감색, 팥색, 짙은 황토색을 가로로 차례차례 번갈아 그려서 마치 색한지를 두른 것처럼 표현하였다. 그런데 책등에 입힌 색깔은 채도가 낮아 어둡고 우울한 이야기의 단서를 제공하는 것처럼 보인다.

옛이야기를 효과적으로 표현하기 위해 작가가 선택한 그릇은 또 있다. 기법과 재료, 끌어다 쓴 그림이 그것이다. 화선지에 얇은 붓으로 여러 가지 색을 칠한 채색기법은 화면마다 동양화 특유의 먹물 번짐과 화려한 색깔의 장점을 부각시킨다. 가령 며느리가 청실배를 따기 위해 방귀를 뀌는 장면의 색은 꽃이 피는 것처럼 화려하게 그려졌다. 방귀가 자기 내면의 목소리를 드러내는 것이고, 그 목소리가 직관과 예민함으로 파악한 세상을 살아가는 방법을 말하는 이야기이므로 기존의 관습과 억압을 파괴하는 엄청난 역사의 한 장면으로 활기차고 아름답게 그려지는 것은 잘 어울린다. 반면 시집을 가면서 자기 목소리를 낼 수 없는 공간으로 이동할 때 느끼는 우울과 절망의 장면은 푸른색

• • • 『방귀쟁이 며느리』 ⓒ 글·그림 신세정, 사계절, 2008

의 먹물이 번지면서 처연한 심리를 잔잔하게 드러내는 데 적절한 효과를 발휘한다.

　인물의 내면을 표현하기 위해 끌어다 쓴 옛그림 또한 옛이야기에 담긴 시간성과 정서적인 일체감을 느끼게 하는 데 중요한 구실을 한다. 앞표지에 그려진 여인의 당당한 모습은 신윤복의 「미인도」를 빌려왔다. 읽는 이와 마주 보는 위치에 있는 그림은 시선을 마주치는 데 조금도 거리낌 없는 여인의 모습으로, 자신을 드러내는 데 주저함이 없는 미인도를 볼 때와 비슷한 경험을 제공한다. 뿐만 아니라 김득신의 「야묘도추」에 빗대어 제도나 관습에 억눌리지 않은 활기차고 훈훈한 인간 본연의 모습을 동경하는 처자의 심리를 담아낸다. 이교익의 「휴식」 역시 마찬가지다. 속곳 차림으로 질펀하게 앉아 쌈지에서 담배를 꺼내려는 사내와 시원한 나무 그늘에 앉아 쉬고 있는 인물은 마음 가는 대로 자신을 드러내는 자연스런 모습이다. 장옷을 뒤집어 쓴 채 불만족스런 얼굴로 그 모습을 지켜보는 며느리의 눈빛은 그에 대한 부러움을 상징하고 있다. 이렇듯 인물의 복잡한 내면을 드러낼 때 끌어다 쓴 옛그림은 우리에게 매우 친숙한 정경이다. 이처럼 이야기의 배경에 배치한 옛그림은 읽는 이에게 옛이야기 속에서 펼쳐지는 그때 그 시간 속으로 자연스럽게 몰입하도록 도와준다.

『방귀쟁이 며느리』의 또 다른 장점은 작가의 상상력이다. 방귀 하면 누구나 코를 막고 고개를 돌리거나 또는 얼굴이 붉어지는 일반적으로 창피스럽게 여기는 낱말이다. 그런데 작가는 발상의 전환을 통해 전복을 이룬다. 방귀를 생리적 현상으로 파악하지 않고, 힘없고 소외된 약자의 억압당한 내면의 목소리로, 가부장제 사회에서 억눌린 존재에 대한 목숨으로 바라보고 있다. 그리하여 남성 중심의 가부장제 사회에서 약자인 여자가 직관과 감성이 억압당할 때 그것은 생명을 위협하는 것이며, 곧 그 사회의 여성성 상실을 의미하는 것임을 말하고 있다. 한 사회가 건강하게 유지되기 위해서는 여성성과 남성성이 균형을 이룰 때이다. 약자를 끊임없이 통제하는 사회는 결국 창조와 재생산의 주체인 여성성의 결핍을 가져온다. 여성성의 결핍은 또 다른 반쪽 역시 불행하게 만든다. 그러니 여성의 내면을 억압하지 말고, 그것이 가진 창조적인 힘의 위대성을 시원하게 뀌는 방귀로 대신 보여주는 상상력은 얼마나 신선한가? 그래서 시원하게 방귀를 뀌는 며느리는 마치 활짝 피어나는 한 떨기 꽃처럼 묘사될 수 있는 것이다.

4.

옛이야기의 결말은 대부분 '~부자가 되어 잘 먹고 잘살았답니다'라고 끝맺는다. 그런데 간혹 '부자(富者)'라는 낱말을 자본주의 세계관으로 해석하여 옛

••• 『방귀쟁이 며느리』 ⓒ 글·그림 신세정, 사계절, 2008

이야기 본래의 의미를 훼손하는 경우가 발생한다. 자본주의 사회에서 의미하는 '부자'는 경제적인 부의 척도를 재는 기준이다. 그러나 전근대인의 세계관을 담고 있는 옛이야기의 '부자' 개념은 현대인이 생각하는 경제적 부와는 다른 의미를 내포하고 있다. 즉 옛이야기에서 말하는 '부자'는 경제적인 풍요로움이라기보다 끼니 걱정하지 않을 정도의 소박함이라는 것이다. 따라서 부자로 잘살았다는 내용을 그림으로 표현할 때 고래등 같은 기와집을 그린다거나 『방귀쟁이 며느리』에 나오는 것처럼 엽전 꾸러미를 들고 있는 것은 자본주의적인 부(富) 개념으로 인식했기 때문이다. 따라서 '부자가 되었다'는 말은 전근대인의 세계관이 담겨 있으므로 지금 이곳의 관점으로 옛이야기를 읽어내는 것은 읽는 이에게 오독의 여지를 줄 수 있다.

옛이야기는 어린 독자들에게 무한한 즐거움을 준다. 그것은 사건 중심으로 진행되는 빠른 전개에서 느끼는 재미[24]와 약자가 승리하는 결말에서 얻는 성취감, 극단의 대결 구도에서 맛보는 아슬아슬한 긴장이 주는 특성 때문이다. 그러면 『방귀쟁이 며느리』는 어린 독자에게 어떤 울림과 즐거움을 주고 있는가?

우선 소외되고 힘없는 약자인 며느리의 억눌림이 시원하게 해소되는 장면을 보며, 억눌렸던 자신의 내면을 돌아보고 그 힘이 가진 가능성에 대해 탐색을 할 수 있게 한다. 암탉이 울면 집안이 망한다는 생각을 했던 권위와 억압의 세상에서 외면당했던 목소리였지만 기회를 놓치지 않고 창조의 힘으로 전환하는 능력을 보여주며 상황을 새롭게 볼 수 있는 인식의 눈을 제공한다. 그리고 세상을 이루고 있는 어떤 것도 억압을 통해서는 유지될 수 없으며 서로가 서로의 존재를 귀히 여기고 존중할 때 균형을 이루면서 지속된다는 것을 깨달을 수 있다.

그러면 가부장제 사회에서 여자가 힘들고 버거운 시집살이를 하면서 힘을 얻을 수 있는 것은 무엇인가? 그것은 가장 가까이 있는 존재, 바로 남편이다. 여자의 존재 가치를 인정하고 결핍된 나머지 부분을 채워나가는 것은 결국 남편이다. 그런데 며느리가 더욱 힘들고 견디기 어려웠던 것은 무기력한 남편 때문이기도 하다. 부부는 인생의 반려자임에도 힘들 때 상대를 지지해 주고 격려해 주지 못한다면 상대뿐만 아니라 본인 역시 불행하다. 『방귀쟁이 며느리』에 나오는 남편은 무기력하면서 미성숙한 영혼을 가진 존재다. 남편이 꼬마 신랑으로 그려지는 것은 신체적인 미성숙만을 의미하는 것은 아니다. 한시

- [24] 사건 중심의 빠른 전개는 어린 독자의 내면에 담겨 있는 에너지의 흐름과 맥이 닿기 때문이다. 생동하는 에너지는 서정적인 흐름을 따라가는 데 어려움이 많다.

도 시어머니 옆에서 떨어지지 않는 것으로 보아 부모로부터 독립하지 못한 남편의 전형을 보여주는 것이다. 그래서 방귀를 뀔 때 시아버지한테는 가마솥을, 시어머니한테는 문고리를 잡으라 하면서도 신랑한테는 '서방님은 아무거나 붙잡고 계시오, 잉!' 하고 말한다. 평소에 섭섭하고 미덥지 못했던 마음에 대한 표현이다. 그러니 방귀에 날아가는 남편은 시어머니 치맛자락을 잡고 있는 모습으로 그리면서 남편의 심리적인 성숙이 어느 정도인가를 드러낼 수밖에.

『방귀쟁이 며느리』는 표면적으로는 가정이라는 좁은 울타리에서 남자와 여자가 서로의 모습을 그대로 인정하고 보듬으면 행복해진다고 말하고 있다. 그렇지만 심층적인 의미는 서로 다른 존재를 끌어안고 똑같은 무게로 존중할 때 세상은 훨씬 풍요로워지고 살맛나는 세상이 됨을 이야기하고 있다. 그래서 이 책을 읽는 현재의 어린 독자는 '아, 모든 사람은 존재 그 자체로 귀하며, 권위와 억압은 타자의 생명을 앗아가는 엄청난 폭력일 수 있구나! 그러니 각기 다른 존재의 이야기에 귀 기울여야 하며, 결국 존재의 한 고리를 잇고 있는 나를 어떻게 드러내야 하는지, 또 내가 가진 힘이 세상을 때론 파괴할 수도 있고 생명을 창조할 수도 있는 대단한 위력을 가진 것'이라는 깨달음을 얻을 수 있을 것이다.

『똥자루 굴러간다』ⓒ 글·그림 김윤정, 국민서관, 2010

똥, 고 말강말강한 사람다움

■ 손창수

1.

초등학교 시절, 똥 받아 오라는 선생님의 말씀 끝에는 언제나 들썩들썩 친구들의 야유와 괴성이 교실을 가득 채우곤 했다. 무슨 놈의 똥으로 건강을 알아보냐는 비아냥거림과 함께, 당장 오늘 저녁 화장실 바닥에 신문지를 두어 장 깔고 우스꽝스러운 모양으로 아랫배에 힘을 줘야 할, 그리고 그 꾸린내, 고 못생긴, 축축하고 늘늘한 질감에 대한 오만가지 생각으로 뭉그러진 표정들을 하고 터벅터벅 하교를 했더랬다.

이상한 게, 꼭 아부지 밥 먹을 때 똥이 마렵더랬다. 첫 숟갈 뜨실라 치면 느닷없는 절정의 신호. 베란다로 후다닥, 가지런히 쌓아둔 날짜 지난 신문지 몇 장 호들갑스럽게 뒤져 화장실로 후다닥. 그러곤 시원스레 똥 두어줄기 내리싸면 그제야 '아! 채변봉투.' 하고 생각나는 것이다. 진작 좀 떠오르지, 왜 꼭 그런 순간에는 생각도 하수구일까. "엄마! 엄마!" 부르면 빼꼼이 열린 문 사이

로 불쑥, 엄지와 검지 끝에 아슬아슬 대롱대롱, 채변봉투가 매달려 있었다. 아부지는 연신 '꾸려, 꾸려.' 노래를 하셨다.

쓰레기통 뒤져 메론바 막대기를 꺼내 움푹 똥을 퍼 올려 아슬아슬 닿을락 말락 벌어진 아귀로 들이밀기까지, 그리고 끝에서부터 주욱 밀어 반대쪽 끝까지 입구를 단단히 봉하는 안도의 순간까지의 짜릿함과 통쾌함으로 그날 저녁 밥은 두어 그릇쯤 비웠으리라. 그러고는 책가방 앞에서 경건하게, 여전히 체온이 서려 있는 채변 봉투 속 내 똥을 신기한 듯 들여다보았다.

그래, 난 똥이 참 좋았다. 그것도 채변 봉투 속 똥이. 마치 '자연' 수업 시간에 종종 하던 실험 실습의 연장으로써 고고히 들여다보며 탐구해야 할 미지의 세계인 양 채변 봉투 속 똥은 나에게 설렘이었다. 때로는 아무도 몰래 뭉그적뭉그적 짓누르며 느낄 수 있는 고 말강말강한……

그런 미덥고 즐거운 똥 덩어리가 여기엔 한 무더기로 있다. 바로 김윤정의 그림책 『똥자루 굴러간다』 속에. 강원도 설화 '이완 장군과 똥자루 큰 처녀'와 평안북도 설화 '무쇠 바가지' 옛이야기를 새롭게 쓴 이 그림책은 '똥' 소재로 많은 어린이 독자들에게 건강한 웃음과 희망을 선사한다. 똥자루 임자는 도대체 누굴까? 어제 저녁 무얼 얼마나 먹었기에 이렇게 거대한 똥을 누었을까? 긴 작대기로 어디 한번 푹, 푹 쑤시고 헤집어 고 내용물을 하나하나 살펴볼까나.

2.

"똥자루 굴러간다!" 외치는 우렁찬 고함 소리가 왕왕하다. 이런, 고래고래 소리치는 저 장수의 머리 위로 콩나물 머리며 줄기며 더덕더덕 박혀 있는 거대한 똥자루가 와장창 떨어질 것만 같다. 아슬아슬한 똥자루 그림, 두 손을 너르게 펴고 소리치는 저 장수의 천연덕스러운 표정, 장수를 중심으로 둘러선 졸개들의 모습은 수근수근, 키득거리는 청각 이미지로 그림책의 앞표지를 가득 채운다. 연한 황토빛 붓자국이 수직으로 잔잔하게 채색되어 거대한 똥자루가 이제 곧 떨어질 것 같은 긴장감을 유발하면서도 똥이 주는 생생한 후각 이미지를 가시화한다. 저 거대한 똥자루와 장수, 앞으로 서사에서 무언가 큰일을 해낼 것 같은 기대감을 갖게 한다.

『똥자루 굴러간다』는 크게 세 부분으로 나눌 수 있다. 거대한 똥자루의 등장으로 '똥자루 장군'의 존재를 알리는 시작 부분, 대장과 군사들이 비범한 똥자루의 임자를 찾았으나 똥 임자가 처녀(여성)임을 알고 잠시 갈등한 뒤에 그녀를 부장군으로 임명하는 부분, 적군의 침입 소문과 그에 대비하는 부장군의 엉뚱한 행동이 적을 몰아내는 슬기로운 대응책으로 입증되며 처녀가 표지에서처럼 '장군'이 되는 마지막 부분이 그것이다.

처음엔 커다란 똥자루로 비범함을 인정받아 부장군이 되지만 지혜를 발휘하여 자신의 능력을 인정 받은 뒤 비로소 장군이 되는 이 서사의 과정에서 인물과 인물의 행동에 초점이 맞춰지게 된다.

이를 위해 『똥자루 굴러간다』에서는 각 장면에 등장하는 대상들의 상대적 크기를 활용한다. 서사의 도입부에서 개 한 마리가 똥자루를 발견하는 장면을 보자. 똥자루의 거대함을 드러내기 위해 개, 나무, 산의 크기가 상대적으로 매우 작게 표현되었다. 다음 펼침면에서 대장과 군사들이 등장할 때도 왼쪽 면의 대장과 군사들의 무리보다도 오른쪽 면의 똥자루를 화면을 넘어찰 만큼 크게 표현하였다. 수소문 끝에 대장이 똥자루의 임자가 처녀임을 알게 되는 장면에서도 질겁하는 대장의 내부 심리를 드러내기 위해 흑백에 가까운 어두운 음영으로 처리함과 동시에 긴장과 위축을 두 인물의 상대적인 크기로 드러

• • • 『똥자루 굴러간다』 ⓒ 글·그림 김윤정, 국민서관, 2010

내고 있다.

　작가는 『똥자루 굴러간다』의 여러 장면에서 시각화된 글 텍스트를 효과적으로 활용하고 있다. 표지에서 제목인 '똥자루 굴러간다'의 전체적인 형태가 똥자루 그림의 아래 선과 조응하여 글과 그림이 함께 강조되고, 대장이 똥자루 임자를 찾으라고 명령하는 장면에서 네 문장의 대화체를 확장 형태로 뻗어나가게 함으로써 청각 이미지를 부각시킨다. 또한 처녀가 산꼭대기에서 똥을 누는 장면에서는 '우르르'와 '끄응'과 같은 시늉말에 진동하는 산의 모습처럼 만화적인 떨림 효과를 주거나 힘을 주는 듯한 느낌을 부여하여 감각 이미지의 극대화를 이끌어내고 있다.

　이밖에도 눈여겨볼 것은 황토색의 활용이다. 작가는 황토색의 선과 면으로 서사의 각 장면과 대상의 감각적 표현을 극대화하고 있다. 책의 첫 번째 면지에서부터 시작하여 거대한 똥자루의 존재가 등장하는 장면까지 이어지는 구부러진 황토색 선은 퍼져나가는 '똥냄새'를 시각과 후각으로 나타낸다. 또한 첫 번째 면지에 등장하는 '개'가 이 굴곡선의 긴 줄을 따라 오른쪽으로 이동하면서 다음 장면에 등장할 특정 대상(똥)에 대한 암시와 서사의 진행을 안내하고 있다.

표지와 면지를 비롯한 모든 장면의 배경에 쓰인 섬세한 곡선의 황토색은 각각의 장면마다 채색 기법을 조금씩 달리하며 서사의 진행과 조응한다. '똥자루'의 등장에 이르는 일련의 장면에서는 부드러운 곡선으로 배경 전체를 채색하여 안정적인 분위기 속에서 후각적 감각을 부각시켜 독자를 긴장하게 한다. 군사들이 적군을 쫓아가는 장면에서는 수평 방향의 부드러운 직선으로 쫓는 이들과 쫓기는 이들 사이의 긴장감과 역동성을 높인다. 서사의 절정에 해당하는, 똥자루가 굴러 내려오는 장면의 경우 수직과 원형의 곡선을 한층 날카롭게 표현해 높은 산꼭대기에서부터 아래로 굴러 떨어지는 똥자루의 속도감을 강화한다. 이 장면에서 원형 곡선은 독자가 똥자루의 역동성에 더욱 집중하도록 하면서 동시에 혼란스럽고 정신없는 분위기까지도 연출해내고 있다.

작가는 위 장면에서와 같이 황토색 원형 곡선을 겹겹이 써 특정 대상을 둘러싸는 방식을 자주 활용한다. 대장이 똥자루 임자의 생김새를 추측하는 장면, 대장이 처녀와 첫 대면을 하는 장면, 처녀를 부장군으로 임명하는 장면, 적군이 쳐들어온다는 소문이 마을에 퍼지는 장면, 처녀가 무쇠솥 백 개를 지고 마을 들머리로 향하는 장면, 산꼭대기에서 처녀가 똥을 누는 장면에서 독자가 더욱 비중 있게 들여다보아야 하는 대상을 강조하고 초점화하며 서사의 중심이 '똥자루 장군(처녀)과 대장의 행동'에 있음을 부각시키는 것이다. 이는 앞서 살펴본 대상의 상대적 크기 변용과 더불어 주요 인물과 행동의 초점화를 위한 장치이다.

또한 작가는 어린이 독자들이 이야기에 몰입하여 그 속에서 다양한 재미를 느끼며 서사의 진행에 적극 참여할 수 있도록 긴장과 이완을 위한 여러 장치를 활용하고 있다. 책의 첫 번째 면지에서부터 마지막 면지까지 불쑥불쑥 등장하는 '개'는 이러한 장치의 일환이다.

권정생의 『강아지똥』(길벗어린이, 1996)과 김시영의 『와, 개똥참외다!』(문학동네, 2005)의 작품에서 볼 수 있듯이 '개'는 '똥'과 밀접한 관련이 있다. 작가는 이러한 개연성을 빌어 갑작스러운 똥자루의 등장을 지연시키고 서사가 자연스럽게 시작될 수 있도록 첫 면지에서 개를 등장시키고 있다. 똥자루 등장 이후에도 이 개는 몇몇 장면에서 더 등장하는데 독자들이 이 개를 찾고 또 쫓아가다 보면 어느새 마지막 면지에 도달하게 된다. 서사의 진행 방향에 맞추어 움직이는 개를 따라 '잡기놀이'를 하듯 서사를 따라가게 되는 것이다.

개가 잠시 멈칫거리는 장면에서 독자는 거대한 똥자루와 대면하게 된다. 이 똥자루 앞에서 독자 또한 한동안 머뭇거리게 된다. 거대한 똥자루 밖으로 빠끔히 고개를 내밀고 있는 내용물의 정체를 알고 싶은 것이다. 콩나물도 보이고, 수박씨도 보이고, 이파리도 보이고, 또 보이지 않는 듯 보이는 무언가가 더 있을 것도 같은 생각이 든다. 한번 쑥쑥 쑤셔도 보고 싶고, 헤집어 보고 싶기도 하다. 독자의 참여에 따른 관찰은 한층 확장되어 이 똥자루의 임자가 전날 먹은 음식을 상상해보기도 하고, 똥자루의 임자가 어떤 굉장한 인물일지 상상하기도 한다. 이러한 머뭇거림은 다음 장면에 대한 기대감과 뒤섞여 서사의 즐거움과 극적 효과를 더한다.

대장이 똥자루 장군의 외딴 집에 이르러 직접 그 사람의 실체와 대면하기 전까지 독자는 (대장과 마찬가지로) 똥자루 임자가 '남자'라고 생각하며 서사를 따라가게 된다. 표지에 등장하는 장군과 그의 갑옷, '똥자루가 굵은 사람이 살았어'라는 글 텍스트, 거대한 똥자루 그림, 대장의 추측 속 똥자루 임자의

• • • 『똥자루 굴러간다』 ⓒ 글·그림 김윤정, 국민서관, 2010

  덩치와 뒷모습, 오두막집에서 대장이 바라보는 똥임자의 뒷모습과 거대한 그림자, 억센 힘의 묘사가 독자로 하여금 자연스레 똥자루 장군을 남성으로 생각하도록 유도하고 있는 것이다. 그런데 갑작스레 밝혀지는 똥자루 장군의 성별로 독자는 반전의 충격을 받게 된다. 이에 그림책을 앞에서부터 다시 살펴보면서 똥자루 장군의 여성으로서의 면모와 요소를 새롭게 발견하는 기쁨을 얻게 된다.

  한 가지 더 강조하여 주목하고 싶은 부분은 이야기의 끝부분이다. 똥자루 처녀가 '장군'이 되는 장면으로 글 텍스트는 이야기를 끝맺는다. 이어 서사의 배경이 되는 마을의 조감도가 한눈에 들어오고, 저자 소개와 그림책 제작을 위한 참고문헌 안내로 독자 스스로도 서사를 정리하고 끝맺음할 즈음, 뒷면지에서 저자는 그림 텍스트를 통해 끝나지 않은 뒷이야기를 여전히 진행하고 있다. 바로 똥자루 장군을 향한 대장의 구애 장면이다. 이 장면은 그림책에서 아주 특별한 의미를 갖고 있다.

더럽고 냄새나는 '똥자루'와 못생기고 뚱뚱해 보이는 '처녀'의 연결은 자칫 외모에 대한 잘못된 선입견을 갖게 하거나 사회적으로 만연해 있는 외모 콤플렉스를 유지하고 확대할 가능성이 있다. 처녀가 부장군이 되어 기지를 발휘해 적군으로부터 마을을 지켜낸 것만으로도 처녀의 외모에 대한 선입견을 다소 극복할 수는 있지만, '똥 - 외모'가 가진 직접적인 연상을 극복해 내기에는 부족하지 않을까. 하지만 작가는 이 마지막 장치를 통해 위와 같은 우려를 일부분 해소해내고 있다. 외모보다 더 지혜롭고 아름다운 내면의 가치를 대장의 구애 장면을 통해 함축적으로 드러내고 있는 것이다.

3.

이렇듯 김윤정의 『똥자루 굴러간다』는 인물과 특정 대상을 중심으로 다양한 시각 효과, 긴장과 이완, 재미와 반전을 통해 하나의 완결된 단단한 서사 구조를 갖춘 좋은 그림책이라 평가할 수 있다. 하지만 그림책에서 글과 그림의 상호보완적 관계라는 틀을 바탕으로 생각했을 때 발견되는 몇 가지 아쉬운 부분이 있다. 특별히 문제 삼고자 하는 것은 글과 그림 텍스트가 제시하는 정보량이다.

이 그림책을 전체적으로 보았을 때, 글 텍스트가 그림이 제시해 주는 정보를 중복적으로 제시하거나 혹은 너무 직접적으로 전달하는 부분을 발견할 수 있다. 똥자루에 드러나는 내용물에 대한 직접적인 언급, 군사들과 대장이 똥 임자를 찾고 있다는 내용, 댕기머리 장사(처녀)가 나무를 하는 장면에 대한 설명, 박이 온 마을을 뒤덮었다는 내용, 쫓기던 적군들이 산 아래에서 숨을 돌렸다는 내용 등 그림으로 충분히 전달된 내용을 글 텍스트로 또 다시 제시하여 자칫 독자의 이야기 형성 과정의 자율성을 제한하는 것은 아닌가 하는 의구심

• • • 『똥자루 굴러간다』 ⓒ 글·그림 김윤정, 국민서관, 2010

이 든다.

　반면 글 텍스트가 담당해야 할 설명이 충분히 이루어지지 않은 부분도 아쉽다. 예를 들어 "어이쿠! 무거운 무쇠솥을 머리에 쓰고 있다니 잘못 쳐들어왔다!"와 같은 적군의 말은 무쇠솥을 머리에 쓴 것과 두려움의 대상 간의 개연성을 인식할 수 있는 독자라면 이해할 수 있으나 그것이 어떤 이유로 두려움의 대상이 되는지 인식하기 힘든 독자라면 서사의 진행은 방해받을 수 있다. 그림책의 주요 독자 대상을 고려해볼 때 글 텍스트가 자연스럽게 보완할 수 있는 부분에 대한 간과로 보인다.

　그림의 경우 거대한 똥자루가 제시된 장면에서 그 내용물이 더 다양했다면 어땠을까 하는 아쉬움이 남는다. '똥'이라고 하는 소재의 친근함으로 독자의 시선이 꽤 오랫동안 머무르는 부분에서 독자의 관찰과 상상의 기회를 더 많이 줄 수 있는데도 콩나물과 수박씨로 한정한 것은 그 똥을 '사람의 똥'으로 연결 지어야 했기 때문이었을까. 아니면 글 텍스트의 간결성을 위함이었을까.

　그림책을 읽는 어린이 독자들의 발견하는 즐거움과 우리 옛이야기의 정서를 더욱 드러내고 싶어서였는지 몰라도, 대장과 군사들이 마을에서 똥자루 임자를 찾는 과정을 담은 그림 속에 작가는 '여우 누이' 이야기의 등장인물을 숨겨두었다. 이렇게 발견하고 되짚어보면 또 다른 옛이야기의 주인공들 – 콩쥐 팥쥐, 소가 된 게으름뱅이, 해와 달이 된 오누이 등 – 도 숨겨놓은 듯 보인다. 그런데 작가가 정말 의도적으로 옛이야기의 등장인물을 설정한 것이었다면, 그 옛이야기의 특징적인 요소가 잘 부각될 수 있게 표현해야 했다. 그렇게 했다면 그것을 발견하고 이야기 나누는 즐거움은 더했을 것이다.

4.

그래도 『똥자루 굴러간다』에서 김윤정이 그린 똥은 '진짜 똥'이다. 책 속에서 그리고 책 밖에까지 잔뜩 풍기는 구린내 천지에 응당 코를 막음직도 한데 묘하게 눈길이 가는 똥, 채 소화되지 않은 내용물이 더덕더덕 붙어 있어 이 사람이 무얼 먹고 사는 사람인지, 그리고 어떤 사람인지 제대로 몽글몽글 사람 냄새 풍기는 똥이다. 똥의 묘한 매력과 사람의 보이지 않는 내면의 묘한 아름다움이 하나로 어우러지고, 그것이 만들어낸 재미 넘치는 크고 작은 서사가 이 책의 화폭 하나하나에 담겨 있다. 기막힌 냄새를 풍기며 독자의 코를 킁킁거리게 한다. 그리고 웃게 한다.

나는 내일 아침 어떤 똥을 누고 그 속에서 어떤 내용물을 확인하게 될까. 참된 사람의 똥은 못 될지라도 희멀겋고 흐리멍덩한 물똥보다는 굵직굵직한 똥자루를 한가득 뿜어내고 싶다. 그리고 또 그 어떤 채변 도구를 가지고 푹푹 찔러나 보며 '이놈 사람답게 좀 살아야지.' 하고 타일러야겠다. 혹시 알아? 나라를 구할지도.

『밥 안 먹는 색시』ⓒ 글 김효숙 · 그림 권사우, 길벗어린이, 2006

억압된 욕망의 변형과 귀환

■ 권영품

1.

 수수께끼 하나 풀어보자. 채워도 채워도 채울 수 없는 것은? 밑 빠진 독에 물 붓기.

 답이 그것뿐일까? 권력의 욕망, 부의 욕망, 사랑의 욕망……. 이것들은 어떠한가? 욕망이란, 가까이 간다는 환상만 가질 뿐 결코 도달할 수 없는 오아시스처럼 '타는 목마름' 그 자체가 아니던가. 바라는 것을 얻는 순간 또 다른 것을 갈망하게 되는 것. 그래서 인간의 욕망은 만족을 모르며, 끝없는 상승이며 영원한 결핍이지 않은가. 죽음으로서만 끝낼 뿐 살아있는 한 결코 채울 수는 없는 것.

 김효숙이 다시 쓰고 권사우가 그린 『밥 안 먹는 색시』에도 채워지지 않는 그 무엇이 나온다. 가마솥 한가득 밥을 해 먹고도 모자라 후식으로 콩까지 삶아 먹는 '입 큰 색시'의 채워지지 않는 식욕. 한 가마니 쌀로 밥을 해서 머리꼭지

에 달린 비밀 입으로 밀어 넣던 '입 작은 색시'의 넘치는 식욕. 우리 조상들은 좀 괴기스럽기까지 한 이 이야기로 과연 무엇을 말하고자 했을까.

베델하임은 옛이야기가 수백 년에 걸쳐 재화를 거듭하면서 '인류의 보편적 심성에 호소해 왔고 우리 내면에 존재하는 이드, 자아, 초자아가 어떻게 조화를 이룰 수 있는지' 보여준다고 했다. 굳이 베델하임의 말이 아니더라도 옛이야기 속 무의식 세계의 존재는 널리 알려진 바이며 그것과의 만남을 통해 알게 모르게 치유와 위안을 얻게 된다. 그렇다면 옛이야기를 그림책으로 그려낸 『밥 안 먹는 색시』가 무의식 세계 속 어떤 보편 심성을 담아내고 있으며 위안과 치유의 기능은 무엇일까?

이 문제를 해결하기 위해 '옛이야기'와 '그림책' 각각의 영역을 나누어 살펴보고자 한다. '옛이야기 그림책'은 '옛이야기'와 '그림책', 어느 하나도 놓칠 수 없기 때문이다. 따라서 무의식 세계와 인류 보편의 심성을 글 텍스트가 어떻게 담아내었고, 그림은 어떻게 표현하였는지 나누어 살펴보겠다. 여기서 두 영역 모두를 관통하는 고민은 그림책 『밥 안 먹는 색시』가 아이들과 어떻게 만나고 있는가에 대한 문제이다.

2.

옛이야기는 역사적 가치 면에서뿐만 아니라 인류 보편의 무의식을 다루고 있다는 점에서 원작을 쉽게 개작하거나 훼손, 혹은 축약해서는 안 된다. 아이들이 읽기 위해 말이 글로 변모하는 것은 어쩔 수 없다지만 옛이야기의 기본 화소는 꼭 지켜야 할 것이다. 그렇다면 『밥 안 먹는 색시』는 옛이야기의 화소를 얼마나 잘 살려내고 있을까?

옛이야기 '밥 안 먹는 마누라'는 현재 모두 다섯 편이 구전되어 왔는데 주요 화소는 다섯 가지로 볼 수 있다. 1)밥 많이 먹는(입 큰) 색시의 등장, 2)밥 많이 먹는 색시의 죽음, 3)입 작은 색시의 등장, 4)감춰진 입의 발현, 5)욕심 많은 남편이 공통된 화소다. 위와 같은 화소가 텍스트 속에 어떻게 살아 있으며 또한 아이들에게 어떻게 다가가는지 살펴보자.

먼저 입 큰 색시의 등장을 보면 『한국구비문학대계8』을 제외하고 다른 판본인 『한국구전설화 8·10·11』에는 모두 밥을 많이 먹는 색시 이야기로 시작된다. 이를 글 작가 이효숙은 '입이 함지박만 한 여자'로 살려냈다. 이는 뒤에 나올 '개미구멍만 한 입 작은 색시'와 시각적 대비를 주어 즐거움을 주거니와 '함지박'이라는 구체 이미지로 아이들에게 접근하였기 때문에 적절한 변용이라 할 수 있다.

두 번째, 입 큰 색시가 죽는 장면은 어떠한가? 『한국구전설화』 8권에서는 '때려 죽이'거나 '내쫓'는 내용으로, 11권에서는 '배지를 푹 쑤시뿌'려서 죽는 내용으로 나온다. 글 작가가 참고한 부분은 11권 '배를 찔러 배가 터져' 죽는 설정이다. 여기서 아이들이 읽는 이야기인데 굳이 죽음을 이야기할 필요가 있는가 하는 의문이 제기된다. '배가 터져서 죽는' 실제의 죽음을 연상한다면 능히 '청소년 관람불가' 등급의 딱지를 받을 만하지 않은가. 하지만 여기서 '죽음'이란 실제를 말하기보다는 '억압'을 통한 '무의식 세계로의 퇴출'이라는 메타포로 읽어야 할 것이다. 나아가 '죽음'은 새로운 '탄생'을 예고하는 무의식적 원형에 해당하므로 죽음이라는 화소는 반드시 필요하다고 본다. 그나마 때려죽이는 것보다 배를 찔렀는데 우연히 터져 죽은 것이 조금은 완화된 표현이 아니겠는가.

세 번째 밥 안 먹는 색시(입 작은 색시)의 등장 부분을 보자.

입 작은 색시는 "뱅애(병어) 입맹이로", 혹은 그냥 "입 작은 마누라"와 같은

••• 『밥 안 먹는 색시』 ⓒ 글 김효숙·그림 권사우, 길벗어린이, 2006

표현으로 옛이야기 모든 판본에 등장한다. 이야기의 주인공에 해당하기 때문에 공통적으로 등장할 수밖에 없고 그래서 제목도 모두 '밥 안 먹는 각시' 혹은 '밥 안 먹는 마누라'인 것이다. 그림책에서는 입 작은 색시를 '개미구멍만 한 입'으로 표현하였다. 옛이야기 그대로 '뱅애 입'이라 하는 대신 아이들이 익히 보았을 '개미구멍'으로 '작은 입'을 선명하게 형상화했다.

네 번째 감춰진 비밀 입은 어떻게 형상화되었는가? 옛이야기에서는 '꼭뒤(뒤통수)를 따고'(『한국구비문학대계』 8-1권) '장배기(머리 위의) 뚜껑을 열고서'(『한국구전설화』 8권 263쪽) '뒤통수 낭자 밑이를 떠들고'(『한국구전설화』 8권 263쪽) '머리 뒤꼭지로 띠고'(『한국구전설화』 10권 263쪽) '따가리 장백이'(『한국구전설화』 11권 116쪽)로 묘사되었다. 그림책에서는 '머리 꼭대기에 커다란 입'이 드러나는 것으로 묘사되었다. 이 화소는 이야기의 절정이자 고갱이에 해당하는 것으로 반드

• • • 『밥 안 먹는 색시』ⓒ 글 김효숙·그림 권사우, 길벗어린이, 2006

시 살려내야 하는데 옛이야기 원본에 충실했음을 알 수 있다.

위에서 살펴본 바와 같이 글 텍스트가 옛이야기 원본에 충실했지만 달라진 부분도 있다. 먼저 결말 부분에서 대부분 판본에서는 머리에 달린 입으로 먹는 장면까지만 서술되어 있고 딱 한편 『한국구전설화』 8권(263쪽)에서만 남편이 내쫓았던 부인을 도로 데려다 사는 내용이 나온다. 그림책에서는 남편이 도망가는 것으로 나오는데, 남편의 패배라는 점에서는 결과는 비슷하니까 이런 설정에 큰 무리가 없다고 생각한다. 두 번째, 옛이야기와 달리 그림책의 글 텍스트는 읽는 재미를 준다. 다음 인용 글을 보자.

한 알씩 개미구멍만 한 입 속에 집어넣어
쪽쪽 빨아 먹었습니다.

"아유 배부르네 배불러."

(……)

색시는 밥알 두 알을 쫄쫄 빨아 먹고는

"견딜 만하네 그럭저럭."

(……)

밥알 한 알을 오랫동안 쫄쫄쫄 빨아 먹고

"모자라네, 모자라."

하고 말했습니다.

옛이야기에서는 없는 내용이나 글 텍스트에서는 밥 안 먹는 색시가 '밥 세 알'에서 한 알씩 줄여나가는 과정을 세 번 반복하는 구조로 남자의 인색함과 과욕을 세밀하게 보여주고 있다. 단순 반복만이 아니라 갈등이 심화되는 발전 구조라서 위기감을 고조시킨다. 색시의 독백이나 '쫄쫄쫄' 같은 리듬감 있는 말은 글 텍스트의 미덕을 살린 것이 아닐 수 없다. 글 작가의 세심한 배려와 고민의 흔적이 느껴진다.

3.

『밥 안 먹는 색시』를 액면대로 읽으면 곳간을 채우려는 남자의 욕심을 문제로 규정하고 여자의 왕성한 식욕을 오히려 건강하게 바라보는 시각이 된다. 이런 주제 의식 자체도 모자람 없는 재미와 위안을 준다. 그러나 옛이야기의 심층에 잠재되어 있는 무의식적 상징을 찾아내어 다의적, 다층적으로 해석하면 이야기의 맛은 더욱 풍부해질 것이다.

먼저 정신분석학적 견지에서 채워지지 않는 '식욕'은 무엇을 말하는 것일까?

일반적으로 식욕 그 자체는 생물체의 본능 즉 생리적 욕구에 해당하므로 밥을 먹으면 사라진다. 그러나 채워지지 않는 식욕, 즉 욕망으로 변해버린 데에는 이유가 있다. 옛이야기는 당시 민중들의 절대 빈곤의 삶을 반영한다. 늘 배고픔의 잉여가 남아 눈덩이처럼 커지고 커져 욕구불만이 된다. 욕구불만은 먹어도 먹어도 쉽사리 사라지지 않는 욕망으로 발전한다. 절대 빈곤, 이것이 바로 식욕이 욕망으로 변하게 된 1차 원인이 된다.

그런데 식욕이 욕망으로 변한 데에는 사회적인 금기 양상 또한 한몫을 하고 있다. '밥을 많이 먹으면 바보 된다'는 속담, 바보가 '밥보'의 ㅂ 탈락에서 유래했다는 어원에서 보듯이 당시에는 많이 먹는 것을 부정하는 사회 상황이었다. 넘치는 식욕을 채우려는 행동은 악덕이 되고 본능에 지배되는 부끄러운 행동으로 지탄의 대상이 된다. 자아는 자신의 넘치는 식욕을 받아들이지 못하고 억압하여 무의식 세계로 밀어 넣는다. 남자가 밥 많이 먹는 색시의 배를 찔러 죽게 한 행위, 이것은 바로 '억압'을 통해 자신의 욕망을 무의식 세계로 밀어 넣는 행위에 다름 아니다. 결국 입 큰 색시의 넘치는 식욕은 욕구 불만이 욕망 덩어리로 변화 발전된 양태이며 당시 사회적 상황으로 억압되어 무의식 세계로 밀려난 '억압된 욕망'인 것이다.

여기에 덧붙여 프로이트는 억압된 것은 무엇이든지 되돌아오려는 경향을 보인다는 정신계의 보편 법칙에 대해 이야기한다. 즉 무의식 속에 숨어 있다가 호시탐탐 의식의 틈을 노려 복귀를 꿈꾼다는 것이다. 하지만 억압된 욕망이 의식계로 떠오르기 위해서는 '꿈의 작업과 같은 일정한 변형 과정 혹은 타협 과정을 필요로 한다. 떠오르려는 힘과 누르는 힘의 충돌, 갈등, 타협 현상 때문이다.' 여기에 기댈 때, 이야기의 또 다른 상징 해석을 요구하는 '입 작은 색시'는 의식계로 떠오른 변형된 욕망이다. 의식의 검열을 피해 머리꼭지에 비밀 입을 숨겨 놓고 겉으로는 아닌 척 능청스런 존재로 되돌아온 것이다. 머릿속에 비밀 입을 숨겨 놓을 생각을 과연 누가 할 수 있었을까? 그 창조적 변형에 그저 놀라울 따름이다.

스피노자는 '욕망은 인간의 본질이다'고 말한다.[25] 프로이트는 「쾌락의 원리를 넘어서」에서 욕망을 충족시키는 유일한 방법은 죽음뿐이라고 말한다. 즉 살아있는 한 욕망은 인간의 영원한 동반자라는 것이다. 아니, 내면의 욕망은 인간 삶의 동력이자 행동의 동인이라 할 수 있다. 머리꼭지에 비밀 입을 숨겨 놓듯이 인간은 무의식적으로 자신의 욕망을 채우기 위해 끊임없이 창조력을 발휘한다. 수많은 예술 작품은 욕망의 창조적 변형물인 것이다. 놀랍지 않은가? 『밥 안 먹는 색시』에 프로이트보다 먼저 정신분석학의 핵심을 꿰뚫어 본 우리 조상들의 지혜가 들어있다니.

『밥 안 먹는 색시』는 정신분석학의 알레고리로서 욕망의 억압 과정과 억압된 욕망의 표출 양상을 훌륭하게 보여주고 있다. 남자는 도망가고 밥 안 먹는 색시가 웃는 장면으로 끝나는 결론은 인간 욕망의 인정과 의식화의 도모를 말한다. 옛이야기는 욕망은 죄악이며 억압해야 한다는 퍽퍽하고 메마른 윤리의식 대신 욕망을 인정하고 그것을 해소하는 과정으로 나아가라고 말한다.

4.

글 텍스트가 무의식 세계를 상징하고 있듯, 그림 텍스트에서도 많은 부분 '욕망'과 '무의식'을 읽을 수 있다.

먼저 남편을 찬찬히 살펴보자. 남자는 온몸이 무채색 잿빛에 잔뜩 긴장한

---

[25] 딜런 에반스, 『라깡 정신분석 사전』, 인간사랑, 1998, 279쪽.

모습을 하고 있다. 신경증적이고 비생동적이며 불안한 심리 상태를 보여준다. 자신의 욕망과 싸우고 억압하고자 했을 때 의식은 얼마나 불안한지, 짙은 잿빛 무채색은 말해주고 있다. 반면에 여자는 검고 붉은색으로 채색되었으며 얼굴색도 선명하고 생동감이 느껴진다. 붉은색을 주색으로 하는 여인의 모습에서 욕망의 역동성을 능히 읽을 수 있다.[26]

윤곽을 선으로 묶고 그 안을 채색하는 동양화적 기법으로 옛이야기 풍을 멋스럽게 살려냈다. 여기서 눈여겨볼 것은 윤곽선이 직선이 아닌 꿈틀거리는 곡선으로 표현된 점이다. 왜 곡선인가? 인간의 삶은 직선이 아니라 곡선이다. 오름이 있으면 내림이 있고 내림은 오름의 출발선이다. 구불구불한 인생의 선, 그 속에 감추어진 인간의 욕망! 곡선은 욕망의 꿈틀거림을 나타내는 것이다. 그래서 곳간 지붕, 뭉게뭉게 피어오르는 연기, 여인의 옷자락, 몸매의 선은 모두 구불구불, 꿈틀꿈틀한 곡선으로 되어 있다. 정지된 화면 속에서도 꿈틀거림과 생동감이 느껴질 정도로.

그림 텍스트의 주된 공간은 집, 그 안의 방과 곳간이다. 여기서 집을 사람의 정신 구조로 바라볼 수 있다. 프로이트는 인간의 정신구조를 의식과 무의식으로 이분하였는데, 방은 사람의 무의식 공간에 해당되며 곳간은 의식 공간의 비유로 볼 수 있다. 욕망을 상징하는 색시가 있는 공간은 주로 방이고 방에는 작은 창문 하나가 달려 있다. 창문의 구실은 의식 세계와 무의식 세계의 빈틈, 혹은 통로에 해당한다고 볼 수 있다.

이야기 첫 부분에 욕구의 존재를 밝혀주는 입 큰 색시가 있는 곳은 비교적 창문이 많이 열린 상태이고 남자가 색시와 함께 있다. 억압하기 전, 남자가 자

•26) 붉은색은 생명과 관련이 깊다. 불, 전쟁, 에너지, 공격, 위험, 정치적 혁명, 충동, 감정, 열정, 사랑, 기쁨, 축제, 활력, 건강, 힘 등을 상징한다.(잭 트레시더, 『상징이야기』, 도솔, 2007, 220쪽.)

기의 욕망을 의식하는 상황이라고 볼 수 있다. 반면에 입이 작은 색시가 있는 공간 속에서 남자는 조금 열린 창문 틈 밖에서 삐죽이 색시를 바라보고 색시는 혼자 방 안에 앉아 있다. 즉 억압된 욕망이 무의식 공간에 밀어 넣어진 상태를 보여준다. 마지막 부분, 곳간 문을 활짝 열어 마당에 깔아놓고 밥을 똘똘 뭉치고 있는 입 작은 색시가 머리 꼭대기의 숨겨진 입을 드러내는 장면은 의식 공간에 드러난 변형된 욕망의 상징으로 읽을 수 있다.

여기서 눈여겨볼 것이 또 하나 있다. 바로 색시의 웃옷과 창문 밖, 그리고 꽃병에 꽂아진 모란꽃이다. 모란꽃은 다산과 풍요, 치유, 기쁨의 상징으로 또 다른 욕망의 비유로 읽을 수 있다. 꽃이 바깥에 있는 것은 욕망을 억압하기 전 단계요, 집 안에 꽃병에 꽂아진 상태는 억압된 욕망으로 읽을 수 있다.

또한 여자의 손이 남자에 비해 크고 굵게 강조되어 있는데 손의 상징은 일을 직접 하는 신체 기관으로서 신체적 에너지를 나타낼 뿐만 아니라 영적인 에너지를 전달한다. 손은 에너지 즉 힘을 상징한다는 점에서 여자의 커다란 손은 무의식적 욕망의 넘치는 에너지를 표상한다고 볼 수 있다.

위에서 살펴본 바와 같이 그림 요소 또한 무의식적 상징을 풍부하게 살리고 있음을 알 수 있다. 그러나 어린이를 주독자로 하는 그림책으로서 옛이야기에서 흔히 볼 수 있는 공포와 잔혹 화소는 어떻게 접근해야 할까? 말로 듣는 것과 달리 그림으로 직접 표현할 때 신중하게 고민하지 않으면 안 되는 요소이다. 그러한 점에서 이 이야기는 두 부분이 마음에 걸렸다. 첫 번째 '입 큰 색시'의 죽음을 어떻게 그릴 것인지, 두 번째 '입 작은 색시'의 머리 꼭대기에 달린 입을 어떻게 그릴 것인지.

먼저 입 큰 색시가 콩을 먹다가 죽는 장면에서 글과 그림은 시간차를 두었다. 글은 결론을 보여주고, 그림은 남편에게 발견된 순간까지만 그려냈다. 그런데 재미있는 것은 그렇게 많은 밥을 먹고도 또 콩을 먹는 색시의 표정이 천진난만하고 행복해 보인다는 것이다. 눈이 안 보일 정도로 웃고 있는 모습을 보면 남편은 약 올라 죽겠지만 그림을 보는 이는 덩달아 웃음이 나온다. 죽음으로 치닫는 상황인데도 그 해학적 웃음 덕분에 아이들은 죽음의 공포보다 재미와 해학을 느끼게 될 것이다.

두 번째 입 작은 색시의 머리 꼭대기 입이 드러나는 부분에서 『한국구비문학대계』의 채록된 녹음 자료를 들어보면 주변에 할머니들이 박장대소하는 소리가 들린다. 욕심 많은 남편을 속였다는 통쾌함과 예상치 못한 부분에서 허를 찌른 반전이 주는 즐거움이라는 것을 설명이 없어도 알 수 있다. 그러나 『밥 안 먹는 색시』에서 이 부분은 "색시가 머리를 툭툭 쳐서 머리카락을 뒤로 훌렁 넘겼습니다. 머리 꼭대기에 커다란 입이 스윽 나타났습니다"라는 글 텍스트를 포함한 그림이 두 쪽 화면 가득 펼쳐진다. 그림은 검은 머리카락이 흩날리는 듯한 형상의 검은색으로 채색되어 있고, 여자는 힐끗 남자(그리고 독자)를 보고 있다. 그녀의 이마 바로 위로 촘촘히 이빨이 있으며 커다란 입이 '아' 하고 삼켜버릴 듯 벌리고 있다.

한밤중이 아닌 대낮에, 아이가 아닌 어른이 보아도 글과 그림 양쪽 모두 스릴을 넘어선 공포감을 느끼게 한다. 해학미는 온데간데없고 자극적이고 선정적이기만 하다. 이야기의 고갱이가 머리에 입을 숨겨둔 색시이니만큼 뺄 수는 없다고 생각한다. 하지만 글이 선명하게 묘사하였기에 그림은 독자의 상상력에 맡겨 놀라는 남자의 표정으로 처리하는 등 우회적으로 표현했으면 좋지 않았을까? 아이들이 혼자서 이 책을 읽었을 때 얼마나 놀라게 될지, 그 공포가 무의식 속에 자리 잡아 어떤 영향을 미칠지 생각해보면 커다란 아쉬움이 남는다. 옛이야기를 그림책으로 낼 때 이런 부분은 그림작가가 반드시 여러 번 되

●●● 『밥 안 먹는 색시』 ⓒ 글 김효숙·그림 권사우, 길벗어린이, 2006

짚고 깊이 고민해서 해결해야 할 부분이라 생각한다.

5.

지금은 옛이야기 상황과 달리 절대 빈곤에서 벗어난 사회라 할 수 있다. 그런데도 여전히 먹어도 먹어도 배가 안 부르다는 아이, 먹자마자 뒤돌아서서 배고프다는 아이가 있다. 이러한 현상은 무얼 말하고 있는 걸까?

라캉은 '배고파'라는 말 속에는 생물학적인 욕구와 엄마의 사랑에 대한 요구가 동시에 표현된다고 한다. 엄마가 젖을 먹일 때 아이는 최초 동일시 대상인 엄마로부터 식욕과 함께 사랑과 관심을 받는다. 때문에 어머니를 부르는 칭얼거림, 이것은 배고픔의 표현인 동시에 '사랑의 요청'인 것이다.

어렸을 때 칭얼거리기만 해도 내게 달려왔던 엄마가 이제는 오지 않는다.

"엄마, 같이 놀자. 엄마, 맛있는 것 해줘. 엄마, 내 얘기 들어줘."

아무리 말해도 소용없다. 엄마는 할 일이 많고, 엄마는 힘들어 보이고, 엄마는 나한테 관심이 없어 보인다. 옛날엔 안 그랬는데. 그래, 아기 때로 돌아가 엄마를 부르자.

"엄마, 나 배고파."

사랑에 대한 요구는 충족되지 않고 잔여물로 남아 마음속에 축적되어 욕망을 구성한다. '배고파'라는 말은 결국 사랑의 결핍이고 관심의 요구인 것이다. '머리에 달린 입'처럼 사랑에 대한 변형된 욕망이다. 이야기를 읽은 아이들은 배고픔 즉 사랑에 대한 욕망을 억압하지 않을 것이다. 이것이 바로 이 책을 만나는 아이들에게 주는 치유와 위안이 아닐까.

『이야기 주머니 이야기』ⓒ 글·그림 이억배, 보림, 2008

열려야 할 주머니,
퍼져 나가야 할 이야기

■ 이유진

1.

성서에 나오는 '태초에 말씀이 있었다'는 표현에서 우리는 모든 것의 '근원'으로서의 '말'을 생각하게 한다. 그것은 창조의 시작이었으며, 혼돈에서 질서를, 어둠에서 빛을, 무에서 유를 만들어냈다. 신은 모든 능력을 가졌고, 그 능력을 '말'로 표현했다. 즉 '말'이 없었다면 이 세상은 아무것도 존재하지 않았으리라. 세상을 말로 다 지은 신은 이제, 대화하고 관계 맺을 상대가 필요해 인간을 창조했다. 입으로 숨을 불어넣었고, 그 숨으로 생을 허락받은 인간 역시 '말'로 세상의 역사를 열었다. 역사학자들은 불이나 농사 같은 것을 인류 문명의 시금석으로 삼겠지만, '말'이 없었다면 그런 세상의 이치와 지혜를 인간들이 어떻게 주고받았겠는가.

이렇게 '말'이 모든 것의 시작이었고, 말은 '이야기'가 되어 어디서나 존재했다. 오늘 있었던 일을 재잘재잘거릴 때도, 어렸을 적 경험을 도란도란 나눌

때도, 마음속 불만을 투덜투덜거릴 때도 이야기는 나온다, 입에서 입으로. 또한 우리가 하루를 돌아봄으로써 - 즉, 하루의 서사를 생각함으로써 - 일상의 의미를 발견해 내듯이, 이야기를 통해서 세상의 이치와 의미를 끄집어낼 수 있고, 사고할 수 있다. 이렇듯 다양하고 중요한 이야기들 중 어떤 이야기는 발이 없어도 천리를 가기도 하며, 눈에 보이지 않아도 몇 해, 몇 수십 해를 거쳐 살아있기도 하다. 우리네 삶에서 이 '말'과 '이야기'는 이처럼 떼려야 뗄 수 없는 인간의 본성과도 같은 것이며 중요한 것이다.

그러나 요즘 어린이들은 이야기하는 것에 서툴다. 말보다는 글에 익숙하고, 익숙한 글마저 짧고 간단하고 심지어 파괴적이기까지 하다. 말이 점점 사라지고, 이야기도 점점 사라지고 있다. 어른들이 많은 말을 걸어주고, 많은 이야기를 들려줘야 할 텐데도 어른들 역시 이에 대해 서툴고 핑계가 많다. 이 아이들에게 어떻게 말을 걸어야 할까? 어떤 이야기를 해주어야 할까? 그 이야기 방식은 어떠해야 할까? 작가 이억배는 아마 이런 고민을 하고, 아이들에게 다가가기 쉬운 매체를 선택해 말을 걸고 싶었는지 모르겠다. 그것도 '이야기'가 소재인 이야기를 가지고. 얼마나 다행한 일인가? 우리한테 이런 '이야기'의 속성을 잘 알려주는 이야기가 남아 있으니. 구전설화 '이야기 주머니'[27]가 그것이며, 이억배는 『이야기 주머니 이야기』라는 그림책으로 우리에게 말을 걸고 있다.

• 27) 『한국구비문학대계』에서 '이야기 주머니' 라는 제목의 설화를 두 편 찾을 수 있는데(『한국구비문학대계』 7집 6책(경상북도 영덕군), 2집 6책(강원도 횡성군)), 특히 경상북도 영덕군 설화에서는 이야기 귀신이 샘물, 산딸기, 청실배, 구렁이로 변한다는 점에서 이 설화를 바탕으로 하지 않았을까 싶다. 차이점은 신랑이 신부와 첫날밤을 보낼 때 구렁이가 나타나고, 몸종은 가지고 온 두꺼비를 방에 들여보내 난관을 이긴다는 점이다.

2.

　서정오의 『우리가 알아야 할 옛이야기 100 가지』(현암사, 2004)에 보면, 이 이야기는 '이야기 귀신'이라는 제목으로 나온다. 주머니에 가두어진 이야기들이 귀신이 되어 주인공에게 해코지를 하려는 것을, 그 집 몸종이 듣게 되어 잘 해결된다는 결말로 끝나며, 그러니 들은 이야기는 남에게도 꼭 들려줘야 한다고 덧붙인다. 서정오 판은 '이야기 귀신'이란 제목과 신랑이 피해야 할 화(禍)가 '배 – 옹달샘 – 바늘방석'이라는 점이 구전설화나 이억배 판과는 조금 다르다. 어린 독자들에게 '이야기 귀신'이란 제목도 흥미있기는 하지만, 아무래도 귀신이란 낱말이 갖는 강한 어감 때문에 이야기의 본질이 흐트러질 수 있기에 원래 구전설화의 제목을 따른 것이 더 나은 듯 보인다. 그러면 그냥 '이야기 주머니'라 해도 될 것을 굳이 작가는 왜 '이야기 주머니 이야기'로 했을까? 제목부터 작가가 의도하는 메시지를 우리는 쉽게 눈치챌 수 있다. 이것은 단순하게 들은 이야기를 남에게 들려줘야 한다는 교훈이 아니라, '살아있는 이야기'로서의 이야기의 속성을 강조하고 있는 것이다. 이억배는 기본적인 서사 구조를 설화의 범위에서 크게 벗어나지 않으면서도 새로운 설정과 해석으로 이야기의 생명력을 불어넣었다.

　먼저 머슴의 역할을 강조하여 이야기의 생명력을 주머니에 가두어놓는 신랑과 이야기를 전해주는 머슴을 대비시켜 서사적 긴장감을 살렸다. 이야기를 죽이는 것은 신랑이고, 이야기를 살리는 것은 머슴이다. 글로 써서 이야기를 기록하기만 하는 신랑은 입이 무거워야 체면이 서는 '양반'이고, 머슴은 글자를 모르지만 이야기를 듣고 문제를 해결하여 이야기를 다시 세상에 나오게 하는 주인공이며, '민중'이다. 즉 글은 모르나 사람들과 더불어 살고 일하고 이야기를 나누는 민중의 삶이 훨씬 더 건강하다는 것을 말하고 있으며, 이는 이야기의 속성이 민중성을 가지고 있다는 점을 확연하게 보여준다. 민속학자 임재해는 이 이야기를 두고 '사람은 양반 덕이 아니라 민중 덕에 살고, 글 덕이 아니라 말 덕에 산다는 사실을 이야기하는 것'이라고 했다.[28] 그래서 얼핏 보면 신랑이 이야기를 죽이고 이야기가 다시 신랑을 죽이려는 이야기로 보이지만, 그 속에는 신랑도 살리고, 소멸의 위기에서 없어질 이야기도 마침내 살려 내는 '살리는' 이야기다. 그 중심에 민중을 놓았으니 얼마나 민중성이 강한 메타 이야기인가.

그래서 『이야기 주머니 이야기』는 글이 있는 책이기는 하지만, 이야기라는 것을 강조한다. 이 이야기성을 강조하기 위해 입말체의 글로 쓰는 것이 그 증거다. '~했지, ~했어'의 입말체를 살렸고, 이야기 귀신들이 대화하는 부분에서는 별다른 설명 없이 대화체가 이어지도록 다듬었다. 그래서 『이야기 주머니 이야기』는 눈으로 읽지 말고, 입으로 소리 내어 읽으라고 권하고 있으며, 그래야 그 맛이 살아나고 이 이야기의 본질이 한층 더 깊게 살아난다는 것을 말하고 있다. 더 나아가 『이야기 주머니 이야기』는 새로운 해석을 덧붙이는데, '이 이야기는 내가 어릴 적에 할머니한테 들은 이야기란다. 자, 이제 너희는 이 이야기를 누구한테 해 줄래?'라는 독자를 향한 말 걸기로 다시 한번 전파되어야 할 이야기임을 강조한다. 이 책을 읽고 나면 누구든 이 이야기를 해 주고 싶은 마음이 절로 들겠다. 이야기하기가 굳이 어색하다면 이 책을 들고 가서 읽어주기라도 해야 할 것 같은 소명감이 생길 것이다. 그래서 이 책은 민중의 입으로 전해 내려온 이야기를 살리는 또 하나의 전승자가 될 것을 우리에게 요구하고 있다.

●28) 임재해, 「이야기의 생명을 이야기하는 '이야기의 이야기'」, 전국초등국어교사모임, 2006년 봄호, 177쪽.

••• 『이야기 주머니 이야기』 ⓒ 글·그림 이억배, 보림, 2008

3.

    노련한 그림책 작가 이억배는 그림을 통해 이런 이야기의 속성을 굉장히 잘 보여준다. 앞에서도 말했듯이 이야기의 속성 중 제일은 이야기가 살아있다는 것이고, 살아있는 것의 속성은 바로 역동성이다. 여기저기 돌아다녀야만 하는 이야기의 역동성을 여러 장면에 할애하여 그릴 수도 있지만, 작가는 그렇게 하지 않고 한 장면에 담아냈다. 페리 노들먼이 그림도 나름의 연속적인 서사를 한 장면에 그려낼 수 있다면서 예로 들은 『백만 마리 고양이』보다 나는 『이야기 주머니 이야기』의 처음 이 장면이 더 훌륭하다고 본다. 길에서 뛰어오는 아이와 가운데에 차지한 나무를 중심으로 곳곳에 벌어진 이야기판 모습이 하나의 장면처럼 너무나도 자연스럽다. 그리고 그 이야기판 곳곳에 끼어서 저마다 다른 표정과 동작으로 이야기를 듣고 있는 아이들 모습에서 서사성도 느끼게 되지만, 이야기의 속성인 역동성을 강하게 느끼게 된다. 이런 구도는 한 번 더 나오는데 머슴이 배를 따서 멀리 던지자 화를 내는 신랑 모습과 씩씩거리며 앞질러 길을 나서는 신랑과 머쓱해져 뒤에 남겨진 머슴을 한 장면에 담은 그림이다. 하나의 풍경에 같은 주인공이 여러 번 등장해도 전혀 이상하거나 어색하지 않도록 화면의 중심에 큰 나무나 바위를 그려 넣어 마치 한 공간이지만 분할된 공간에서 일어난 일이라는 느낌을 준 탓이다. 그뿐만이 아니다. 우리 전통 그림 자체가 갖는 곡선의 맛이 그와 같은 역동성을 잘 느끼게 한다. 벽장에서 들려오는 이야기를 형상화한 것이나, 이야기들이 귀신이 된 장면, 나중에 주머니에서 이야기가 퍼져가는 장면 등 거의 대부분을 구불구불한 곡선으로 표현하였다. 나무의 테두리 선도 굵은 곡선이고, 장승이나 한복, 담장, 연기, 초례청의 차일, 닭 한 쌍의 날갯짓도 모두 곡선이어서 율동감을 느끼게 하며 이야기의 속성처럼 자연스럽다.

　이런 역동적인 이야기는 당연하겠지만, 모두 민중의 터전을 배경으로 시작된다. 이야기판이 벌어진 곳은 민중들이 일하고 사는 삶의 터전이다. 떡장수 할머니, 대소쿠리 짜는 아저씨, 약초 캐는 아이, 곰방대를 물고 신이 나서 이야기 하는 아저씨, 먼 길 떠나는 나그네의 곁이 그렇다. 이야기를 듣는 사람들도 주로 민중이다. 동생을 등에 업고 이야기를 듣는 아이, 심부름을 갔다 오다 잠시 앉아서 이야기를 듣는 아이, 지게를 지고 일을 마치고 돌아오는 아저씨도 그렇다. 그러나 유독 양반의 아이만이 그 이야기판에 항상 책을 끼고 다니며 민중들과 차별화된 모습이다.

　그리고 이런 양반 모습과 대비시키면서 주인공으로서 돋보이게 하기 위해,

••• 『이야기 주머니 이야기』 ⓒ 글·그림 이억배, 보림, 2008

작가는 머슴에게 붉은색 옷을 입혔다. 주인공임을 암시하는 동시에 붉은색은 푸른색 옷을 입고 나오는 신랑과 대비되는 색이며, 아울러 가장 강한 벽사의 색이기도 하다. 색깔뿐만 아니다. 다른 사람들은 눈이 자세하게 묘사되지 않았는데 머슴만이 커다란 눈동자를 하고 있어 매 장면에서 우리의 눈을 주목시키며, 장면마다 크고 빛나는 눈동자, 다부진 눈매로 그려져 이야기를 이끌어가고 있는 주인공으로 돋보인다.

마지막으로 작가는 이야기의 구비 전승의 힘을 마지막 화면에 제대로 형상화한다. 이 이야기를 다시 누구에게 해주겠냐고 물으며 독자를 향한 말걸기를 하는 이 화면은 서사의 시간적 배경을 현대의 공간으로 끌고 오며, 지금 현재의 이야기로 바꾸어 버린다. 갑자기 수년 간의 시간을 뛰어넘어 와도 어색하지 않도록 이야기판이 벌어졌던 첫 화면의 큰 나무를 다시 등장시켰다. 또한 이 나무는 긴 세월을 살아내는 이야기의 질긴 생명력을 상징으로 보여주고 있다. 작가에게 이야기를 들려주었을 법한 '할머니'와 그 곁에서 옹기종기 모여 이야기를 듣고 있는 귀여운 아이들의 모습은 어린 독자 자신이 될 것이며, 어린아이를 안고 있는 젊은 부부는 그 이야기를 다시 어린아이에게 들려줄 것이다. 지금까지 이야기를 들었던 청자 — 실제로는 책을 본 독자겠지만 — 에서 화자로의 역할을 은근히 부여하며 화면의 오른쪽은 아예 빈 공간으로 남겨 두는 과감성도 보인다. 온전한 한쪽으로 표현하지 않은 것은 이 이야기가 끝나지 않고 계속될 것임을 말해주며, 미완성 작품을 채워 줄 역할을 독자에게 미뤄두고 있는 것이다. 성질 급한 독자는 반쪽만 보고, 나머지 반쪽은 자신이 채워야 할 분량임을 인식하기도 전에 책을 덮고 이야기를 전해줄 대상을 찾으러 나설 것이다.

4.

　내 몸에 너무 꼭 맞는 옷은 보기 좋을지 몰라도 한편으로는 너무 딱 맞아 불편하기도 하다. 그것처럼 『이야기 주머니 이야기』는 글과 그림이 한 치의 어긋남 없이 동일한 정보만을 제공하는 경우가 있었다. 특히 옛이야기 그림책의 경우 서사의 중요한 뼈대를 그림으로 꼭 맞게 표현하여 내용을 이해하기에는 쉽지만, 너무 딱 맞게 재현하여 그림책의 중요한 성질 중의 하나인 상상력을 잘라내고, 재미를 감소시킨다. 『이야기 주머니 이야기』에서도 7화면의 경우, 주인 영감이 머슴을 못 가게 하려고 붙잡는 장면을 둘로 나누어 자세히 묘사하고 있는데, 16화면의 하나를 할애할 만큼 이 장면이 상세하게 묘사될 필요성을 느끼기 어렵다. 1화면을 제외하고는 2화면부터 7화면까지 상세한 설명이 곁들인 글과 그 글에 꼭 맞게 묘사된 그림이 그림책으로서의 긴장감을 떨어뜨리고 있다. 서사는 긴박하게 돌아가고 있는데, 막상 그림은 너무 정적인 것도 그 지루함에 한몫하고 있다. 그런 지루함을 복을 상징하는 박쥐 문양 주머니[29], 귀신을 본다는 영험한 동물인 고양이를 등장시킨 점, 불같이 화를 내는 주인 영감이 무서워 도망가는 마루 밑 강아지, 이야기 귀신이 저마다 약속한 것으로 등장할 때마다 주변 풍경 속에 해골 형상을 그려 놓은 것 등 여러 숨은 그림과 장치를 찾아보는 재미가 있기는 하지만, 그것보다는 좀 더 기발하고 창의적인 발상의 전환이 필요하겠다.

　또한 『반쪽이』에서 보여주었던 이억배의 능력이[30] 이번 작품에서는 고정된

- 29) '복 복(福)'과 '박쥐 복(蝠)' 자는 소리가 같아서, 박쥐 문양의 주머니는 복주머니를 상징한다.
- 30) 시선의 위치를 다양하게 바꾸어 가며 역동적으로 구성하고, 구도 또한 사선구도, 원형구도, 사각구도 등 여러 가지를 시도하여 현장감과 사건의 생동감을 잘 드러냈다. 예를 들어 반쪽이가 부잣집 영감 딸을 업어간다고 하여 밤새 집안 여러 곳에서 지키는 모습이 담긴 장면이 그렇다.

시선의 위치와 지극히 평면적이고 안정적인 구도가 주를 이루어 전작만큼의 참신함이 보이지 않는 점이 아쉽다. 혼례 잔치가 엉망이 된 것을 강조하기 위해 수탉과 깨진 화병이 그림 틀 밖으로 나가게 한 것 외에는 의도적으로 틀에 대한 변화를 준 것이 거의 없다. 그리고 우리가 관습적으로 그림은 왼쪽에서 오른쪽으로 보게 되어 있는데, 오른쪽에서 왼쪽으로 걸어나와 샘물 곁을 지나는 인물이 다음 장면과의 연결을 부자연스럽게 하고 있다. 기량 있고 노련한 작가가 이런 실수를 했을 리 없을 것 같아서 들여다보고 또 봐도 아직 보는 눈이 서툰 나로서는 별 의도를 읽을 수 없으니 답답한 노릇이다.

이 작품은 이억배의 그림책을 한 권이라도 본 사람이라면 이억배가 그린 그림이라는 것을 한번에 알아챌 수 있을 만큼 '이억배스럽다'. 머슴에서 '반쪽이'가 보이고, 틀 밖으로 날아간 수탉은 '세상에서 가장 힘센 수탉'과 닮았으며, 아이들에게 옛날 이야기를 들려주는 할머니는 세상에서 가장 큰 만두를 빚어내던 할머니를 다시 만난 듯하다. 그밖의 인물도 그 전의 그림책에서 한번씩 만나보았을 법한 이들이다. 이 작품 이전에 이억배 작품을 만났던 독자들은 발견하는 즐거움도 느끼고 반가움과 친숙함도 가질 것이다. 이런 재미를 솔솔 느끼게 하기 위해 일부러 그랬을까도 싶지만, 『솔이의 추석 이야기』에서 터미널에 길게 늘어선 많은 사람들까지도 저마다의 개성과 특징을 살려 표현함으로써 살아있는 인물로 표현해낸 작가라면 새로운 인물 창조에 대한 고민과 정형화된 틀이 자신에게 생기기 시작한 것은 아닌지 자문했으면 싶은 요구가 뒤따른다.

이렇게 요구가 많은 것은 이억배가 우리 그림책의 발전을 짊어지고 선구자로서 그 길을 개척해 온 뛰어나고 소중한 작가이기 때문이다. 그렇기에 옛이야기가 갖는 매력을 그대로 살리면서 그 의미를 더욱 증폭시켜 나가려 했던 그의 시도는 반가웠고 즐거웠다. 이 그림책으로 말미암아 우리는 죽어가던 양반과 죽어가던 이야기를 살려내었던 민중들의 막중한 역할을 깨닫게 되었으며, 기꺼이 그 숙제를 해내고 싶어졌으니 말이다. 그러니 이억배가 비워 둔 여백 반쪽은 사실 우리 몫이다.

| 필자 소개 |

강삼영
춘천교육대학교 교육대학원(아동문학교육전공)을 수료하였고, 현재 강원도 동호초에 재직. 《동시마중》(창간호)에 「앵두」 외 1편으로 등단.

강은정
춘천교육대학교 교육대학원(아동문학교육전공)을 졸업하였고, 서울 송화초에 재직.

권영품
춘천교육대학교 교육대학원(아동문학교육전공)을 졸업하였고, 현재 서울 천호초에 재직. 《어린이동산》에 「엄마의 비밀」로 등단. 제14회 '창비 좋은 어린이책' 원고 공모 대상 수상작 『꼬리 잘린 생쥐』(2010)가 있음.

김권호
춘천교육대학교 교육대학원(아동문학교육전공) 졸업하였고, 인하대학교 박사과정 재학, 서울 우이초에 재직. 제6회 '창비어린이 신인평론상'에 「일반시인 동시집 어떻게 볼 것인가」로 등단.

김상욱
춘천교육대학교 국어교육과 재직. 《동시마중》(3호)에 「내 별」 외 3편으로 등단. 『문학교육의 길찾기』, 『숲에서 어린이에게 길을 묻다』, 『어린이문학의 재발견』 등을 썼음.

김영주
춘천교육대학교 교육대학원(아동문학교육전공)에 재학하고 있고, 현재 대전 샘머리초에 재직.

남지현
춘천교육대학교 교육대학원(아동문학교육전공)에 재학하고 있고, 현재 인천 부현동초에 재직. 「사회 현실에 맞서는 그림책의 시선」으로 제3회 창비어린이 신인상 평론부문 수상.

박억규
춘천교육대학교 교육대학원(아동문학교육전공)에 재학하고 있고, 현재 대구 도림초에 재직. 《동시마중》(3호)에 「우리 가족 김씨 홍씨」 외 2편으로 등단, 2011년 《어린이와문학》에 추천 완료.

박정아
춘천교육대학교 교육대학원(아동문학교육전공)에 재학하고 있고, 현재 인천 부평남초에 재직.

손창수
춘천교육대학교 교육대학원(아동문학교육전공)에 재학하고 있고, 현재 원주 명륜초에 재직.

안진영
춘천교육대학교 교육대학원(아동문학교육전공)에 재학하고 있고, 현재 제주 동화초에 재직. 《동시마중》(창간호)에 「직박구리 두 마리」 외 1편으로 등단.

이수현
춘천교육대학교 교육대학원(아동문학교육전공)에 재학하고 있고, 인천 구산초에 재직.

이유진
춘천교육대학교 교육대학원(아동문학교육전공)에 재학하고 있고, 현재 수원 남수원초에 재직.

임은혜
춘천교육대학교 교육대학원(아동문학교육전공)에 재학하고 있고, 현재 고양 가좌초에 재직.

정영숙
춘천교육대학교 교육대학원(아동문학교육전공)에 재학하고 있고, 현재 원주 태장초에 재직.

정윤주
춘천교육대학교 교육대학원(아동문학교육전공)에 재학하고 있고, 현재 서울 오현초에 재직.

조미화
춘천교육대학교 교육대학원(국어교육전공)에 재학하고 있고, 현재 고양 호수초에 재직.

최은경
춘천교육대학교 교육대학원(아동문학교육전공)을 졸업하였고, 인하대학교 박사과정에 재학, 현재 경기 군포초에 재직.

최은희
공주교육대학교 교육대학원 졸업 후 춘천교육대학교 교육대학원(아동문학교육전공)에 재학하고 있고, 현재 아산 거산초에 재직. 1990년 '전남대학교 오월문학상'으로 등단, 『그림책을 읽자 아이들을 읽자』, 『재미있는 동화 읽기 깊이 있는 삶 읽기』 씀.

탁동철
춘천교육대학교 교육대학원(아동문학교육전공)을 졸업하였고, 현재 강원 속초 청호초에 재직. 어린이 시 모음 『까만 손』 엮음, 산문집 『물푸레나무 그늘』, 동시교육의 실제를 담은 『애들아 모여라, 동시가 왔다』 씀.

함성희
춘천교육대학교 교육대학원(아동문학교육전공)에 재학하고 있고, 포항 청림초에 재직.